Potz, Grabus, Stillfried (Hg.) • Smail Balić

Sonderband 2 der Reihe:
Recht und Religion in Mittel- und Osteuropa

Herausgegeben von:

o. Univ.-Prof. Dr. iur. Richard Potz
Vorstand des Instituts für Rechtsphilosophie, Religions- und Kulturrecht, Universität Wien

Dr. iur. Brigitte Schinkele
Institut für Rechtsphilosophie, Religions- und Kulturrecht, Universität Wien

ao. Univ.-Prof. Dr. theol. Karl Schwarz
Kultusamt, BM für Unterricht, Kunst und Kultur, Wien

Ass.-Prof. Dr. theol. Dr. habil. Eva Maria Synek
Institut für Recht und Religion, Universität Wien

Ass.-Prof. Dr. iur. Wolfgang Wieshaider
Institut für Rechtsphilosophie, Religions- und Kulturrecht, Universität Wien

Gedruckt mit Unterstützung des Bundesministeriums für
Wissenschaft und Forschung in Wien

Bibliografische Information Der Deutschen Nationalbibliothek
Die Deutsche Nationalbibliothek verzeichnet diese Publikation in der
Deutschen Nationalbibliografie; detaillierte bibliografische Daten sind im Internet über
http://dnb.d-nb.de abrufbar.

Copyright © 2009 Facultas Verlags- und Buchhandels AG
facultas.wuv Universitätsverlag, Berggasse 5, A-1090 Wien
Alle Rechte, insbesondere das Recht der Vervielfältigung und der Verbreitung sowie der
Übersetzung, sind vorbehalten.
Druck: Facultas AG
Printed in Austria
ISBN: 978-3-7089-0169-5

Smail Balić

Vordenker eines europäischen Islam
Mislilac evropskog islama

Herausgegeben von:

o. Univ.-Prof. Dr. iur. Richard Potz
Vorstand des Instituts für Rechtsphilosophie, Religions- und Kulturrecht,
Universität Wien

Mr. Nedžad Grabus
Fakultet islamskih nauka u Sarajevu

Dr. Bernhard Stillfried
Geschäftsführer der Österreich-Kooperation, Wien

Übersetzungen:

Izeta Džidić
Institut für Rechtsphilosophie, Religions- und Kulturrecht, Universität Wien

facultas.wuv

Vorwort

Richard Potz

Im Rahmen der 2005 begonnenen Zusammenarbeit zwischen der Universität Wien und der Universität Sarajevo fand von 2. bis 4. November 2006 ein Internationales Symposium „Smail Balić als Vordenker des Europäischen Islams" in den Räumen des Bosniaken-Instituts in Sarajevo statt. Das Symposium wurde von der Österreich-Kooperation in Wissenschaft, Bildung und Kultur in Zusammenarbeit mit dem Bosniaken-Institut und der Islamwissenschaftlichen Fakultät der Universität Sarajevo sowie dem Institut für Rechtsphilosophie, Religions- und Kulturrecht der Universität Wien organisiert. Als Vortragende nahmen Wissenschaftler und Freunde von Smail Balić aus Bosnien und Herzegowina, Österreich, Deutschland und den Niederlanden teil.

Die Eröffnung der Tagung erfolgte durch Dr. Bernhard Stillfried, Geschäftsführer der Österreich-Kooperation, das einleitende Referat hielt der Gründer des Bosniakischen Instituts Adil-beg Zulfikarpašić, den eine langjährige Freundschaft mit Balić verbunden hat. Die beiden waren lange Zeit die Repräsentanten der Bosniaken in der Emigration, dies nicht zuletzt auch auf Grund der Herausgabe der Zeitschrift „Bosanski pogledi", deren Einfluss auf die bosnisch-muslimischen Wissenschaftler nicht hoch genug eingeschätzt werden kann. Dr. Smail Balić war auch der erste Direktor des Bosniakischen Instituts in Zürich.

Die Tagung versuchte allen Aspekten des Wirkens von Smail Balić gerecht zu werden. Der aus Bosnien gebürtige österreichische Orientalist war jahrelang Leiter der arabischen Handschriftensammlung in der Österreichischen Nationalbibliothek und Autor zahlreicher Bücher und Publikationen, die in Österreich, Deutschland, Großbritannien, der Schweiz und Bosnien und Herzegowina veröffentlicht wurden. Nach dem 2. Weltkrieg, vor allem ab den 1960er Jahren galt Balić besonders in den deutschsprachigen Staaten als der Vordenker eines europäisch akzentuierten Islam.

Der erste Vormittag des Symposiums war Smail Balić als islamischem Theoretiker gewidmet. Dekan Enes Karić von der islamwissenschaftlichen Fakultät der Universität Sarajevo stellte kurz die Denkweise von Balić als bosnisches Beispiel für islamischen Modernismus vor. Prof. Fikret Karčić von der rechtswissenschaftlichen Fakultät der Universität Sarajevo sprach über das österreichisch-ungarische Erbe und die intellektuellen Horizonte von Smail Balić. Dr. Lise Abid vom Institut für Orientalistik der Universität Wien referierte über „Die Muslimische Frau nach den Schriften von Smail Balić". Demselben Institut gehört Dr. Jameleddine Ben Abdeljelil an, der Balić als Humanisten im Rahmen muslimischer Aufklärungsbewegungen präsentierte.

Der darauf folgende Nachmittag war Smail Balić als bosnischem Kulturhistoriker gewidmet. In den Beiträgen wurde der Tatsache Rechnung getragen, dass Balić sich in seinen Werken mit allen Phasen der bosnischen Geschichte in durchaus eigenständiger Weise auseinander gesetzt hat. Prof. Esad Kurtović von der Philosophischen Fakultät der Universität Sarajevo analysierte Balić als Interpreten der vorosmanischen Zeiten am Balkan. Von derselben Fakultät referierte Prof. Enes Pelidija zum Thema „Balić und seine Beschreibung der osmanischen Zeit". Die „Bewertung der österreichisch-ungarischen Zeiten in Bosnien" durch Balić zeichnete Prof. Zijad Sehić ebenfalls von der Philosophischen Fakultät in Sarajevo nach. Der freie Journalist und Publizist Mag. Alaga Derviševič aus Wuppertal gab einen Überblick über die Kritik von Balić an den jugoslawischen Zeiten. Beendet wurde der Nachmittag durch Prof. Ismet Bušatlić von der Islamwissenschaftlichen Fakultät mit dem Referat „Balić' Beitrag zur Erforschung der Kultur der Bosniaken".

Der Vormittag des zweiten Tages war den europäischen und internationalen Aktivitäten von Smail Balić gewidmet. Dr. Salim Hadžić aus Wien beschrieb den Weg der Organisation der Islamischen Glaubensgemeinschaft in Österreich zur Konkretisierung der durch das Islamgesetz 1912 gewährten gesetzlichen Anerkennung des Islam in den 1970er Jahren, die ohne Balić als Wegbereiter nicht denkbar gewesen wäre. Der Direktor des Islam-Archivs in Soest, Dr. Salim Abdullah, ein jahrelanger Weggefährte von Balić informierte über dessen Aktivitäten im Periodikum „Der Islam und der Westen", die für ihn so etwas wie eine Programmzeitschrift war. Ibrahim Kajan, Schriftsteller und Poet aus Mostar, ehemaliger Chefredakteur von „Behar", referierte über die Mitarbeit von Balić bei dieser Zagreber Zeitschrift. Prof. Susanne Heine von der Evangelisch-Theologischen Fakultät der Universität Wien hielt einen Vortrag mit dem Titel „Darstellung des Islams im Österreichischen Schulbuch", ein Forschungsprojekt, an dem Samil Balić lange Zeit als Berater mitarbeitete.

Der letzte Nachmittag des Symposiums stand ganz im Zeichen des interreligiösen Dialogs. Dr. Jan Slomp, ehemaliger Vorsitzender des Islamkomitees der Konferenz Europäischer Kirchen, sprach über Balić als Teilnehmer an christlich-islamischen Begegnungen und Kongressen. Die Vortragsreihe des Symposiums beendeten Prof. Rašid Hafizović von der Islamischen Fakultät der Universität Sarajevo, mit einem Beitrag zum Thema „Smail Balić im Dialog mit „anderen", sowie Mufti Mag. Nedžad Grabus mit seinem Vortrag über Balić` Verständnis der Theologie.

Smail Balić war ein Brückenbauer zwischen Bosnien und Österreich. Vieles, was in Österreich in den letzten Jahrzehnten möglich war, ist in gewisser Weise ihm zu verdanken, der in Europa und besonders in Österreich das Wissen um einen spezifischen Beitrag Bosniens zum Islam in Europa wach gehalten hat. In Zeiten der Vorurteile und Intoleranz ist das Bewahren seines Erbes für alle eine besondere Verpflichtung.

Predgovor

Richard Potz

U okviru suradnje započete 2005. godine između Univerziteta u Beču i Univerziteta u Sarajevu, u prostorijama Bošnjačkog instituta u Sarajevu, od 2. do 4. novembra 2006. godine, održan je internacionalni simpozij "Smail Balić kao mislilac evropskog islama".

Simpozij je, u suradnji sa Bošnjačkim institutom i Fakultetom islamskih nauka Univerziteta u Sarajevu, organizirao Ured austrijske kooperacije za nauku, obrazovanje i kulturu. Izlagači su bili naučnici i prijatelji Smaila Balića iz Bosne i Hercegovine, Austrije, Njemačke i Holandije.

Simpozij je otvorio dr. Bernhard Stillfried, direktor Austrijske kooperacije, a uvodni referat podnio je Adil-beg Zulfikarpašić, kojega je sa Balićem vezivalo dugogodišnje prijateljstvo. Obojica su dugi niz godina bili predstavnici Bošnjaka u emigraciji i izdavači lista "Bosanski pogledi" koji je imao značajan utjecaj na muslimanske naučnike u Bosni i Hercegovini. Dr. Smail Balić je bio prvi direktor Bošnjačkog instituta u Cirihu.

Simpozij je pokušao obuhvatiti sve aspekte djelovanja Smaila Balića. Ovaj austrijski orijentalist porijeklom iz Bosne dugi niz godina bio je upravnik Zbirke arapskih rukopisa u Austrijskoj nacionalnoj biblioteci i autor brojnih knjiga i publikacija koje su objavljene u Austriji, Njemačkoj, Velikoj Britaniji, Švicarskoj i Bosni i Hercegovini. Smail Balić je već nakon Drugog svjetskog rata, a posebno 60-tih godina važio za mislioca evropski akcentuiranog islama i to prvenstveno u njemačkom govornom području.

Prvo prijepodne simpozija bilo je posvećeno Baliću kao teoretičaru. Tadašnji dekan Fakulteta islamskih nauka Univerziteta u Sarajevu Enes Karić izložio je način razmišljanja Smaila Balića kao bosanski primjer islamskog modernizma. Prof. Fikret Karčić sa Pravnog fakulteta Sarajevskog univerziteta govorio je o austrougarskom naslijeđu i intelektualnim horizontima Smaila Balića. Dr. Lise Abid sa Instituta za orijentalistiku univerziteta u Beču referirala je o temi "Žena muslimanka u djelima Smaila Balića". Sa istoga istituta bio je prisutan i Jameleddine Ben Abdeljelil, koji je Balića predstavio kao humanistu u okviru muslimanskih prosvjetiteljskih pokreta.

PREDGOVOR

Posljepodnevna sesija je bila posvećena Smailu Baliću kao bosanskom kulturnom historičaru. U izlaganjima su isticane činjenice da se Balić u svojim djelima na svojstven način bavio svim fazama bosanske historije. Prof. Esad Kurtović sa Filozofskog fakulteta Univerziteta u Sarajevu analizirao je Balića kao interpretatora predosmanskog vremena. Prof. Enes Pelidija obradio je temu "Balić i njegov opis osmanskog vremena". Balićevu "Ocjenu austro-ugarskog vremena u Bosni" prezentirao je Zijad Šehić, također sa Filozofskog fakulteta u Sarajevu. Slobodni žurnalist mr. Alaga Dervišević iz Wuppertala predočio je pregled Balićeve kritike jugoslovenskog vremena. Sesiju je završio prof. Ismet Bušatlić sa Fakulteta islamskih nauka referatom na temu "Balićev doprinos istraživanju kulture Bošnjaka".

Zadnja prijepodnevna sesija je bila posvećena evropskim i internacionalnim aktivitetima Smaila Balića. Dr. Salem Hadžić iz Beča opisao je put organiziranja Islamske vjerske zajednice u Austriji i konkretiziranje koje je uslijedilo sa „Austrijskim islamskim zakonom" iz 1912. godine, koji je garantirao zakonsko priznanje islama 1970-ih godina, što ne bi bilo ni zamislivo bez Smaila Balića kao prokrčitelja ovoga puta. Direktor "Islam Arhive" u Soestu dr. Salim Abdullah, dugogodišnji Balićev saputnik, informirao je prisutne o njihovim aktivnostima u periodikumu "Islam i Zapad", koji je ujedno za njega prestavljao nešto poput njegovog plana i programa. Ibrahim Kajan, pisac i pjesnik iz Mostara, bivši urednik zagrebačkog časopisa "Behar", referirao je o Balićevoj saradnji u tom časopisu.

Prof. Susanne Heine sa Protestantsko-teološkog fakulteta Univerziteta u Beču održala je predavanje na temu "Prikazivanje islama u austrijskim školskim udžbenicima", istraživački projekt na kome je Balić dugo radio. Zadnja poslijepodnevna sesija simpozija bila je potpuno u znaku interreligijskog dijaloga. Dr. Jan Slomp, bivši predsjedavajući Islamskog komiteta Konferencije evropskih crkava, govorio je o Baliću kao sudioniku kršćansko-islamskih susreta i kongresa.

Seriju predavanja završili su prof. Rešid Hafizović sa Fakulteta islamskih nauka Univerziteta u Sarajevu izlaganjem na temu "Smail Balić u dijalogu sa 'drugima'" i mr. Nedžad Grabus predavanjem o Balićevom razumjevanju teologije. Smail Balić je bio graditelj mostova između Bosne i Austrije.

Mnogo toga što se dogodilo u Austriji na određen način je njegova zasluga, jer je on u Evropi, a posebno u Austriji podsjećao na specifičan doprinos Bosne islamu u Evropi. U vremenima predrasuda i netolerancije, čuvanje njegovog nasljeđa svima nama je posebna obaveza.

Begrüßungswort

Bernhard Stillfried

Vorerst möchte ich im Namen aller Teilnehmer unserem Gastgeber Adil-beg Zulfikarpašić dafür danken, dass er dieses Symposium zum Gedenken an unseren Freund Smail Balić in den schönen Räumlichkeiten des Bosniakischen Instituts, zu dem Balić ja eine besondere Beziehung hatte und dem er seine Bibliothek vermachte, ermöglicht hat.

Erlauben Sie mir einige persönliche Bemerkungen zu meinen Begegnungen mit Smail Balić. 1946 traf ich ihn als jungen Studenten in der Universitätsbibliothek Wien, wo wir beide auf der Suche nach unterschiedlichem Quellenmaterial waren. Wir kamen ins Gespräch und am selben Abend saßen wir im Kaffeehaus noch stundenlang beisammen. Er erzählte mir unter anderem, dass er bosnischer Österreicher und ein überzeugter praktizierender Muslim sei. Mein Interesse war geweckt, wir verstanden uns gut und vereinbarten, uns bald wieder zu treffen.

Leider kam es nicht dazu, da ich wegen einer Berufung nach London kurzfristig aus Wien abreisen musste. Wir verloren uns dann viele Jahre aus den Augen, weil ich inzwischen meine Arbeit als Kulturrat an den Österreichischen Botschaften in Teheran, Bagdad, Damaskus, Beirut und Kairo übernommen hatte, wobei die Kooperation mit den Universitäten in diesen Ländern die wichtigste Rolle spielte. Ich wusste, dass Balić die arabische Sprache beherrschte, und so kam mir die Idee, ihn zu einigen Vortragsreisen in den Nahen Osten einzuladen. Insgesamt vermittelte ich ihn in den 1960-er und 1970-er Jahren zu drei erfolgreichen Vortragsreisen – insgesamt waren es 14 Veranstaltungen in Alexandrien, Damaskus, Amman, Bagdad, Kairo und Istanbul. Nach meiner Rückkehr 1986 aus dem Ausland nach Wien war ich mit meinem Freund Smail öfters zusammen und ermutigte ihn, ein Manuskript zum Thema „Islam für Europa" zu verfassen.

Diese Publikation „Islam für Europa - Neue Perspektiven einer alten Religion" erschien 2001 im Böhlau-Verlag mit Unterstützung des österreichischen Bundesministeriums für Wissenschaft und Forschung und der Österrich-Kooperation im Rahmen der Kölner Veröffentlichungen zur Religionsgeschichte. Im November dieses Jahres organisierte die Österreich-Kooperation in Wien in seiner Gegenwart eine feierliche Präsentation dieses Werkes. Einige Wochen danach starb er – herausgerissen aus seinem Leben für den Islam.

Für ihn gab es keinen allgemeinen, homogenen europäischen Islam, er meinte, Bosnien sei Teil Europas und habe seinen eigenständigen Islam in Europa entwickelt, wozu auch sein Platz in der Österreichisch-Ungarischen Monarchie zur Jahrhundertwende ein klein wenig beigetragen hatte.

Da der Islam keine Kirche mit verbindlichem Lehramt kennt, sondern aus einzelnen Gläubigen besteht, welche die Umma bilden, meinte Balić, könne man immer darüber streiten, welche islamischen Gruppen und Persönlichkeiten, die sich auf Grund irgendwelcher Merkmale zusammen tun, repräsentativ für den Islam seien und welche nicht. Im Grunde wird damit eine Entwicklung in das heutige Europa verlegt, die in der Türkei und auch in Bosnien eigentlich schon im 19. Jahrhundert begonnen hatte. Als Beispiel erwähnte Smail die türkische Schriftstellerin Fatma Aliye Hanim, die als eine der ersten Frauenrechtlerinnen für das friedliche Zusammenleben verschiedener Religionen eintrat.

Im Grunde geht es ja meist um das Verhältnis zwischen Politik und Religion sowie von Staat und Religionsgemeinschaften. Die Religion wurde und wird leider öfters für die Rechtfertigung von Gewalt missbraucht, um nicht zu sagen pervertiert. Dies gilt im Außenverhältnis von Staat zu Staat, aber auch im Binnenverhältnis – vom Staat zu den Bürgern und von Bürgern untereinander. Muslime in Bosnien-Herzegowina und in übrigen Teilen Österreich-Ungarns haben sich meist auch als „österreichische Muslime" fühlen können. Sie konnten sich als Bürger eines Vielvölkerstaates, dem verschiedene gleichberechtigte Religionsgemeinschaften unter einem katholischen Kaiser angehörten, verstehen.

Schon bei der Errichtung und Eröffnung des Österreichisches Kooperationsbüro in Bildung, Wissenschaft und Kultur in Sarajewo im Jahre 2006 hatten wir den Plan, eine internationale Konferenz über die Bedeutung von Smail Balić, der seine Heimat Bosnien-Herzegowina über alles liebte, zu veranstalten.

Wir hatten beim Dekan der islamischen Fakultät, Prof. Enes Karić, und anderen bosnischen Freunden begeisterte Zustimmung gefunden, wie auch beim Reisu-l-Ulema Dr. Mustafa Cerić, der die Organisation dieser Konferenz aufs Wärmste begrüßte, wobei er die heute oft gebrauchte Formulierung eines neuen „Euroislam" ablehnte, da Bosnien seinen Islam schon als eigenständig europäisch betrachtet. Balić kam mir gegenüber knapp vor seinem Tod auf einen Gedanken zu sprechen, was er für das wichtigste hielt:

BEGRÜSSUNGSWORT

„Die Verantwortung vor Gott und den Menschen, wobei wesentlich ist, dass für uns alle, diese Verantwortung in gleicher Weise gilt, für Allah, für den christlichen Gott, und für Jahwe."

ಸಾ

Kurz bevor der Sammelband „Smail Balić als Vordenker des Europäischen Islams" in Druck gegeben wurde, hat uns die traurige Nachricht erreicht, dass Adil-beg Zulfikarpašić, der Gründer des Bosniakischen Institutes in Sarajewo verstorben sei.

Wie alle, die Adil-beg Zulfikarpašić gekannt haben, trauere auch ich um diesen großen bosniakischen Patrioten. Im Herbst 2006 bin ich ihm zum ersten Mal persönlich begegnet und wir verstanden einander auf Anhieb. Der Anlass unseres Treffens war die Vorbereitung eines internationalen Symposions zum Gedenken an einen gemeinsamen Freund, mit dem uns beide sehr viel verband. Von Smail Balić ist die Rede, den zu ehren uns daher ein großes Anliegen war. Welcher Ort hätte dem Symposion einen passenderen Rahmen geben können als das Bosniakische Institut in Sarajewo?! Adil-beg Zulfikarpašić, sein Gründer und Präsident, war sofort bereit, nein: er bestand darauf, unserer Veranstaltung die Gastfreundschaft seines Institutes zu schenken. Leider hat Adil-beg Zulfikarpašić, mittlerweile durfte auch ich ihn ein Freund nennen, die Herausgabe des Sammelbandes „Smail Balić als Vordenker des Europäischen Islams" nicht mehr erlebt. Nach Smail Balić war somit auch der Tod eines zweiten führenden Muslim Bosniens zu beklagen; beide haben sich um den Islam in der bosnischen Heimat, aber auch um seine Aufnahme in Europa hervorragende Verdienste erworben.

1921 in Foča als Spross einer Adelsfamilie geboren, studierte Adil-beg Zulfikarpašić Politik- und Rechtswissenschaften in Graz, Freiburg und Wien. Von der Idee sozialer Gerechtigkeit fasziniert, fand er als Student zur Kommunistischen Partei. Im Herbst 1941 schloss er sich den Partisanen an. Er geriet in die Gefangenschaft kroatischer Faschisten, aus der er unter dramatischen Umständen entkam. Nach dem Zweiten Weltkrieg begann er eine ehrenvolle Karriere, doch das neue Regime enttäuschte ihn bald: der Status von Bosnien-Herzegowina blieb politisch und wirtschaftlich, aber auch kulturell undefiniert; es stellten sich bald die ersten Identitätsfragen der bosniakischen Bevölkerung, auf die das Tito-Regime keine Antworten wusste. 1946 fasste Adil-beg Zulfikarpašić den schweren Entschluss, Bosnien-Herzogowina zu verlassen; seine Emigration führte ihn in die Schweiz und nach Österreich. Doch auch als Emigrant blieb der bosniakische Intellektuelle seiner Heimat und ihren Problemen in lebhafter Anteilnahme verbunden. Als Herausgeber verschiedener Zeitschriften und Publikationen in Zürich, wo er 1988 sein erstes Bosniakisches Institut gründete, galt sein Engagement den politischen Fragen Bosnien-Herzegowinas und – immer wieder! – dem Status der Bosniaken. 1991 gründete er das Bosniakische Institut in Sarajewo, dem Smail Balić seine gesamte Privatbibliothek testamentarisch vermachte; auch das zeigt, wie nahe die beiden zueinander standen.

Mit Richard Potz bin ich eines Sinnes: Adil-beg Zulfikarpašić verdient es in hohem Grade, von uns Österreichern in dankbarster Erinnerung behalten zu werden. Ohne ihn gäbe es heute nicht so viele Gründe, über die österreichisch-bosniakischen Beziehungen aufrichtige Freude zu empfinden.

Dobrodošlica

Bernhard Stillfried

Kao prvo, želim se u ime svih učesnika zahvaliti našem domaćinu Adil-begu Zulfikarpašiću na mogućnosti da ovaj simpozij u čast našeg prijatelja Smaila Balića održimo u lijepim prostorijama Bošnjačkog instituta, kojem je Balić darovao svoju biblioteku.

Dozvolite mi da iznesem par detalja o mom susretu sa Smailom Balićem.

Sreo sam ga 1946. godine kao mladog studenta u univerzitetskoj biblioteci u Beču, gdje smo obojica bili u potrazi za raznom literaturom i izvorima. Tako smo ušli u razgovor i iste te večeri proveli sate sjedeći zajedno u kafeu. Ispričao mi je, između ostalog, da se osjeća kao bosanski Austrijanac i da je prakticirajući musliman. To je pobudilo moje interesiranje, razumjeli smo se dobro, pa smo se dogovorili da se ubrzo ponovo vidimo.

Nažalost, nije došlo do toga, jer sam ja ubrzo poslovno otputovao iz Beča u London. Dugo godina smo se izgubili iz vida, jer sam u međuvremenu počeo raditi kao predstavnik za kulturu pri austrijskim ambasadama u Teheranu, Bagdadu, Damasku, Beirutu i Kairu pri čemu mi je najbitnije bilo uspostaviti kooperaciju sa tamošnjim univerzitetima. Znajući da je Balić govorio arapski jezik, došao sam na ideju da upravo njega pozovem na nekoliko konferencijskih putovanja i predavanja na Bliskom Istoku.

Uspio sam, 1960-ih i 1970-ih godina, posredovati u tri njegova konferencijska putovanja, na ukupno 14 manifestacija u Aleksandriji, Damasku, Ammanu, Bagdadu, Kairu i Istanbulu. Nakon mog povratka iz inozemstva u Beč 1986. godine, viđao sam se vrlo često sa svojim prijateljem Smailom, ohrabrujući ga da napiše knjigu na temu "Islam za Evropu". Publikacija "Islam za Evropu-nove perspektive stare religije" objavljena je 2001. godine u izdavačkoj kući Böhler ISBN 3-412-07501-9, tom br. 31, uz podršku austrijskog ministarstva za nauku i ureda Austrijske kooperacije u Beču u okviru izdanja historije religija grada Kölna. U novembru iste godine, Austrijska kooperacija u Beču organizirala je, uz njegovo prisustvo, svečanu prezentaciju tog djela. Nekoliko sedmica nakon toga, umro je – otrgnut od svoga djelovanja za islam.

Za njega nije postojao opći, homogeni evropski islam. On je smatrao da je Bosna dio Evrope i da je, samim tim, razvila svoj vlastiti islam u

Evropi, čemu je pridonio i njen položaj u Austro-Ugarskoj monarhiji u prijelaznom periodu između dva stoljeća.

Pošto islam ne poznaje vrstu crkve sa povezanom učenjačkom službom, nego se sastoji od pojedinačnih vjernika koji formiraju ummet, Balić je smatrao da se uvijek može diskutirati o tome koje islamske grupe i pojedinci koji se na osnovu nekih kriterija spoje trebaju važiti kao reprezentativni za islam, a koji ne. U suštini se takav razvoj prenosi u današnju Evropu. On je u Turskoj i u Bosni, ustvari, postojao već u 19. stoljeću. Kao primjer, Smail je navodio tursku spisateljicu Fatmu Aliye Hanim, koja je bila jedan od prvih boraca za ženska prava i koja se zalagala za miran suživot među različitim religijama.

U suštini se najčešće radi o odnosu između politike i religije, kao i odnosu države i vjerskih društava. Religija se, nažalost, koristila i koristi vrlo često kao opravdanje zloupotrebljavanja sile.

To je važilo kako u odnosu države sa državom, tako i u untrašnjem odnosu između države i građanina. Muslimani u Bosni i Hercegovini i ostalim dijelovima Austro-Ugarske Monarhije su se uglavnom osjećali kao "austrijski muslimani". Dakle, mogli su se osjećati kao građani višenacionalne države, sa više ravnopravnih vjerskih zajednica, pod upravom katoličkog cara.

Već na samom početku osnivanja i otvaranja ureda Austrijske kooperacije za obrazovanje, nauku i kulturu u Sarajevu, imali smo plan organizirati veliku internacionalnu konferenciju o značaju Smaila Balića, koji je svoju domovinu Bosnu volio više od svega. Pri tome smo naišli na veliko odobravanje i oduševljenje dekana Fakulteta islamskih nauka prof. Enesa Karića i drugih bosanskih prijatelja, kao i kod reisu-l-uleme dr. Mustafe Cerića, koji je također veoma srdačno pozdravio organiziranje ovog simpozija, pri tome odbijajući danas čestu formulaciju "evroislama", jer Bosna svoj islam smatra vlastitim evropskim. Balić mi je, neposredno pred svoju smrt, saopćio svoju misao o tome šta on smatra najvažnijim:

> "Odgovornost pred Bogom i ljudima, pri čemu je najbitnije da ta odgovornost za sve nas važi na isti način – za Allaha, za kršćanskog Boga i za Jahvea."

ဆ

Kada smo se skoro pripremili predati zbornika radova „Smail Balić kao mislilac evropskog islama" u štampariju, stigla je tužna vijest, da je osnivač Bošnjačkog instituta Adil-beg Zulfikarpašić umro u Sarajevu. Kao i svi oni koji su ga poznavali, žalim i ja za ovim velikim bošnjačkim patriotom, sa kojim sam se prvi put lično susreo, i odmah odlično razumio, u jesen 2006. godine. Povod našeg susreta bile su pripreme internacionalnog simpozija u čast našeg zajedničkog prijatelja Smaila Balića, pri čemu nam je obojici bilo jako bitno da mu iskažemo veliko priznanje i poštovanje. Koji bi prostor bio podobniji za održavanje ovog simpozija i mogao mu dati bolji okvir od Bošnjačkog instituta?! Osnivač i predsjednik Bošnjačkog instituta odmah je prihvatio ideju i insistirao na tome da našem simpoziju ukaže svoje gostoprimstvo. Nažalost ovaj prijatelj, kojeg sam i ja u međuvremenu mogao tako zvati, nije doživio izdavanje ovog zbornika radova.

Nakon Smaila Balića žalimo za još jednim vodećim muslimanom Bosne. Obojica su zalagajući se za islam u njihovoj domovini ali i u Evropi svojim istaknutim doprinosom zaslužili veliko priznanje.

Adil-beg Zulfikarpašić rođen je 1921. godine u plemićkoj porodici u Foči, studirao je politiku i pravo u Gracu, Frajburgu i Beču. Kao student bio je fasciniran socijalnom pravdom i pridružio se komunističkoj partiji. U jesen 1941. godine pridružio se partizanima, nakon toga bio je u pritvoru tadašnjeg fašističkog režima u Hrvatskoj, odakle je uspio izaći pod dramatičnim okolnostima. Nakon drugog Svjetskog rata započeo je časnu karijeru, ali ga je novi režim ubrzo razočarao: status Bosne i Hercegovine je kako politički tako i ekonomski, ali i kulturološki, bio nedefiniran: Tada se postavilo i pitanje identiteta bošnjačkog stanovništva na koje Titov režim nije imao odgovor.

Adil-beg Zulfikarpašić je 1946. godine donio tešku odluku da napusti Bosnu i Hercegovinu i emigrira u Švicarsku i Austriju. Ovaj bošnjački intelektualac je i kao emigrant ostao vjeran svojoj domovini i posvećivao se njenim problemima.

Bio je izdavač mnogih časopisa i publikacija u Cirihu, gdje je 1988. godine osnovao prvi Bošnjački institut pri čemu je svoj angažman posvetio političkim pitanjima Bosne i Hercegovine i naravno ponovo pitanju statusa Bošnjaka. Bošnjački institut u Sarajevu osnovao je 1991. godine. Tom institutu je Smail Balić testamentom poklonio cijelu svoju biblioteku, što je još jedan od pokazatelja njihove velike bliskosti.

Poput Richarda Potza i ja sam mišljenja da je Adil-beg Zulfikarpašić zaslužio da ga mi Austrijanci zahvalno zadržimo u sjećanju, jer bez njega danas ne bi bilo toliko razloga da njegujemo austrijsko-bosanske odnose sa iskrenom radošću.

Inhaltsverzeichnis · Sadržaj

I. SMAIL BALIĆ ALS ISLAMISCHER THEORETIKER 1
I. SMAIL BALIĆ KAO ISLAMSKI TEORETIČAR 1

Enes Karić, Način razmišljanja Balića kao bosanski primjer islamskog modernizma
Die Denkweise von Balić als bosnisches Beispiel für islamischen Modernismus 1
Lise J. Abid, Die muslimische Frau in den Schriften von Smail Balić
Žena muslimanka u djelima Smaila Balića 4
Fikret Karčić, Austrougarsko naslijeđe i intelektualni horizonti dr. Smaila Balića
Österreichisch-ungarisches Erbe und intellektuelle Horizonte
von Dr. Smail Balić..26
Jameleddine Ben Abdeljelil, Balić als Humanist im Rahmen
muslimischer Aufklärungsbewegung
Balić kao humanista u okviru muslimanskih prosvjetiteljskih pokreta 30

II. SMAIL BALIĆ ALS BOSNISCHER KULTURHISTORIKER...................................... 37
II. SMAIL BALIĆ KAO BOSANSKI KULTURNI HISTORIČAR 37

Esad Kurtović, Smail Balić kao interpretator predosmanske bosanske historije
Balić als Deuter der vorosmanischen bosnischen Geschichte 37
Enes Pelidija, Znanstveni doprinos dr. Balića u izučavanju prošlosti osmanske Bosne
Der wissenschaftliche Beitrag Dr. Balić' zur historischen Aufarbeitung
des osmanischen Bosniens 44
Zijad Šehić, Balićeva ocjena austrijskog vremena u Bosni
Balić' Einschätzung der österreichischen Zeit in Bosnien 49
Alaga Derviševič, Balićeva kritika jugoslovenskih vremena
Balić' Kritik der jugoslawischen Zeit...54
Ismet Bušatlić, Balićev doprinos istraživanju kulture Bošnjaka
Balić' Beitrag zur Erforschung der Kultur der Bosniaken....................................67

III. SMAIL BALIĆ – SEINE EUROPÄISCHEN
UND INTERNATIONALEN AKTIVITÄTEN... 71
III. SMAIL BALIĆ – NJEGOVE EVROPSKE I MEĐUNARODNE AKTIVNOSTI 71

Salim A. Hadžić, Balić kao osnivač Muslimanske Socijalne Službe i njegov doprinos
priznavanju Islamske zajednice u Austriji
Balić als Gründer des Moslemischen Sozialdienstes und sein Beitrag
zur Anerkennung der Islamischen Glaubensgemeinschaft in Österreich.............71
Abdullah Salim, Balić und der „Islam im Westen"
Balić i „Islam na Zapadu" 86
Ibrahim Kajan, Suradnja dr. Smaila Balića u zagrebačkom časopisu „Behar"
Die Mitarbeit von Smail Balić in der Zagreber Zeitschrift „Behar"....................95
Susanne Heine, Die Darstellung des Islams im österreichischen Schulbuch.
Smail Balić als Berater in einem Forschungsprojekt
Prikazivanje islama u školskim udžbenicima.
Smail Balić kao savjetnik u istraživačkom projektu 106

IV. SMAIL BALIĆ IM INTERRELIGIÖSEN DIALOG
IV. SMAIL BALIĆ U INTERRELIGIJSKOM DIJALOGU 117

Salih Jalimam, Balićev interkonfesionalizam
    Die Interkonfessionalität bei Balić 117
Jan Slomp, Smail Balić als Teilnehmer christlich-islamischer Begegnungen
    und Kongresse
    Smail Balić kao učesnik u hrišćansko-islamskim susretima i na kongresima 123
Rešid Hafizović, Smail Balić u dijalogu sa „drugima"
    Smail Balić im Dialog mit „anderen" 138
Nedžad Grabus, Balićevo razumijevanje teologije
    Balić' Verständnis der Theologie 144
Petrus Bsteh, Smail Balić im interreligiösen Dialog
    Smail Balić u interreligijskom dijalogu 149

Verzeichnis der Autoren 153
Bilješke o autorima 155

I

SMAIL BALIĆ ALS ISLAMISCHER THEORETIKER
&
SMAIL BALIĆ KAO ISLAMSKI TEORETIČAR

Način razmišljanja Balića kao bosanski primjer islamskog modernizma
&
Die Denkweise von Balić als bosnisches Beispiel für islamischen Modernismus

Enes Karić

Drago mi je da smo, sa Austrijskom kooperacijom i Bošnjačkim institutom, suorganizatori ovog simpozija posvećenog životu i djelu rahmetli Smaila Balića, profesora, orijentaliste, pisca, istraživača, historičara kulture, zagovornika dijaloga među različitim svjetovima, posebno onim religijskim.

Vjerujem da će svako ko ozbiljno proučava povijest ideja i mišljenja u Bošnjaka te šire, u Bosanaca i Hercegovaca, u dvadesetom stoljeću imati prijatno osjećanje nakon što se suoči i osvjedoči u poruke pohranjene u djelima, studijama, člancima, crticama autora Smaila Balića.

On je jedna neobična ljudska muslimanska sudbina u Bosni i Hercegovini i potom u bošnjačkoj emigraciji. Sretan sam da ćemo danas i sutra saznati toliko mnogo o njegovom životu u domovini i, potom, kasnije, u njegovoj drugoj domovini, Austriji. Ja o njegovom životu, razumljivo, neću govoriti. Ali, spominjem njegov životni put kao saodreditelja njegovog mišljenja i njegovog pogleda na svijet, pa time i pogleda na svijet islama.

Kad je islamska savremenost posrijedi, dakle kad je u pitanju modernizam i reformizam, dva su glavna toka u islamskom mišljenju tokom devetnaestog i dvadesetog stoljeća. Prvi je liberalizacija šerijatskog prava, a drugi racionalizacija islamskog vjerovanja.

Doista, ko god čita muslimanske reformatore i obnovitelje, bilo da su iz Indije (Seyyid Emir Ali, Čirag Ali, Ahmed Han Bahadur) ili iz Egipta (Muhammed Abduhu, Rešid Rida, Kasim Emin), prvo što će zapaziti jest ova vrsta dualizma u njihovom tumačenju islama u kontekstu evropske i zapadne savremenosti.

Nema sumnje da je naš Smail Balić itekako sljedbenik i, na neki način, učenik ovih velikih imena islamskog reformizma i modernizma. Dakako, Smail Balić je svome mišljenju dao mnoge impulse originalnog, to se vidi po njegovim brojnim djelima.

Zašto je Smail Balić nastojao kontekstualizirati islam u okvirima trendova liberalizacije šerijatskog prava i racionalizacije islamskog vjerovanja?

Evropska domovina je glavni razlog takvom egzegetskom i hermeneutičkom postupku Smaila Balića.

U evropskoj novovjekovnoj povijesti znanost je sve više zauzimala gotovo sva uporišna mjesta sa kojih se formirao čovjekov pogled na svijet.

Sad se znanost javila kao ono okrilje iz koga se tumačila i sama vjera i religija.

Smail Balić je vjerni pristalica one znanosti kojoj se u Evropi i na Zapadu iskazalo puno povjerenje. To vidimo u njegovim enciklopedijskim odrednicama, u kojima je sasvim jasno prihvatio evropska opredjeljenja i trendove u tumačenju fenomena ljudskog društva, prava, državnih i društvenih institucija, itd.

Smail Balić je bio za evolucionističko čitanje Kur'ana, on je u tome posve vjerno slijedio trendove evropske orijentalistike. Ali, on ih je slijedio kao musliman, i često je to činio selektivno.

U njegovim tekstovima ćemo naći modernizirajuća i racionalizirajuća čitanja Kur'ana i islama. Poligamiju je, naprimjer, čitao kao privremenu i danas neprihvatljivu, isto je govorio za mnoge šerijatske kazne, itd. Halifa i sultan su odavno prošlost, itd.

U njegovom tumačenju islama veoma je naglašen akcent na racionalističkom razumijevanju i tumačenju Kur'ana, scijentizam iz druge polovine dvadesetog stoljeća dobio je mnoge odjeke i svoje udomljenje u Balićevim tekstovima.

U ovom pogledu, Smail Balić je za bosanske studente islama iznimno zanimljiva pojava.

Je li on (bio) intelektualac u izgnanstvu? Egzil je sudbina mnogih muslimanskih intelektualaca tokom devetnaestog i dvadesetog stoljeća. U svojevrsnom egzilu, Smail Balić je bosansku tradiciju islama doživljavao i kao sjećanje na domovinu iz koje je emigrirao, ali se u svojim djelima potrudio da podari sintetizirajuću tradiciju islama kao vjere koja podržava sva pozitivna savremena stremljenja Evrope i Zapada te onih dijelova muslimanskog svijeta koji su se modernizirali. Balić je u neku ruku ideolog naprednog islama.

Nema sumnje da će buduća istraživanja djela Smaila Balića iznjedriti i kritiku njegovih pogleda. Takvo što je poželjno, takvo što treba ohrabrivati.

Zahvalio bih se, na kraju, dr. Stilfriedu te prof. dr. Potzu, koji su prihvatili da se ovaj simpozij organizira u Sarajevu.

Hvala vam lijepo!

REZIME

Autor ističe da su u mišljenju Smaila Balića prepoznatljive dvije važne odrednice. Prva je liberaliziranje šerijatskog prava, a druga racionaliziranje islamskog vjerovanja. Autor ukratko naznačava korijene tih dviju ideja koji leže u Balićevom pogledu na religiju kroz nauku, a potom govori o kontekstualiziranju njegovih islamskih tumačenja u okvirima evropske savremenosti.

Na kraju treba naglasiti potrebu kritičkog proučavanja cjelokupnog djela Smaila Balića.

ZUSAMMENFASSUNG

In Balić' Denkweise lassen sich zwei grundsätzliche Richtungen erkennen. Die erste ist die Liberalisierung des Scharia-Rechts und die zweite die „Rationalisierung" des islamischen Glaubens. Weiters ist auf die Wurzeln dieser zwei Ideen hinzuwiesen, die in Balić' wissenschaftlicher Sichtweise der Religion liegen.

Für den Islam ist jedenfalls Balić' Kontextualisierung der Deutung des Islams im europäischen zeitgemäßen Rahmen von Bedeutung. In diesem Sinne wird das gesamte Werk Balić' auch weiterhin einem kritischen Studium zu unterziehen sein.

Die muslimische Frau
in den Schriften von Smail Balić
ೞ
Žena muslimanka u djelima Smaila Balića

Lise J. Abid

I. EINLEITUNG

Es lohnt sich, die Schriften eines der Moderne verpflichteten Gelehrten wie Smail Balić über die muslimische Frau näher zu untersuchen. Ich sage bewusst „Gelehrter", denn Smail Balić war nicht nur ein Wissenschaftler, der auf sein Fachgebiet spezialisiert war. Er war ein Intellektueller mit einem weiten geistigen Horizont, der zu einer Vielzahl von Themen publizierte. Als Historiker brachte er sein Geschichtswissen ein, um den Hintergrund aktueller Themen transparent zu machen, und als zeitgenössischer Intellektueller analysierte er Probleme muslimischer Länder und ihrer Gesellschaften vom Standpunkt des Islamwissenschaftlers und des engagierten muslimischen Reformdenkers. Das betrifft auch das Frauenbild, welches Balić in seinen Schriften entworfen hat. Es ist ein Bild, durch das sowohl die große Achtung des Autors vor der Frau als auch die Wertschätzung für die Kultur seiner Heimat Bosnien-Herzegowina sichtbar wird. Seine Schriften drücken jedoch auch den deutlichen Wunsch nach einer globalen Aufwertung der Frau aus. Als moderner muslimischer Denker hat sich Smail Balić speziell mit der Situation der muslimischen Frau befasst, in Europa an der Schwelle zum 21. Jh ebenso wie in vom Islam geprägten Ländern. Dabei hat er konsequent zwischen der Religion und ihren Idealen einerseits und frauen- und fortschrittsfeindlichen Traditionen andererseits unterschieden.

II. HISTORISCHE BETRACHTUNGEN
ÜBER DIE MUSLIMISCHE FRAU

In dem umfangreichen Schrifttum, das Smail Balić hinterlassen hat, findet sich ein historisches Bild der bosnischen Muslima, das die traditionellen Tugenden unterstreicht und schätzt. Ein Beispiel dafür ist die kultur- und sozialgeschichtliche Darstellung in seinem Werk „*Das unbekannte Bosnien*"¹, wo Balić in einer Chronik aus dem frühen 19. Jh. den Begriffen der Ritterlichkeit gegenüber der Frau, der Familienehre und damaligen Moralbegriffen nachspürt. In Volksliedern und alten bosnischen Heldengesängen ist die Mutter eine moralische Autorität, deren Wort Feindseligkeiten beilegen und Streit beenden kann. Aber auch das romantische Bild der umworbenen jungen Frau taucht hier auf, deren Hand schwer zu erringen ist, und die nur dem Tapfersten und Edelsten ihr Ja-Wort gibt.

Für die Ehefrau galten zu jener Zeit Treue, Zurückhaltung, aber auch Fertigkeit in traditionell „weiblichen" Handarbeiten, Tüchtigkeit im Haushalt, im landwirtschaftlichen Betrieb und in der Gartenkultur als beste Eigenschaften. Je vornehmer die Familie, desto zurückgezogener lebten die Frauen – eine Erscheinung, die in vielen anderen muslimischen Gesellschaften ebenfalls anzutreffen ist, speziell im osmanischen Herrschaftsbereich. Balić erwähnt in diesem Zusammenhang auch die Architektur traditioneller muslimischer Bürgerhäuser,² in denen die Frauenräume im Obergeschoss lagen oder sogar über einen separaten Hof zugänglich waren. In wohlhabenden Häusern gab es eigene Unterkünfte für Gäste und Hauspersonal, die so angelegt waren, dass die Frauen ungestört blieben. Zu den Frauen der Großfamilie gehörten die Ehefrau und deren Kinder, auch die Mutter oder Schwiegermutter, noch unverheiratete Schwestern oder verwandte Witwen, Schwägerinnen oder Tanten. Diese lebten im Frauentrakt solcher Bürgerhäuser, von denen Balić einige als Beispiel anführt. Eines der wenigen erhaltenen Häuser ist das Svrzo-Haus in Sarajevo, das heute als Museum geführt wird. Darin gibt es ein Kinderzimmer für die Kleinkinder sowie eigene Zimmer, die ältere Töchter oder Söhne bis zu ihrer Verheiratung bewohnten. Im Frauentrakt gibt es ein großes, geschmackvoll eingerichtetes Esszimmer, in dem die Familie die Mahlzeiten gemeinsam einnahm, wenn der Hausherr nicht gerade mit fremden Gästen speiste. Das Schlafgemach der Ehegatten liegt im Obergeschoss. Das Haus zeigt auch eindrucksvoll die muslimische Badekultur: die Wohneinheiten haben jeweils eigene Duschen mit Warmwasserbereitung und Heizung durch einen Kachelofen sowie einen Wasserabfluss, so dass man sich bei den rituellen Waschungen mit fließendem Wasser reinigen konnte.

Die Erziehung der Kinder nach den gängigen gesellschaftlichen Idealen gehörte zu den wichtigsten Aufgaben der Frau. Außerhalb der

---

[1] *Smail Balić*, Das unbekannte Bosnien – Europas Brücke zur islamischen Welt, Böhlau, Köln · Weimar · Wien 1992.
[2] Ebda 201 f.

Familie erfolgte die Sozialisation der Kinder und Jugendlichen gemäß den Idealen einer muslimischen Gesellschaft, deren Identität durch Zusammengehörigkeitsgefühl, Geschichtsbewusstsein und ein gemeinsames bosnisches Brauchtum geprägt war.

Zu diesem Brauchtum gehört auch die *Futuwwa*, ein Begriff aus der arabischen Kultur, der für ritterliche Männerbünde steht. Sie entstanden im 9. Jh im Zentrum des damaligen Abbasiden-Kalifats und spielten später in den Anfängen des Osmanischen Reiches eine wichtige gesellschaftliche und militärische Rolle. Auf bosnischem Boden entstanden entsprechende bosniakische Organisationen, aus denen auch eine Frauenkongregation, die der *Badjiyan* (= Schwestern?), hervorging.[3]

Balić erwähnt auch die bosnisch-muslimische Volksdichtung, in denen Frauen und Mädchen als Heldinnen besungen werden. Auch in dem Gedichtband „*Muhammeds Geburt*", der von Smail Balić im Rahmen der „Muslimischen Bibliothek" 1964 in Wien herausgegeben wurde, wird Amina, die Mutter des Propheten Muhammad, in berührenden Versen verklärend dargestellt. Der Gedichtband ist ein Beispiel dafür, dass es Balić ein Anliegen war, bosnische Poesie als Kulturgut zu verbreiten und auch das Lob der Frauen in dieser Form kund zu tun.

Smail Balić hat sich intensiv mit der volkstümlichen bosnischen Dichtung befasst und etliche der schlichten, aber romantischen Verse sinngemäß ins Deutsche übertragen. Als Bibliothekar der Österreichischen Nationalbibliothek hatte er zu solch alten Sammlungen Zugang. In seinem Buch „*Kultura Bosnjaka*" erwähnte er dieses Kulturerbe, und er veröffentlichte darüber eine Artikelserie in der Zeitschrift „*Islam und der Westen*"[4]. Er untersuchte auch die „*Aljamiado-Literatur*", die während der Osmanischen Periode vom 15. bis zum 19. Jh in Bosnien entstanden ist. *Aljamiado* bezeichnet ursprünglich eine romanische Sprache, die mit arabischer oder hebräischer Schrift geschrieben wurde. Die Bezeichnung *Aljamia* oder *Aljamiado* ist eine spanische Abwandlung, die ihren Ursprung im arabischen Wort *ajami* (= nicht-arabisch, fremd) hat.[5] In die Balkanländer wurde die Bezeichnung vermutlich von sephardischen Juden gebracht, die Ende des 15. Jh vor der spanischen Reconquistá ins Osmanische Reich flüchteten. Im Falle Bosniens han-

---

[3] Ebda 129. *Balić* verweist hier auf seinen Artikel „Der Islam in Bosnien. Ein Beitrag zu seiner Entstehungsgeschichte", ÖOH 7 (1965) 472-475.

[4] 7 (1987), Heft 2, 26, Heft 3, 27 und Heft 4, 28.

[5] Die Bezeichnung *Ajami* wurde auch in Nord-Nigeria für Texte in der Haussa-Sprache verwendet, die seit dem frühen 19. Jh bis in die erste Hälfte des 20. Jh mit arabischen Schriftzeichen geschrieben wurden. 1930 wurde von den britischen Kolonialbehörden eine auf dem lateinischen Alphabet basierende Schrift eingeführt.

delt es sich bei *Aljamiado* um Texte in slawischer Sprache, jedoch mit arabischen Buchstaben geschrieben, während die sephardischen Juden, die sich im Gebiet von Bosnien-Herzegowina ansiedelten, ihr *Ladino* meist mit hebräischen Schriftzeichen schrieben.

III. FRAUEN IN LIEDERN UND BALLADEN

Aus der *Aljamiado*-Dichtung lässt sich viel über das Leben von Mädchen und Frauen herauslesen. Es handelt sich häufig um Liebeslyrik: die scheuen Blicke von Verliebten, die sich nicht treffen dürfen, weil der Vater mit strengem Blick über seine Tochter wacht, die Sehnsucht nach der Verlobten, der Braut – oder sogar Duelle um eine begehrte Schönheit – aber auch das Verhalten des Ehemannes gegenüber seiner Gattin, Liebe und Treue zwischen Eheleuten – all das sind Themen dieser Literatur, die – so Balić – bisher zu wenig erforscht wurde. In seinem Buch „Das unbekannte Bosnien" (271-281) bringt Balić mehrere Beispiele solcher Gedichte. Das folgende Gedicht, das er als ein Beispiel von Derbheit bezeichnet, hat er von einem Wiener Autograph in der Österreichischen Nationalbibliothek frei übersetzt:

> Gesehen habe ich manche Männer,
> die ihre Ehefrauen schlagen.
> „Kläglich, wer auf diesem Nenner!"
> So mir Gemüt und Herz sagen.
> Zumal meine Holde gleicht der Sonne,
> wo die ander' Frauen sind wie Sterne.
> Wenn die Sonne zeigt sich in der Ferne,
> blasse Sterne wirken wie Laternen.

Volkstümliche *Aljamiado*-Gedichte haben meist einen lebensnahen Inhalt, schreibt Balić. Es gibt darunter viele Lehrgedichte mit moralisch-erzieherischem Inhalt; solche Werke stammen oft von Autoren, die ein religiöses Amt innehatten. Derwische verfassten mystische *Aljamiado*-Gedichte.

Smail Balić forschte auch den Spuren der Ballade „*Hasanaginica*" nach, die als Nachdichtung von Johann Wolfgang von Goethe unter dem Titel „*Klaggesang von der edlen Frauen des Asan Aga*" 1778/1779 publiziert wurde.[6] In seinem Buch „*Das unbekannte Bosnien*" hat sich Balić eingehender damit befasst. Über den Ursprung der Ballade schreibt er:

---

[6] *Johann Wolfgang von Goethe*, Gesammelte Werke, Lechner, Genf · Limassol 1993/94, 223-226.

„Die Heimat der Hasanaginica ist zweifellos die südliche Herzegowina. Ihre Entstehungszeit ist das 17. Jh. Sie ist nicht, wie Milan Čurčin meint, ein Lied, das ‚serbische Mohammedaner zu Helden hat.' oder dessen Milieu ‚serbisch-mohammedanisch' sei; sie ist vielmehr ein bosnisch-muslimisches Lied schlechthin. Nicht allein seine Helden, auch seine Verfasserin oder sein Verfasser sind Muslime. Seine Sprache, sein Stil, sein Geist und die in ihm enthaltenen familienrechtlichen Besonderheiten sind typisch bosnisch-muslimisch." [7]

Dass diese volkstümliche Ballade in Dalmatien in aufgezeichneter Form gefunden wurde und auch eine 84jährige dalmatinische Sängerin sie mündlich überliefern konnte, erklärt Balić mit den engen Kontakten zwischen den bosnisch-muslimischen Gebieten und der dalmatinischen Küste, die durch Handel, kriegerische Ereignisse, aber auch durch die damalige Arbeitsmigration zustande kamen. Balić meint auch, dass unterschiedliche Völker in diesen gefühlvollen Frauenliedern und Balladen gemeinsame Schicksale entdecken konnten, was auch für die Verbreitung dieses Liedes spricht, das im Laufe der Zeit in viele Sprachen der Welt übersetzt wurde.

Die Ballade hat eine Familientragödie zum Inhalt. Das Lied handelt davon, dass Hasan-Aga, die männliche Hauptperson, verwundet in einem Feldlager liegt. Seine Mutter und seine Schwester besuchen ihn; seine Gattin, die *„Hasanaginica",* zögert jedoch „schamhaft" (so in Goethe's Nachdichtung). Nachdem Hasan-Agas Zustand sich bessert, lässt er seiner Gattin ausrichten, dass er sie verstößt. Während sie noch in Hasan-Agas Burg auf ihn wartet, trifft ihr Bruder ein und überbringt ihr den Scheidungsbrief. Sie muss nun ihre fünf Kinder, das Kleinste noch in der Wiege, zurücklassen und ihr Bruder bringt sie zurück ins väterliche Haus. Die Geschiedene erhält schon nach kurzer Zeit Heiratsanträge, und nach nur sieben (!) Tagen entscheidet ihr Bruder, sie mit einem bedeutenden *Qadi* – einem hohen islamischen Richter – zu vermählen. Da der Hochzeitszug an Hasan-Agas Burg vorbei muss, verschleiert sich die Frau, damit ihre Kinder sie nicht sehen sollten. Diese erkennen sie jedoch und rufen sie zu sich. Auf Ersuchen der Frau lässt ihr zukünftiger Ehemann die Pferde anhalten und die Hasanaginica beschenkt ihre Kinder am Burgtor. Als ihr Exgatte das sieht, ruft er die Kinder zu sich:

„Kehrt zu mir, ihr lieben armen Kleinen,
Eurer Mutter Brust ist Eisen worden,
Fest verschlossen, kann nicht Mitleid fühlen!" [8]

Als die Hasanaginica dies hört, bricht sie zusammen und stirbt vor Gram.

---

[7] *Balić,* Das unbekannte Bosnien 174.
[8] *Goethe* aaO, zit bei *Balić,* Das unbekannte Bosnien 178.

Das Gedicht ist in vielerlei Hinsicht analysiert worden, und Smail Balić setzt sich ebenfalls mit dem berührenden und tragischen Inhalt auseinander. Er zitiert zwei Forscher, den bereits erwähnten Milan Čurčin und Krešimir Georgijević, die – wie einige andere Autoren – meinen, dass das Zögern der Frau, ihren verwundeten Gatten zu besuchen, dadurch zu erklären ist, dass sie einem konservativen muslimischen Milieu entstammte, während er, der im Grenzgebiet lebte, von den liberaleren gesellschaftlichen Normen Dalmatiens beeinflusst war. So sei es zu einem Missverständnis gekommen, da sie es womöglich als unschicklich betrachtete, durch einen Besuch Emotionen für ihren Mann zu zeigen, während er ihren Besuch aber als selbstverständlich erwartete. Balić lehnt diese Interpretation ab; er sieht in dem Gedicht Hinweise, dass die Frau aus vornehmem Hause stammte, während Hasan-Aga „nur" ein Offizier war. Sie fand es daher ungehörig, in ein von Soldaten bevölkertes Feldlager zu gehen, um ihren Mann zu besuchen. Hasan-Aga interpretierte das wiederum als Hochmut und übertriebenen Stolz und verstieß sie.

Wie dem auch sei, das Gedicht gibt Aufschluss über einen äußerst strengen Sittenkodex, der damals unter bosnischen Muslimen und vielleicht auch unter anderen Völkern der Region herrschte. Aus diesem engen Korsett von Ehrbegriffen, das – wie so oft in muslimischen Gesellschaften – über die moralischen Vorgaben der *Schari'a* hinaus geht, konnten beide Partner nicht ausbrechen, obwohl sie es wahrscheinlich wollten. In einem Milieu, in dem Frauen zwar geachtet und beschützt wurden, hatten sie keinerlei Bestimmungsrecht über sich selbst. Letzteres ist ebenfalls nicht spezifisch für die Region des Westbalkan zu jener Zeit, es gilt ebenso für Mittel- und Westeuropa, wo arrangierte Heiraten – nicht nur in Kreisen des Adels – an der Tagesordnung waren. Aus der Sicht des islamischen Familienrechts bleiben jedoch mehrere Fragen offen. Die Verstoßung der Frau geschah voreilig, und Hasan-Aga hätte die Möglichkeit gehabt, seine Frau innerhalb der vom islamischen Recht vorgeschriebenen Wartezeit (*Idda*) von drei Monatsperioden zurückzunehmen, gemäß Qur'an (Sure 2, Vers 228):[9]

„[…] Und ihre Ehemänner haben vorrangig das Recht, sie in diesem (Zeitraum) zurückzunehmen, wenn sie eine Versöhnung anstreben. Und den (Frauen) stehen die gleichen Rechte zu wie sie (die Männer) zur gütigen Ausübung über sie haben. Doch haben die Männer (in dieser Hinsicht) das letzte Wort. […]"

---

[9] Nach den Übertragungen von *Max Henning,* Der Koran, überarbeitet und herausgegeben von *Murad Wilfried Hofmann,* Diederichs Gelbe Reihe bei H. Hugendube, Kreuzlingen · München 2003 und *Muhammad Ahmad Rassoul,* Al-Qur'an Al-Karim und seine ungefähre Bedeutung in deutscher Sprache, Islamische Bibliothek, Köln, ³1988.

Aus dem Text der Ballade geht nicht hervor, wie viel Zeit zwischen dem Ausspruch der Scheidung und der Ausstellung des (endgültigen) Scheidungsbriefes verging. Möglicherweise waren es die vorgeschriebenen drei Monate, da die Frau schon sieben Tage nach Rückkehr in ihr Elternhaus wieder verheiratet werden sollte, bzw. der Bruder dem Heiratsantrag jenes *Qadi* zustimmte, obwohl die Hasanaginica selbst das nicht wollte. Letzteres stimmt auch mit dem in muslimischen Gesellschaften üblichen Vorgehen nicht überein, dem gemäß eine geschiedene oder verwitwete Frau bei der zweiten Eheschließung viel freier entscheiden kann als bei ihrer ersten. Abgesehen davon, dass der Islam jede Eheschließung von der Zustimmung beider Partner abhängig macht, lässt sich eine große Entscheidungsfreiheit geschiedener oder verwitweter Frauen bei der Partnerwahl bis zur Zeit des Propheten zurück verfolgen. Schließlich war es Muhammads eigene Gattin Chadidscha, die als verwitwete Frau die Initiative ergriff und ihm ein Heiratsangebot machte. Im Falle der Hasanaginica lässt sich aus dem Text herauslesen, dass sie als geschiedene Frau nicht stigmatisiert wurde, weil sie schon innerhalb kurzer Zeit „von viel großen Herren" zur Ehe begehrt wurde.

Eine weitere Frage ist, warum von Seiten der Familie anscheinend kein Vermittlungsversuch unternommen wurde, nachdem Hasan-Aga verärgert eine voreilige Scheidung aussprach. Denn es heißt doch im Qur'an (Sure 4, Vers 35):[10]

> „Und wenn ihr einen Bruch zwischen beiden befürchtet, dann ernennt einen Schiedsrichter von ihrer Familie und einen Schiedsrichter von seiner Familie. Wollen sie sich aussöhnen, wird Allah Frieden zwischen ihnen stiften […]"

Im Gedicht klingt auch an, dass die Frau ihrem Bruder ihr Leid klagte. Da er es war, der ihr den Scheidungsbrief überbrachte, hätte er sich auch als Vermittler einschalten können. Die fehlende Vermittlung ist umso merkwürdiger, als Hasan-Aga seine Entscheidung offenbar Leid tat, zumal er von seiner Gattin fünf Kinder hatte. Nach dem islamischen Familienrecht, wie es damals dort verstanden wurde, blieben nicht nur die größeren Kinder, sondern auch das Baby beim Vater. Auch hier ergibt sich eine Diskrepanz zur klassischen *Schari'a*, da Kinder jedenfalls bis zu einem gewissen Mindestalter bei der Mutter verbleiben. Hasan-Aga, der Vater, muss tief gekränkt gewesen sein, da er beim Wiedersehen der Mutter mit ihren Kindern sagte, „Eurer Mutter Brust ist Eisen worden." Es erstaunt, dass dieses Missverständnis zwischen den Gatten nicht aufzuklären war.

---

[10] *Henning & Hofmann*, aaO.

Balić analysiert diese Hintergründe allerdings nicht, sondern zitiert die Ballade im Zusammenhang mit der Volkskultur seiner Heimat. In einem weiteren Gedicht „*Smajos Mutter Bajrambegovica*", entscheidet sich eine junge Witwe selbst für die Wiederheirat mit einem Bewerber ihrer Wahl – für Balić „ein erschütternder Konflikt zwischen der Sehnsucht eines einsamen Frauenherzens nach Heim und Liebkosung einerseits und der Mutterliebe andererseits".[11] Der zukünftige Gatte hat aber – trotz gegenteiliger Versprechungen – für ihren Säugling aus erster Ehe, den kleinen Smajo, keine Geduld, als dieser zu schreien beginnt. Auf dem Weg ins Haus des Bräutigams kann die Frau den Kleinen nicht stillen, weil sie sich vor dem zukünftigen Ehemann nicht entblößen will. Dieser entreißt ihr das Baby und lässt es unterwegs zurück. Die Frau, die sich „lässt betören", stirbt ebenfalls aus Gram um das Kind. Somit ist das Gedicht vielleicht als Warnung an Witwen zu verstehen, damit sie sich nicht allzu rasch und unüberlegt wieder verheiraten.

Von den meisten Balladen gibt es mehrere Versionen in verschiedenen lokalen Dialekten. Balić erwähnt noch etwas:

> „Die Ballade Hasanaga, ein Gegenstück zur Hasanaginica, behandelt in einer ethisch und psychologisch hochinteressanten Weise die überraschende Beilegung eines Ehezwistes."[12]

Er gibt dazu keine weiteren Details an; offenbar hat dieses Gedicht bzw. diese Version nicht den Bekanntheitsgrad der „Hasanaginica" erreicht.

In diesen Gedichten werden die Frauen mit dem Namen des Ehemannes bezeichnet, ihr Vorname wird nicht genannt. Diese Sitte ist in traditionellen Gesellschaften muslimischer Länder bis heute verbreitet, wo die Frau umgangssprachlich oft als „Gattin von …" oder „Mutter von …" bezeichnet wird, – obwohl sie rechtlich zumeist ihren eigenen Familiennamen bzw. Vaternamen behält.

Ebenso entspricht es einer verbreiteten Tradition, geschiedene Frauen oder alleinstehende Mütter als „Witwen" zu bezeichnen.

Wie exakt Balić als Historiker arbeitete, erweist sich daran, dass er anhand historischer Dokumente das Jahr der Verwundung des Hasan-Aga mit 1669 feststellte und hinzufügt, dass er Burghauptmann von Zadvarje im Gebiet von Imotska Krajina war. Interessant ist, dass die Bezeichnung *Dizdar* für Burghauptmann persischen Ursprungs ist, was Balić durch seine sprachlichen Kenntnisse eindeutig identifizierte. Dieses Gebiet geriet übrigens um die Wende vom 17. zum 18. Jh unter venezianische

---

[11] *Balić*, Das unbekannte Bosnien 167.
[12] Ebda 168.

Herrschaft – für Balić ein weiterer Grund, warum die Ballade in Dalmatien aufgefunden wurde.

Auf einer Internet-Seite,[13] die das Gedicht als „kroatische Ballade" anführt, finden sich folgende Angaben, die Unterschiede in der Datierung aufweisen, da hier erwähnt wird, dass Hasan-Aga bereits 1669 am Ende der Kandischen Kriege getötet worden sei. Ob seine Verwundung früher zu datieren ist, bleibt offen, und es wird als fraglich bezeichnet, ob der Ballade überhaupt ein historisches Ereignis zugrunde liegt. Hier das Zitat:

> „Asan-aga Arapović had its courts in Vrdol, near today's Zagvozd. He was wounded by Christian soldiers while protecting his property, which has been recorded in a Turkish document. The Asan-aga family descendants still live in the region, having moved to Ljubuški, Herzegovina. Asan-Aga was killed at the end of the Kandian War in 1669. His Vrdol property is still identifiable, but not maintained. Bey Pintorović, Asanaginica's brother was representative of the Klis Sanjak, where Asanaginica came after being divorced by Asan-aga. Imotski Cadi was also an established historic figure. The Cadi quarters were taken over by the Franciscan friars who built a monastery there after Imotski was freed from the Turks. According to the people word of mouth Asanaginica's grave is located somewhere south-west of Modro Jezero. Despite the above facts its is not known if the ballad was based on a historic event."

Die unterschiedliche Angabe des Namens „Hasan-Aga" bzw „Asan-Aga" wird hier damit erklärt, dass in der dalmatinischen Ausspracheweise das „H" in manchen Worten im 17. Jh verloren ging.

Die große Faszination, die diese Dramen ausüben, zeigt sich daran, dass die Ballade 1967 im ehemaligen Jugoslawien verfilmt und 1968 in der damaligen DDR uraufgeführt wurde.

Anfang 2007 wurde die *„Hasanaginica"* am Bosnischen Nationaltheater in Sarajevo als Oper aufgeführt, ebenso die Legende von Ali-Pascha. Letztere ist eine Liebesgeschichte aus der Osmanenzeit, die sich um den Bau der Ali-Pascha-Moschee in Sarajevo rankt – diesmal mit Happy End. Vielleicht deutet dies auf eine Renaissance des eigenen literarischen Erbes im heutigen Bosnien-Herzegowina hin.

In seinem Buch „Das unbekannte Bosnien" zitiert Balić noch die Ballade *Omer i Merima* (Omar und Merima) und vergleicht sie mit Romeo und Julia. Auch von diesem Gedicht gibt es zahlreiche Varianten. Die von Balić wiedergegebene Version ist interessant, weil hier die Mutter Omers dem Sohn nachspioniert, als er sich mit Merima trifft. Die Mutter, als „kleine Wache" bezeichnet, hat nämlich für Omer eine andere Braut aus reichem, vornehmem Hause auserkoren. Die Geschichte zeigt realistisch, dass in traditionellen muslimischen Gesellschaften nicht nur

---

[13] http://www.modrojezero.org/docs/history/fortis_hasanaginica.html.

junge Mädchen einer arrangierten Heirat unterworfen wurden, sondern junge Männer unter einem ähnlichen Druck der Familie standen. Die gegenwärtige Diskussion über Zwangsehen in Europa zeigt, dass dieses Thema noch immer aktuell ist.

In dieser Ballade setzt sich aber der Sohn durch:[14]

> Doch erwidert darauf Jung-Omerbeg:
> „Fasle nicht, meine betagte Mutter,
> nicht Gold und Silber sind des Herzens Fort,
> allein die Liebe ist der wahren Schätze Hort!"

In diesem Buch, das zweifellos eines seiner bedeutendsten Werke ist, nimmt Balić noch auf den Stellenwert der lyrischen Frauenlieder in der Volksdichtung Bezug – Lieder, in denen Frauen ihren Gefühlen und Träumen, ihrer Hoffnung und ihrem Schmerz Ausdruck gaben und – wo dieses Kulturgut gepflegt wird – bis heute geben. In solchen Liebesliedern bilden die türkischen bzw. persisch beeinflussten Motive der sehnsuchtsvollen Nachtigall und der Rose ein häufiges Thema. Hingegen ist die sogenannte *Sevdalinka* eine von Frauen und Männern gesungene, meist schwermütige Lyrik. Oft geht es dabei um unerfüllte Liebe. Balić verweist auf die Herkunft des Wortes Sevdalinka aus dem türkischen *sewda* bzw arabischen *sawda* (schwarz, schwarze Galle → Melancholie).[15]

IV. DIE ZEITGENÖSSISCHE MUSLIMISCHE FRAU AUS DER SICHT VON SMAIL BALIĆ

Im achten Kapital des eben genannten Buches verfolgt Balić die Modernisierungsbestrebungen bosnischer Muslime zurück, die auch die Frauen betrafen:

> „Die radikaleren Reformer fordern seit der Zeit der kuk Monarchie die Angleichung an die nichtmuslimischen Bürger in Bezug auf die Tracht und die allgemeine Lebensweise, die Emanzipation der Frau, die Freiheit der Gattenwahl […]".[16]

Er fügt hinzu, dass sich seit 1928 ein Einfluss des türkischen Kemalismus feststellen lässt, berichtet aber auch über Gegenströmungen: Eine Broschüre, „in der der Schleier als eine der Hauptursachen der Rückständigkeit bezeichnet wurde", wurde öffentlich verbrannt, ihr Verfasser beim Großmufti, dem *Re'is al-Ulama*, wegen antireligiöser Propaganda angeklagt.

---

[14] *Balić*, Das unbekannte Bosnien 169.
[15] Ebda.
[16] Ebda 336.

Balić nennt eine Reihe prominenter bosnischer Islam-Gelehrter, die sich in unterschiedlicher Form und Intensität für eine Modernisierung einsetzten. Speziell Mehmed Džemaludin Efendi Čaušević, der sich in der Tradition der großen islamischen Reformdenker Al-Afghani und Muhammad Abduh sah, forderte „die Befreiung der Frau und ihre Befähigung für das Wirtschaftsleben [...]"[17] Čaušević war von 1914-18 *Re'is al-Ulama* von Bosnien und von 1918-31 von ganz Jugoslawien. Balić erwähnt kurz die allgemeine Krise der Religion in den 1940-er Jahren und die Entwicklungen während und nach dem 2. Weltkrieg, geht aber auf die politischen Aspekte kaum ein. Wie auch in anderen Gebieten mit muslimischer Mehrheit gab es in Bosnien sowohl konservative Traditionalisten wie auch radikale Modernisten, aber auch Kreise, die sich – in Anlehnung an ähnliche Strömungen in arabischen Ländern – gegen eine übertriebene Verwestlichung zur Wehr setzten. Die Rolle verschiedener muslimischer Vereinigungen im ehemaligen Jugoslawien und ihr Auftreten gegen die religionsfeindliche Staatsideologie bedarf noch weiterer wissenschaftlicher Aufarbeitung.

Gerade die „Frauenfrage" wurde zum Gegenstand von Konflikten. Čaušević erklärte 1927 in einem Zeitungsinterview:

> „Die Verschleierung der Frauen ist eine tief eingewurzelte Sitte. Die Ablegung des Schleiers widerspricht nicht den religiösen Vorschriften. [...] Es gibt viele religiöse Bücher, die die Ansicht vertreten, ein Mädchen müsse verschleiert werden, sobald es das 12. Lebensjahr vollendet hat. Ich frage Sie aber, ob unsere Mädchen, die die Universitäten besuchen, mit verschleiertem Gesicht den Vorlesungen folgen können. Ich sehe lieber eine Muslimin, die bei unverschleiertem Gesicht sich ihr Brot ehrlich verdient, als ein Mädchen, das sich verschleiert auf dem Corso herumtreibt und nachts in Kaffeehäusern aufhält."[18]

Der orthodox-islamische Kultusrat von Sarajevo vertrat in den meisten Fragen eine gegensätzliche Meinung zum *Re'is al-Ulama*, dem Großmufti. In der Frage der Verschleierung kam das Gelehrten-Konsortium nach einigem Zögern zu einer ähnlichen Auffassung wie Čaušević, nämlich dass eine Frau ihre Schönheit nicht zur Schau tragen dürfe, Gesicht und Hände aber von dieser Bestimmung ausgenommen und daher nicht zu verhüllen seien. Außerdem könne sie sich „dem Gewerbe, dem Handel und dem Studium sowie allen anderen ehrlichen Berufen widmen", müsse dabei aber die Vorschriften ihrer Religion beachten. Weder „der Wunsch nach der Unifizierung mit den übrigen Volksgenossen" noch die Mode könne daran etwas ändern.[19]

---

[17] Ebda 337.
[18] Zit ebda 341 f.
[19] Ebda 343-344.

Čaušević betrachtete zwar den Qur'an, das heilige Buch des Islam, sowie nachweisbare Anleitungen des Propheten (*Hadith*), als Primärquellen und unantastbare Autorität, maß aber „den Forderungen der Zeit" große Bedeutung bei.

Für die heutige Islamforschung ist interessant, dass der Kultusrat von Sarajevo nach den Worten von Balić in der Zwischenkriegszeit folgende Auffassung vertrat:[20]

> „Eine Auslegung des Qur'an ohne Rückgriff auf die alten Autoritäten sei ein Irrweg. 'Die Tore des *Idschtihad*', d.h. die Möglichkeiten einer schöpferischen Meinungsbildung in grundlegenden, religiösen Angelegenheiten, seien geschlossen. Darin sei sich der ganze sunnitische Islam einig."

Die modernen Entwicklungen im Familienrecht und die Zunahme der Mädchenbildung schon vor Ausbruch des 2. Weltkrieges führt Balić auf einen fortschreitenden „Europäisierungsprozess" zurück und schreibt:[21]

> „1. Die Polygamie bestand praktisch nicht mehr. Sie war aber auch früher in Bosnien durchaus eine Ausnahmeerscheinung. Um 1930 wurden im ganzen Land nur 10 Fälle von Polygamie mit jeweils zwei Frauen gezählt, von denen die ersten meist jahrelang krank und bettlägerig waren.
> 2. Die Entschleierung der Frau begann sich durchzusetzen. Ihr freier Umgang in der Gesellschaft wurde geduldet."

Balić berichtet sodann über die weitere Emanzipation und verstärkte Teilnahme der bosnischen Musliminnen am öffentlichen Leben unter den nachfolgenden Großmuftis. Er erwähnt auch Identitätsprobleme der verschiedenen Volksgruppen bzw. Religionsgemeinschaften, die z.T. zu einer Ablehnung von Mischehen führten.

In einem relativ großen historischen Sprung geht er schließlich auf die Auswirkungen des Kommunismus über. Es ist vielsagend, dass 1977 die Zeitschrift „Preporod", das Organ der islamischen Glaubensgemeinschaft in Bosnien, zu einer verstärkten Teilnahme von Frauen an den Gemeinschaftsgebeten aufrief, da immer weniger Gläubige in die Moscheen kamen. Heute – drei Jahrzehnte später – bietet sich in den meisten Moscheen Sarajevos ein eindrucksvoller Kontrast: an Freitagen sind die Gotteshäuser so voll, dass selbst die Männer darin kaum Platz finden (das gemeinschaftliche Freitagsgebet ist für Männer religiöse Pflicht, für Frauen optional).

Im Gesamtwerk von Balić zeigt sich, welch großes Anliegen ihm die Aufwertung der muslimischen Frau war. Nicht nur seine eigenen

---

[20] Ebda 342.
[21] Ebda 338.

Schriften sind dafür repräsentativ – auch in von ihm heraus gegebenen oder geförderten Publikationen nimmt die Position der Frau einen wichtigen Stellenwert ein. Smail Balić war von 1966 bis 1979 [22] maßgeblich für die Redaktion der Zeitschrift „*Der gerade Weg*" des Moslemischen Sozialdienstes (MSD) in Wien verantwortlich. Der Untertitel „*Eine Vierteljahresschrift für Europa*" zeigt die auf Europa ausgerichtete Orientierung. Von 1981 bis 1989 gab er selbst die Zeitschrift „*Islam und der Westen*" heraus. In beiden Periodika erschienen immer wieder Artikel von anderen Autoren, die jedoch klar erkennen lassen, dass der Herausgeber selbst ein großes Interesse daran hatte, die inner-muslimische Diskussion zum Thema „Frau und Islam" anzuregen. Darunter ist zB der Aufsatz von Gerhard Böhm, „*Einige kulturgeschichtliche Bemerkungen zum Gesichtsschleier*"[23] zu nennen, in welchem Anhaltspunkte für einen außer- bzw. vorislamischen Ursprung des Gesichtsschleiers aufgezeigt werden. Es wird zwar kein theologischer Standpunkt für oder gegen den Schleier erörtert, folgender Satz ist jedoch bedeutsam:

> „Freilich hat der Islam dieses ihm ursprünglich fremde Kultur- und Gedankengut in sich aufgenommen und seinen religiösen Grundsätzen untergeordnet und angepasst (ganz wie es heute fortschrittliche Muslime mit westlichem Kultureinfluss tun oder wenigstens zu tun bemühen)." (S 27)

Darunter findet sich klein gedruckt ein vorsichtiger Hinweis:

> „Die in dieser Zeitschrift geäußerten Ansichten müssen nicht mit jenen des Moslemischen Sozialdienstes übereinstimmen. Für die unterschriebenen Aufsätze tragen ihre Autoren Verantwortung. Für die nichtunterschriebenen Texte ist der Redakteur verantwortlich" [dies war zu jener Zeit Dr. Balić].

Bemerkenswert ist auch die Serie „*Das Weibliche in der Symbolik des Islam*"[24], verfasst von dem österreichischen Ethnologen Umar Rolf Ehrenfels, die in den 1970er Jahren in „*Der gerade Weg*" erschien. Ehrenfels bedankte sich dafür in einem Leserbrief in Nr 11/12 (1978) bei Smail Balić und regte auch zukünftige Publikationen an. Balić' Selbstverständnis erscheint übrigens in diesem Heft unter den „*Glossen eines sonst nicht ungehaltenen Europäers*"[25] – allerdings in einem anderen Zusammenhang, nämlich der Berichterstattung der westlichen Presse über politische Entwicklungen in der islamischen Welt. 1986 druckte Balić in „*Islam und der Westen*" nochmals einen zusammenfassenden Artikel von Ehrenfels über „*Die Frau in der islamischen Symbolik*".[26]

---

[22] Bzw schon seit 1958 für „Der gerade Weg – Mitteilungsblatt für moslemische Flüchtlinge in Österreich und Deutschland" in der Vorläufer-Organisation des MSD.
[23] Der gerade Weg Nr. 11/12 (31. Dezember 1978) 26-27..
[24] Der gerade Weg, Hefte bzw Doppelnummern 5-7 (1976), 8, 9, 10 (1978), 11-12 (1978).
[25] Seite 21, gezeichnet mit „S. B."
[26] Jg 6 (1986) Heft 3 (23) 12-13.

Ein wichtiges Beispiel für Balić' Ansichten zur die Position der Frau in einer neu entstehenden, zeitgemäßen islamischen Identität ist sein Leitartikel „*Muslimische Frau in Europa*" [27] aus dem Jahr 1978. Schon im ersten Satz stellt er klar: „Die bisherigen Erfahrungen lehren, dass es nicht länger angeht, den Islam als eine bestimmte gesellschaftliche Struktur, als ein Netz von unabänderlichen Gewohnheiten und Verhaltensweisen, zu verstehen." In der Folge befasst er sich mit Problemen, die heute ebenso aktuell sind wie damals, zB Gewalt gegen Frauen. Balić diskutiert den Vers 34 aus der 4. Sure des Qur'an, in welchem Männern angeblich die Erlaubnis erteilt wird, ihre Ehefrauen zu züchtigen. Die Auslegung dieses Verses ist noch immer umstritten, zeitgemäße Interpretationen quer durch alle islamischen Rechtsschulen verbieten jedoch heute eindeutig jede Gewalt gegen Frauen. Balić fordert ein partnerschaftliches Verhältnis zwischen Eheleuten und

> „eine selektive Anwendung aller jener Bestimmungen, die man in verschiedenen Rechtsschulen findet und die zugunsten der Frau sprechen [...]"

Fragen des Ehevertrages und des Scheidungsrechts konnte er in diesem Artikel nur kurz ansprechen.

> „Es ist absolut im Interesse der islamischen Gesellschaft, aufgeschlossene, gebildete und freie Frauen zu ihren Mitgliedern zu zählen",

schreibt er auf Seite 2. Er verwendet jedoch auch traditionelle Argumente, wie zB:

> „Die natürliche Berufung der Frau ist es, für den Nachwuchs zu sorgen und diesen für das künftige Leben zu befähigen. Um dieser Berufung gerecht zu werden, bedarf sie einer soliden Bildung."

Ferner heißt es dort:

> „Der Vorzug, den der Qur'an den Männern vor den Frauen einräumt, besteht lediglich darin, dass die Ersteren in gesellschaftlicher und familiärer Hinsicht mit schweren Pflichten belastet sind."

Am Schluss des Aufsatzes kommt Balić auch auf islamische Kleidung zu sprechen. Die Vorschrift der Kopfbedeckung sieht er zeitbezogen und daher nicht verpflichtend. Diese Meinung – und einzelne Abschnitte aus seinem hier genannten Aufsatz – tauchen in späteren Schriften des Autors wieder auf.

1984 veröffentlichte er den Aufsatz „*Der Schleier*"[28], verfasst von einer jungen Autorin türkischer Herkunft. Es fällt auf, dass zwischen „Schleier" und Kopftuch nicht wirklich unterschieden wird – was auch in von Smail Balić selbst verfassten Artikeln des öfteren der Fall ist. So

---

[27] Der gerade Weg Nr 9 (Mai 1978).
[28] *Zahide Özkan,* Der Schleier, in Islam und der Westen 4 (1984) Heft 2, 17-19.

ist auf den ersten Blick nicht klar, ob darin gegen die Gesichts- bzw. Ganzkörper-Verschleierung oder (auch) gegen das Kopftuch Stellung genommen wird. Vielleicht war es sogar beabsichtigt, nicht zu differenzieren, da die Argumente gegen die Verhüllung sehr allgemein gehalten sind. Smail Balić hat auch Kritik von Muslimen dafür geerntet, und bekanntlich ist dieser Themenkomplex bis heute kontrovers.

Im Dezember 1978 gab Smail Balić das Präsidium des Moslemischen Sozialdienstes an den späteren Vorstand der Islamischen Glaubensgemeinschaft, Dr. Abdelrahimsai, ab. Balić selbst wurde zum Ehrenpräsidenten des MSD auf Lebenszeit ernannt.

In den 1980-er Jahren scheint es Smail Balić mit der Herausgabe der Zeitschrift „Islam und der Westen" daran gelegen zu sein, seine modernen Standpunkte in einer eigenen Publikation darzulegen. Artikel wie „Gleichberechtigung der Frau"[29] tragen bereits einen deutlich programmatischen Titel; darin wendet sich Balić gegen patriarchale Strukturen, die zur Benachteiligung und Entmündigung der Frau führten, und gegen frauenfeindliche Traditionen, die mit dem Islam nichts zu tun haben. Beiträge wie „Muslimische Frauen zwischen Tradition und Anpassung" von Helga Ehlers[30] sorgen für Diskussionsstoff. Dennoch hat vielleicht das Übergewicht von Balić' eigenen, durchaus bemerkenswerten Veröffentlichungen dazu geführt, dass die inner-islamische Diskussion in seinem Blatt an Dynamik verlor. Er schrieb oft auch für Organe des interreligiösen Dialogs in verschiedenen – vor allem europäischen – Ländern, aber auch für andere Zeitschriften und Zeitungen aus dem Bildungsbereich oder mit religiösem Hintergrund. Auch dort nahm Balić zu den Anliegen der muslimischen Frau im Europa von heute Stellung. Er kritisierte althergebrachte Traditionen und forderte stattdessen einen zeitgemäßen, rational-theologischen Zugang zu den damit verbundenen Problemstellungen.

Balić verfasste in den 1960-er Jahren eine wichtige Publikation für die muslimische Gemeinschaft im deutschsprachigen Raum: „Ruf vom Minarett – Ein Lehrbuch des Islam für Jugend und Erwachsene".[31] Das Kapitel „Verhalten des Muslims Frauen und Kindern gegenüber" wurde fast unverändert in die zweite, ergänzte Auflage (1979) übernommen. Vor dem Hintergrund weltpolitischer Ereignisse trug diese zweite und später auch die dritte Auflage den Untertitel „Weltislam heute – Renaissance oder Rückfall? Eine Selbstdarstellung". Im abschließenden

---

[29] *Smail Balić,* in Islam und der Westen 2 (1982) Heft 4, 4-6.
[30] *Helga Ehlers,* in Islam und der Westen 5 (1985) Heft 4 14-16.
[31] *Smail Balić* im Eigenverlag, Wien ¹1963

Kapitel *„Der Islam und die moderne Zeit"* reagiert Balić pointiert auf manche Auswüchse der sogenannten „Reislamisierung". Während er einerseits politischen Extremismus kritisiert, schreibt er andererseits in Bezug auf die Frau:

> „Mag die Haltung der islamischen Rigoristen zur Frau theologisch schwer vertretbar sein, so ist dennoch darin eine Antwort auf die zunehmende Vermarktung der Frau in der modernen Gesellschaft zu sehen. Es kann wohl nur von Vorteil sein, wenn die Mutterrolle als die vornehmste Aufgabe der Frau hoch gewürdigt und das Primat der Familie vor allen anderen gesellschaftlichen Strukturen betont wird, wie es die Träger der 'islamischen Revolution' tun." [32]

In der dritten, erweiterten Ausgabe wird im Abschnitt über Ehe und Familienleben der partnerschaftliche Aspekt stärker betont als in den älteren Auflagen. Wie schon in der zweiten Ausgabe 1979, so betrachtet Balić auch in der dritten 1984 die Kleidung der Frau unter einem zeitbezogenen Aspekt. Noch immer wird jedoch die Frau als „gegenüber dem Mann anlehnungsbedürftig" bezeichnet.[33] „Nicht umsonst wird sie zum 'schwachen' Geschlecht gezählt", heißt es auf Seite 90. Balić begründet daraus das umfassende Unterhaltsrecht der Frau, betont aber, dass ihre soziokulturelle Rolle viel wichtiger sei als die des Mannes, weil ihre Funktion im Erziehungsprozess unersetzlich sei.[34] Immer wieder nimmt Balić gegen die in manchen muslimischen Ländern oder Gesellschaftsschichten noch immer praktizierte Mehrehe Stellung und plädiert auf der Basis des Qur'an für die Einehe.

Mögen viele Passagen aus diesem Lehrbuch heute eindeutig überholt sein – damals konnte man sie in der Mehrzahl als progressiv einstufen. Denn es war jene Zeit, in der viele Studierende aus erst kürzlich unabhängig gewordenen muslimischen Staaten nach Europa kamen, und in der die Arbeitsmigration von Muslimen nach Mittel- und Westeuropa begann bzw. zunahm. Dadurch kamen Menschen aus sehr traditionalistischen Gesellschaften in die ihnen völlig fremde Welt des Westens. Es scheint, dass Smail Balić ihnen mit seinen Schriften Denkanstöße geben wollte, ohne sie jedoch mit allzu „modernen" Ideen vor den Kopf zu stoßen.

Balić ergriff die Gelegenheit, das Buch eines Pioniers der arabischen Frauenbewegung neu zu bearbeiten und mit einem kommentierenden Vorwort zu versehen. Es handelt sich um Qasim Amins berühmtes Werk *„Die Befreiung der Frau"*, das erstmals 1899 in Kairo erschien.[35] Bereits

---

[32] Ruf vom Minarett, Eigenverlag, Wien ²1979, 108.
[33] Ruf vom Minarett, E.B. Verlag, Rissen, ³1984, 90.
[34] Ebda.
[35] *Qasim Amin*, Die Befreiung der Frau, aus dem Arabischen übertragen von *Oskar Rescher*, bearbeitet und mit einer Einführung versehen von *Smail Balić*, Oros, Altenberge & Echter,

in den 1980er Jahren veröffentlichte Balić Auszüge aus der deutschen Übersetzung in Fortsetzungen in „Islam und der Westen". 1992 konnte endlich das Buch erscheinen. Mit der Erschließung dieses interessanten Textes für eine breite Leserschaft hat Balić einen wichtigen Beitrag zum Verständnis der „Frauenfrage" in vom Islam geprägten Ländern geleistet.

Angesichts der engagierten Publikationstätigkeit von Smail Balić ist es nicht möglich, hier auf alle seine Arbeiten über die muslimische Frau einzugehen. Auch habe ich hier nur seine in deutscher Sprache erschienenen Werke bearbeitet. In dieser Fülle lässt sich jedoch unschwer eine Grundlinie feststellen: es geht ihm um ein modernes Islamverständnis, zu dem auch die Anerkennung der Frauenrechte gehört. Balić fordert eine konkrete Verbesserung der Lage der Frauen in allen muslimischen Gesellschaften. Die Jahrhunderte lange Benachteiligung der Frau, ihre Isolation und Verdrängung aus der Gesellschaft ist nicht länger hinzunehmen. Dennoch mischt sich bei Smail Balić ein gewisser Werte-Konservativismus mit der Forderung, die positiven Aspekte der Modernisierung anzunehmen und zu verwirklichen. Zu den sogenannten „alten Werten", die Balić schätzte, gehört Zuvorkommenheit, aber auch eine männliche Schutzfunktion gegenüber der Frau: wenn auch die muslimische Frau aktiv am öffentlichen Leben teilnimmt, damit die Gesellschaft von ihren Leistungen profitiere – eine gewisse „Ritterlichkeit" steht den Männern auch heute gut an.

V. BALIĆ ÜBER DIE ZUKUNFT DER MUSLIMINNEN IM MODERNEN EUROPA

Dass Balić eine „Europäisierung" zunehmend für notwendig erachtete, um einen gesellschaftlichen Fortschritt der MuslimInnen zu erreichen, wurde ihm von manchen muslimischen Kritikern übelgenommen. Obwohl er nicht müde wurde, in Verbindung mit der Modernisierung auf den Sinnzusammenhang im „Ur-Islam" zu verweisen, wurde ihm des öfteren eine Neigung zur Verwestlichung bzw. „Verwässerung" des Islam vorgeworfen. Dazu hat auch beigetragen, dass er eine Verinnerlichung der Frömmigkeit empfahl, während ihm das Aufgeben eines Teils

---

Würzburg 1992 (Neubearbeitung).

islamischer Rituale in der modernen Industriegesellschaft als nahezu unvermeidlich erschien.[36]

In seinem letzten Werk „*Islam für Europa*"[37] spricht Balić die Rolle des Islam in einer globalisierten Welt an. Im Kapitel „*Gleichberechtigung der Frau*" prangert er es als Missbrauch und Verdrehung des Islam an, wenn das Religionsverständnis zu einem starren Korsett von Einschränkungen wird, das sich rationalen Argumenten verschließt. Hier kritisiert er nicht nur das Patriarchat in seinen verschiedenen Ausprägungen, sondern nimmt nun auch offen gegen das Kopftuch Stellung.[38] Eine eingehende Diskussion zwischen dem Autor und muslimischen Gemeinschaften hat durch eine gewisse Zurückgezogenheit in seinem Alter nicht mehr stattgefunden.

Äußeren Zeichen des persönlichen Glaubens, wie einer Kopfbedeckung der Frauen, Bart-Tragen bei Männern usw. hat Balić nie großen Wert beigemessen. Das wurde von manchen MuslimInnen kritisiert und als mangelnder Respekt gegenüber jenen Frauen ausgelegt, die sich aus eigener Überzeugung für das Tragen eines Kopftuchs entschieden haben. Jedoch waren die Fragen um Identität und Integration – und deren äußere Merkmale – zu seiner Zeit zwar schon aktuell, jedoch nicht so polarisiert wie heute. „Anpassung" war damals nicht gleichbedeutend mit dem Verlust der kulturellen Identität, und vielleicht sollten sich heutige Generationen die Frage stellen, was seither zwischen muslimischen und westlichen Gesellschaften passiert ist, so dass die Idee der Anpassung von weiten Kreisen der MuslimInnen nun mit Argwohn betrachtet wird.

Smail Balić kritisierte die Polarisierung schon zu seiner Zeit und stellte sich radikalen Ansichten in Orient und Okzident entgegen. Eine ambivalente Haltung ist bei ihm gegenüber dem Aufschwung islamischer Bewegungen in den letzten Jahrzehnten des 20. Jh feststellbar. Einerseits hoffte er wohl auf eine echte islamische Renaissance, andererseits setzte er auf Säkularisierung und lehnte die Ideologisierung der Religion ab. Anfang der 1990er Jahre, nach dem Zusammenbruch der kommunistischen Staatsstrukturen, konstatierte er bereits den Aufbau eines „Feindbildes Islam".

Im fortschreitenden Alter machte ihn die Zuspitzung der Auseinandersetzungen wohl auch traurig. Der Krieg, der in den 1990-er Jahren in

---

[36] *Balić*, Das unbekannte Bosnien 350.
[37] *Smail Balić*, Islam für Europa. Neue Perspektiven einer alten Religion, Böhlau, Köln · Weimar · Wien 2001.
[38] Ebda 102; siehe auch 149-153: „Vom Kopftuch steht nichts im Qurʻan".

seiner Heimat tobte, war gewiss die größte Tragödie in seinem späteren Leben. Doch ein Aufgeben seiner Jahrzehnte langen Aufklärungs- und Verständigungsarbeit kam für ihn nicht in Frage: seine intellektuelle Antwort war, einen säkularisierten Islam zu vertreten – eine Ansicht, die gegen Ende des 20. Jh bei Muslimen auf wenig Verständnis stieß. Denn nachdem die Ideologie des ehemaligen Ostblocks Einfluss und Macht eingebüßt hatte, erwartete der Westen vom Islam, dass er sich seiner ideologischen, gesellschaftsbildenden Komponenten entledige und sich nur noch als persönlicher Glaube und Spiritualität definiere. Die inner-muslimische Auseinandersetzung um ein islamisches Verständnis von Säkularität ist aber weiterhin im Gange. Balić beteiligte sich Zeit seines Lebens an diesem Diskurs und bereicherte die Debatte mit seinen Meinungen, die gewiss nicht immer bequem waren. Er setzte jedoch auf das Potential der Muslime im modernen Europa, den Islam von innen heraus zu erneuern, und er selbst hat ein gutes Stück dazu beigetragen.

Der Idealist Smail Balić glaubte nicht nur an das Gute im Menschen, er war auch überzeugt, dass dieses Gute in der Gesellschaft zum Tragen kommen müsse und werde. Wenn Balić an moralischen Werten festhielt, die man heute manchmal als „konservativ" einstuft, so war dies wohl ein Ausdruck seiner persönlichen, zutiefst ethischen Haltung – einer Haltung, die er nicht nur bei Gläubigen anderer Religionen, sondern auch bei Humanisten ohne religiösen Glauben voraussetzte und schätzte. Er forderte die Aufwertung der Frau und vertrat eine Ethik für alle Menschen.

ZUSAMMENFASSUNG

Smail Balić schreibt über die muslimische Frau einerseits als bosnische Muslimin, wobei er auf Geschichte und Kultur zurück greift. Andererseits nimmt er das Thema der Muslimin im heutigen Europa auf, wobei er aktuelle Fragen der heutigen Zeit diskutiert.

Die wechselvolle Geschichte Bosniens und der Herzegowina sowie der Balkanregion und die reichhaltige Kultur dieser Länder bietet den Hintergrund für ein Bild der bosnisch-muslimischen Frau, das sowohl von patriarchalen Traditionen als auch von sozialen Umbrüchen und politischen Veränderungen geprägt ist. Balić stellt in seinen kulturhistorischen Werken den kulturschaffenden Aspekt von Weiblichkeit in einer islamisch geprägten Gesellschaft in den Vordergrund. Er bringt

Beispiele, die charakteristisch für das Wirken muslimischer Frauen in der bosnischen Geschichte sind.

Balić geht auch auf die Neuerungen ein, die die Lebenswelt der bosnischen Muslime – speziell der Frauen – im 20. Jh einschneidend veränderten. Er schildert die inner-muslimische Debatte um Bildung, Berufstätigkeit und Emanzipation der Frau, in der sich der Modernisierungsdiskurs muslimisch geprägter Länder im Allgemeinen spiegelt. Die besondere Situation Bosniens und der Herzegowina als Teil Europas wirkte und wirkt sich auch auf die Lebenssituation der muslimischen Frauen aus. Balić weist besonders darauf hin, dass Frauen - unabhängig von ihrem sozialen Status - immer eine moralische Instanz innerhalb der bosnisch-muslimischen Gesellschaft waren. Das gilt auch im Zusammenhang mit der jüngsten tragischen Geschichte des Landes.

Die Aufwertung der muslimischen Frau war Balić ein großes Anliegen. Auf zahlreichen Konferenzen in muslimischen Ländern und in Europa engagierte er sich für die volle gesellschaftliche Partizipation und Anerkennung der Frau und ihrer Rechte überall in der Welt. Stets kritisierte er Probleme wie Gewalt gegen Frauen, den Bildungsrückstand in muslimischen Ländern, eine rigorose Geschlechtertrennung und andere Traditionen, welche die Teilnahme von Frauen am gesellschaftlichen Leben verhindern. Seine Argumentation zeigt, dass er die islamischen Quellen sorgfältig studiert hatte. Äußeren Zeichen der Religiosität, vor allem dem Kopftuch, maß er wenig Bedeutung bei, und er stellte das Übergewicht des Ritus in der Religionsausübung in Frage. Dadurch fand er sich im Diskurs um eine „islamische Renaissance" und die muslimische Identität in der heutigen Zeit manchmal in einer isolierten Position und sah sich auch Kritik gegenüber.

Im Hinblick auf die muslimische Frau gibt jedoch das Gesamtwerk von Smail Balić einen wichtigen Querschnitt durch die Entwicklungen im Bereich des Islam in der Moderne. Es reflektiert das Bemühen um Fortschritt in der islamischen Zivilisation, das ohne die Realisierung der Frauenrechte nicht erfolgreich sein kann.

REZIME

Osvrćući se na historiju i kulturu, sa jedne strane, Smail Balić piše o muslimanki kao bosanski musliman. Sa druge strane, bavi se tematikom muslimanke u savremenoj Evropi, pri čemu razmatra aktuelna pitanja današnjice.

Raznolika prošlost Bosne i Hercegovine i balkanskog regiona te bogata kultura tog područja nude dobru pozadinu za stvaranje slike o bosanskoj muslimanki koju su oblikovale patrijarhalna tradicija, političke i korjenite socijalne promjene. U svojim djelima, u kojima se bavi kulturno-historijskom problematikom, Balić prvenstveno ističe aspekt kulturološkog djelovanja ženstvenosti u islamski protkanom društvu, navodeći primjere koji su karakteristični za djelovanje muslimanki u bosanskoj historiji.

Balić se bavi inovacijama koje su tokom 20. stoljeća bitno promijenile svijet bosanskih muslimana, posebno žena. On opisuje unutarnju muslimansku debatu o obrazovanju, zapošljavanju i emancipaciji žene, u čemu se općenito ogleda diskurs modernizma muslimanski protkanih zemalja. Posebna situacija s Bosnom i Hercegovinom kao dijelom Evrope djelovala je i djeluju na životnu situaciju muslimanki. Za Balića je veliki značaj imala revalvacija muslimanke.

Na brojnim konferencijama u muslimanskim zemljama i Evropi, zalagao se za potpunu društvenu participaciju i priznavanje ženskih prava u cijelom svijetu.

Uvijek je kritizirao probleme nasilja nad ženama, zaostalost u obrazovanju u muslimanskim zemljama, rigoroznu podjelu na spolove i druge tradicije koje su ometale sudjelovanje žena u društvenom životu. Iz njegove argumentacije vidljivo je da je podrobno izučavao islamske izvore.

Vanjskim znacima religioznosti, prije svega mahrami, nije pridavao veliki značaj, a dovodio je u pitanje nadmoć rituala pri ispovjedavanju religije. Pri tome je bio izložen i kritici i, u diskursu " islamske renesanse" i muslimanskog identiteta u današnjem vremenu, bio u izoliranoj poziciji.

Cjelokupno djelo Smaila Balića predstavlja važan presjek kad je u pitanju pogled na ženu muslimanku u oblasti razvoja islama u modernizmu. Njegovo djelo reflektira trud i napredak u islamskoj civilizaciji koji ne mogu ostvariti uspjeh bez realiziranja ženskih prava.

Austrougarsko naslijeđe
i intelektualni horizonti dr. Smaila Balića
∞
Österreichisch-ungarisches Erbe und intellektuelle Horizonte von Dr. Smail Balić

Fikret Karčić

Naslijeđe modernizma može se u intelektualnom profilu dr. Smaila Balića uočiti u tri važna segmenta:
1. u razumijevanju i tumačenju islama
2. u naučnom bavljenju islamom, i
3. u orijentaciji prema Austriji i njemačkom jezičkom području.

I. RAZUMIJEVANJE ISLAMA

Dr. Smail Balić razumijevao je islam na način modernista. Naglašavao je racionalističku tendenciju u islamskoj misli i savremene reformistički orijentirane autore u širokom dijapazonu od umjerenih reformista, kao što je šejh Mahmud Šeltut, do zagovornika sekularizacije muslimanskih društava, kao što je Bassam Tibi i dekonstrukcionist kao što je Nasr Hamid ebu Zejd. Islam je vidio kao vjeru progresa kompatibilnu sa Evropom, demokratijom, sekularnim društvima, koncepcijama ljudskih prava, u dijalogu sa ostalim religijama. Bosnu je vidio kao paradigmu evropskog islama.[1] Od bosanskih autora ukazivao je na naslijeđe reformista austrugarskog i kasnijeg perioda, kao što su Muhamed Nasih Pajić, Mehmed Džemaludin Čaušević, Osman Nuri Hadžić te Husein Đozo. Dr Smail Balić je u BiH više poznat po svom doprinosu izučavanju kulture Bošnjaka nego po svojim radovima o islamskoj misli. Njegovi radovi iz te oblasti, sa karakterističnim naslovima, kao što su "Islam za Evropu", "Islam u naponskom polju od tradicije do današnjeg vremena", još čekaju na odgovarajuću analizu i kritičku evaluaciju stručnjaka za islamske nauke u BiH.

---

[1] Vidjeti glavne teme u njegovoj knjizi *Smail Balić*, Islam fur Europa. Neue Perspektiven einer alten Religion, Böhlau, Köln · Weimar · Wien 2001.

II. NAUČNO BAVLJENJE ISLAMOM

Prije austrougarske okupacije BiH, u ovoj zemlji dominirao je tradicionalni tip muslimanske učenosti, uz malobrojne pojedince obrazovane u duhu osmanskog projekta modernizacije (tanzimat). U vrijeme austrougarske uprave formiraju se moderne obrazovne ustanove koje formiraju novi tip obrazovanih muslimana – inteligenciju. Istovremeno se zadržavaju i tradicionalne muslimanske obrazovne ustanove (medrese), koje nastavljaju obrazovati ulemu. Vremenom se javlja jaz između ove dvije kategorije, sa tendencijom kasnijeg proširivanja. Moderno obrazovani muslimanski intelektualci počinju pisati o islamu pozivajući se ne samo na islamske autoritete nego i evropske stručnjake za islam i evropske mislioce općenito. Prvi takav primjer bio je Osman Nuri Hadžić, autor brošure "Islam i kultura"[2]. Takav trend nastavljen je tokom cijelog autrougarskog perioda u BiH i u vrijeme koje mu je slijedilo. Dr. Smail Balić nastavio je tu tendenciju u svom opusu: prvo, svojim obrazovanjem na tradicijama austrijske orijentalistike, zatim svojim naučno-istraživačkim radom. U njegovom naučno-istraživačkom radu dominirat će orijentacije ka bavljanju kulturnom historijom islama, pristup karakterističan za klasičnu evropsku orijentalistiku. Ista takva bit će i njegova metodologija, koju karakterizira preciznost, kriticizam i stroga naučna akribija. Istovremeno treba reći da će u djelu dr. Smaila Balića biti vidljiva i ograničenja klasične evropske orijentalistike, o kojima je tako slikovito govorio Edward Said.

III. ORIJENTALIZACIJA PREMA AUSTRIJI I NJEMAČKOM JEZIČKOM PODRUČJU

Prije 1878. godine Bošnjaci su bili orijentirani prema osmanskim teritorijama i Istanbulu kao vjerskom, kulturnom i političkom centru. Austrougarske teritorije tada su smatrane "neprijateljskom teritorijom" *(daru-l-harb)* u doba ratova, ili "teritorijom ugovora" *(daru-l-ahd)* u doba mira. To su bile teritorije na koje bi se izuzetno sklanjali politički protivnici osmanske vlasti ili na kojima su privremeno boravili muslimanski trgovci iz BiH. Faktom okupacije i postepenim inkorporiranjem BiH u austrougarski državnopravni okvir, mijenja se ova situacija. BiH postaje jedna od austrougarskih zemalja. U austrougarske centre odlaze

---

[2] Zagreb, 1894.

bošnjačke delegacije, Bošnjaci se regrutiraju u austrougarsku vojku i služe širom Carevine, u Beč, Budimpeštu i Zagreb odlaze bošnjački studenti na školovanje, trgovci radi obavljanja poslova, formiraju se manje-više stalne bošnjačke muslimanske zajednice u tim centrima. Posebno je bilo važno školovanje bošnjačkih studenata na austrougarskim univerzitetima. Njemački jezik postaje osnovni evropski jezik kojim se služi nastajuća moderna bošnjačka inteligencija. Nakon Prvog svjetskog rata i raspada Austro-Ugarske, skupine Bošnjaka, kao što je slučaj sa onom u Mađarskoj, ostat će izvan domovine i formirati se prve bošnjačke zajednice u dijaspori. Takav trend će se nastaviti i nakon Drugog svjetskog rata, kad će dio političke bošnjačke emigracije nastaniti u Austriji. Time je izmijenjena glavna tendencija u pravcima migracije Bošnjaka, koja je započela nakon Berlinskog kongresa. Umjesto muhadžira koji idu preko nekadašnje Rumelije prema Istanbulu i Anadoliji, moderna politička emigracija kretala se prema evropskim zemljama, posebno Austriji, Njemačkoj, Švicarskoj itd. U takvom miljeu živjet će i radit će dr. Smail Balić. On će, nadalje, svojom aktivnošću u organiziranju muslimana u Austriji, uticati da se oživi austrougarski model statusa islama u ovoj zemlji. Na osnovu ove kratke analize možemo reći da je intelektualni profil dr. Smaila Balića, kao muslimanskog moderniste i stručnjaka za islamsku kulturu, bio bitno određen procesima koji su u BiH započeli u vrijeme austrougarske vlasti.

REZIME

Kratki ogled o dr. Smailu Baliću, prof. dr. Fikret Karčić zasniva na njegovim modernističkim pogledima, koji se očituju u tri bitna segmenta:

1. u razumijevanju i tumačenju islama,
2. u naučnom bavljenju islamom, i
3. u orijentaciji prema Austriji i njemačkom jezičkom području.

Dr. Karčić rezemira te karakteristike Balićevoga djelovanja i zaključuje da je njegov intelektualni profil bitno određen procesima koji su u BiH započeli u vrijeme austrougarske vlasti.

ZUSAMMENFASSUNG

Die moderne Sichtweise von Dr. Smail Balić ruht im Wesentlichen auf drei folgenden Segmenten:
1. der wissenschaftlichen Beschäftigung seiner Arbeit mit dem Islam im europäischen Kontext,
2. der Verständlichmachung und Deutung des Islam und
3. der Orientierung auf Österreich und den deutschsprachigen Raum.

Balić war damit in gewisser Weise der große Erbe der durch die Österreich–Ungarischen Monarchie in Bosnien und Herzegowina in Gang gesetzten Modernisierung.

Balić als Humanist im Rahmen muslimischer Aufklärungsbewegung
ಞ
Balić kao humanista u okviru muslimanskih prosvjetiteljskih pokreta

Jameleddine Ben Abdeljelil

Die Problematik der Aufklärung im islamischen Kontext stellt sich seit dem letzten Jahrhundert als eine vitale und unausweichliche Herausforderung dar. Ansätze für diese Aufklärung sind sehr wohl in der islamischen Tradition aber auch bei den muslimischen Intellektuellen im 19. und im 20. Jh. zu finden, was sehr wichtig für eine Neubegründung dieser angestrebten Aufklärung ist. Denn die Frage, ob der Islam aufklärungsfähig und mit der Moderne kohärent sei, lässt sich trotz aller Polemik nicht vermeiden. Die Antwortmodelle, die sich aber auf diese Fragestellung anbieten, gehen auseinander und führen zu einer unüberbrückbaren Polarisierung. Reformorientierte Konzeptionen und Tendenzen einerseits und traditionalistische und radikale Denkmodelle andererseits erheben im islamischen Kontext den Anspruch darauf, sowohl über die Legitimität der Fragestellung als auch über die Antwort darauf zu entscheiden.

Der Islamismus in seinen verschiedenen Manifestierungsformen seit seiner Entstehung im letzten Jahrhundert, ist in diesem Zusammenhang als Reaktion auf die Herausforderung der Aufklärung und auf die Hegemonie der Moderne zu sehen. Charakteristisch für die aufgeklärten muslimischen Intellektuellen ist hier eine kritische Haltung den traditionalistischen und radikalen Tendenzen und insbesondere dem Islamismus gegenüber, und die Bemühung einer rationalistisch geprägten und auf die Vernunft begründeten Auslegung im Bezug auf die islamische Schrifttradition aufzubauen.

In diesem Zusammenhang steht Smail Balić unmissverständlich für eine eingehende Aufklärung und gegen simplifizierte instrumentalisierende Darstellungen des Islam. Denn für ihn als aufgeklärten Muslim kommt der Anstoß zu der Neuentdeckung des Islam als Machtinstrument und Peitsche von Kreisen, die in ihrem Religionsverständnis im Allgemeinen zurückgeblieben sind.

„Diese klammern sich an das Wort des Qur'an und gestatten nur die Heranziehung der mündlichen Tradition zu seiner Exegese. Kein Wunder, dass ihnen dabei ein wirklich tiefes Religionsverständnis abgeht." Balić stellte fest dass diese Denkmodelle ihren christlichen Parallelen im Voraufklärungszeitalter entsprechen.[1] Die Ansätze für einen aufgeklärten Islam sieht er im Rahmen der islamischen Philosophie, der Mystik und der freidenkerischen Theologie der Mutaziliten oder Neomutaziliten.[2]

Säkularisierung und Humanismus sind einerseits die wesentlichen inhaltlichen Unterscheidungsmerkmale, welche die islamischen Reformer und Aufklärer von den Traditionalisten und Islamisten unterscheiden, anderseits die notwendige Voraussetzungen für die angestrebte Aufklärung. Der Islam sieht die Beziehung zwischen Mensch und Gott als eine direkte Beziehung, die ohne Mittelspersonen oder Amtsträgerschaft funktioniert. Dies ergibt theoretisch die Möglichkeit, ohne theologische Bedenken wenigstens einen Teil des Weges zu bewältigen, der in Europa nur mit viel Mühe zur Säkularisierung geführt hat. Wenn Erich Fromm die Thora wegen des Fehlens des Absolutismus der Kirche als human beschreibt, so könnte diese Qualifikation ohne weiteres auch auf den Qur'an angewendet werden.[3]

Die Menschenrechte bilden den Grundsatz für die humanistische Aufklärung. Selbstkritisch führt Balić hier die mangelnde Sensibilität für die Menschenrechte, die dem Islam nachgesagt wird, auf den Niederschlag des antiken, biblischen und mittelalterlichen Rechtsdenkens in der islamischen Rechtskonzipierung zurück. Eine kritische Distanzierung, sowohl dem Traditionalismus als auch dem politischen Islamismus gegenüber, kennzeichnet die Position der islamischen Aufklärer und Reformer des 20. Jh. Kohärent mit diesen Aufklärungsprämissen, argumentiert Balić auch einerseits gegen den metahistorischen Anspruch der theologischen Exegesen und Traditionen, anderseits gegen die politische Instrumentalisierung des Islam. Als Gefangene eines historisch kulturell bedingten Islamverständnisses, die mit der Moderne in einem unbehaglichen Verhältnis stehen, beschreibt Balić den Zustand vieler Muslime unserer Zeit. Denn für ihn werden unter dem Begriff des Islam veraltete Denkmodelle und Strukturen, die gar nicht zum Wesenskern der Lehre gehören, sondern lediglich Reste eines alten orientalischen Kulturgutes sind, verstanden. Die Gläubigen, die so rückwärtsgewandt

---

[1] *Smail Balić*, Dimensionen der Religiosität (Auszug aus: Islam und Christentum aus der Sicht des Islam, 1981), Moslemische Revue Jänner-Juni 2005.
[2] *Smail Balić*, Islam für Europa. Neue Perspektiven einer alten Religion, Böhlau, Köln · Weimar · Wien 2001, 2.
[3] Ebda.

sind, machen sich zu Gefangenen einer einzigen, beklemmenden Perspektive des Islam.[4] Eine differenzierte und kritische Betrachtung der historischen Interpretationen sollte ermöglicht werden, um dem Zeitgeist gemäß eine Interpretation des Islam und eine Exegese des Qur'an erlangen zu können. Denn das hermeneutische Verhältnis zu den religiösen Textquellen unterliegt per Definition den historischen Voraussetzungen und Bedingungen, demzufolge ist jede theologische oder exegetische Auslegung letztendlich eine historisch bedingte Interpretation, die in ihren Argumenten verifizierbar und eventuell überwindbar ist.

In diesem Zusammenhang ist die Historizität der islamisch-theologischen Konzepte und Koranexegesen hervorzuheben, die aber in einem Widerspruch zu dem metahistorischen ideologisch-dogmatisch geprägten und traditionalistischen Anspruch sämtlicher Interpretationsschulen steht. Diese beharrende Position auf ein orthodoxes Offenbarungsverständnis außerhalb von Zeit und Raum wird aber durch den exegetischen Betrieb der Theologie faktisch vielfach in Frage gestellt und relativiert. Ein Phänomen, welches die theologische Pluralität der verschiedenen Schulen im Islam erklärt und legitimiert. Balić meint,

„beim Fehlen einer historischen Sicht erweist sich der Qur'an als eine enorm starke Konservierungskraft, die die islamische Gesellschaft im rein humanen Bereich auf einer veralteten Entwicklungsstufe festhält. Das ist sicher nicht die Absicht des offenbarenden Religionsstifters. Heute sind traditionalistische Muslime die hartnäckigsten Bewahrer und Verteidiger des antiken und des jüdisch-altchristlichen Denkens. Das macht sie zu Fremdlingen in der Welt der Moderne und der Postmoderne. Ihr Glaube stützt sich in der Regel auf die Autorität der Altvordern, denen sie fraglos folgen."[5]

Der Glaube, der sich auf die individuelle Entscheidung und Überzeugung beruft, ist nicht nur im Sinne des Qur'an, sondern steht auch in voller Kompatibilität und Kohärenz mit der Aufklärung und der Moderne. Gegen die Politisierung der islamischen Religion und ihre Instrumentalisierung in der täglichen Politik einzutreten, schützt einerseits davor den Islam als Alibi in der Kampfarena zwischen politischen Interessen und Systemen zu benützen, und ermöglicht andererseits den politischen Auseinandersetzungen einen freien Raum für Debatten und Differenzen ohne einen exklusivistischen religiösen Anspruch zu erheben. Mit der politischen Instrumentalisierung der islamischen Religion besteht zu Recht die Gefahr, der Umwandlungen der politischen Diskussionen und Auseinandersetzungen zu einer theologischen Apologetik. Um eine politische Ansicht zu verteidigen und dafür einzutreten, wird vor lauter Eifer, seitens ihrer Wortführer, zur Verteidigung des Islam aufgerufen

---

[4] Ebda 12.
[5] Ebda 14.

und nicht selten ein ethischer Wert dafür preisgegeben. Die besonders in islamistischen Kreisen verbreitete Ansicht „Der Islam ist Staat und Religion in einem" hat letztlich keine haltbare Begründung. Balić ist hier auch der Meinung, dass im Qur'an kein erkennbarer Ansatz dafür zu finden ist. Denn das staatstheoretische Denken im Islam beginnt mit dem Anfang des zweiten Millenniums.

> „Es waren zwei Rechtsgelehrte, die die Grundlagen der islamischen Staatstheorie gelegt haben; *Abdallah Al-Mawardi* (gest. 1058) und *Abdalmalik Al-Guwayni* (1085). Vom ersten stammt die Lehrschrift *Al-Ahkam as-sultaniyya* (Das Regelwerk des Regierens). Für ihn ist es wichtig, dass der Staat einen, wenn auch nur nominellen, muslimischen Herrscher hat. Im idealen Staat sollte danach alles unter dem Maßstab der Religion, nämlich des Islam, ablaufen, vorausgesetzt natürlich, dass die Bevölkerung sich zum Islam bekennt. Al-Guwayni ist demgegenüber realistischer. Schon zu seiner Zeit mussten sich die Muslime mit der Tatsache anfreunden, dass die Staatsmacht in einer zunehmenden Verweltlichung begriffen war. So deutet er das Regieren zweckgebunden – nicht mehr, wie seine Vorgänger, religiös."[6]

Die Fähigkeiten und Qualifikationen zu regieren sind für ihn entscheidend. Die Aufgabe der Religion und der religiösen Autoritäten bestehe lediglich in der moralischen Kontrolle und Anleitung. Die Fernhaltung der religiösen Gelehrten von der Macht sei theologisch gerechtfertigt und legitim. Smail Balić begnügt sich nicht mit der Widerlegung des Konstruktes einer islamischen Staatstheorie, bemüht versucht er Ansätze für die Säkularisierung in der islamischen Geschichte aufzuzeigen, um eine Neubegründung der Säkularität islamisch argumentierbar erlangen zu können.

Eine Frage, bei der sich islamische Reformdenker von den Traditionalisten und Islamisten eindeutig unterscheiden, ist die Frage der Stellung der Frau. Hier steht Balić in der Tradition der islamischen Befürworter von Frauenrechten und Gleichberechtigung. Smail Balić fügt ein weiteres Thema hinzu, nämlich die Frage des Verhältnisses zwischen Muslimen in einer multikulturellen und multireligiösen Gesellschaft. Diese Fragestellung gewinnt mehr und mehr an Gewicht, sowohl auf der Gesellschaftsebene in den verschiedenen westlichen Ländern, als auch auf globaler und internationaler Ebene durch Themen wie Dialog oder Konflikt der Kulturen bzw der Religionen. Am Aufklärungsdiskurs im islamischen Kontext nimmt Balić nicht nur als passiver Rezipient teil, er nimmt vielmehr aktiv in der Gestaltung eines modernen islamischen Diskurses teil, als islamischer Intellektueller, aufgeklärter kritischer Rationalist und selbstbewusster wahrer Humanist.

---

[6] Ebda 16.

ZUSAMMENFASSUNG

Die Problematik der Aufklärung im islamischen Kontext stellt sich seit dem letzten Jahrhundert als eine vitale und unausweichliche Herausforderung dar. Ansätze für diese Aufklärung sind sehr wohl in der islamischen Tradition aber auch bei den muslimischen Intellektuellen im 19. und im 20. Jh zu finden, was sehr wichtig für eine Neubegründung dieser angestrebten Aufklärung ist. Denn die Frage, ob der Islam aufklärungsfähig und mit der Moderne kohärent sei, lässt sich trotz aller Polemik nicht vermeiden. In diesem Zusammenhang steht Smail Balić unmissverständlich für eine eingehende Aufklärung und gegen simplifizierte instrumentalisierende Darstellungen des Islam. Denn für ihn als aufgeklärten Muslim kommt der Anstoß zu der Neuentdeckung des Islam als Machtinstrument und Peitsche von Kreisen, die in ihrem Religionsverständnis im Allgemeinen zurückgeblieben sind. Die Ansätze für einen aufgeklärten Islam sieht er im Rahmen der islamischen Philosophie, der Mystik und der freidenkerischen Theologie der Mutaziliten oder Neomutaziliten. Säkularisierung und Humanismus sind einerseits die wesentlichen inhaltlichen Merkmale, welche die islamischen Reformer und Aufklärer von den Traditionalisten und Islamisten unterscheiden, anderseits die notwendige Voraussetzungen für die angestrebte Aufklärung. Kohärent mit einer Aufklärungsposition argumentiert Balić einerseits gegen den metahistorischen Anspruch der theologischen Exegesen und Traditionen, anderseits gegen die politische Instrumentalisierung des Islam. Balić versuchte aktiv in der Gestaltung eines modernen islamischen Diskurses, als islamischer Intellektueller, aufgeklärter kritischer Rationalist und selbstbewusster wahrer Humanist, teilzunehmen.

REZIME

Problematika prosvjetiteljstva u islamskom kontekstu nameće se u zadnjem stoljeću kao vitalan i nezaobilazan izazov. Počeci islamskog prosvjetiteljstva nalaze se kako u islamskoj tradiciji tako i kod islamskih intelektualaca 19. i 20. stoljeća, što je veoma bitno za novo organiziranje nastojećeg prosvjetiteljstva. I pored toga, neizbježno je pitanje je li islam u stanju prosvjećivati i da li je koherentan sa modernizmom. U ovom kontekstu, Smail Balić nedvosmisleno zastupa potrebu podrobnog prosvjetiteljstva i protivi se simpfliciranom i instrumentaliziranom predstavljanju islama. Balić, kao prosvijećen musliman, smatra podsticaj za novootkrivanjem islama instrumentom sile i udarcem iz krugova čije je shvatanje religije općenito zastarjelo. Početke prosvjetiteljstva islama vidio je u okviru islamske filozofije, mistike, prosvjetiteljskoj teologiji mutezilija ili neomutezilija. Sekularizacija i humanizam su, sa jedne strane, najbitniji sadržajni znaci razilaženja koji islamske reformiste i prosvjetitelje razlikuju od tradicionalista i islamista, sa druge strane oni su nužni preduslovi ka težećem prosvjetiteljstvu. Koherentno sa njegovom prosvjetiteljskom pozicijom, Balić, sa jedne strane, iznosi argumente protiv metahistorijskog zahtjeva teološke eksegeze i tradicije, a sa druge strane protiv političkog instrumentaliziranja islama. Pri uobličavanju razvoja modernog islamskog diskursa, Balić pokušava djelovati kao islamski intelektualac, prosvjećen kritičar, racionalist i samosvjestan stvarni humanist.

SMAIL BALIĆ ALS BOSNISCHER KULTURHISTORIKER
SMAIL BALIĆ KAO BOSANSKI KULTURNI HISTORIČAR

Smail Balić kao interpretator predosmanske bosanske historije
Balić als Deuter der vorosmanischen bosnischen Geschichte

Esad Kurtović

Dr. Smail Balić (26. 8. 1920. – 14. 3. 2002.) pripada istaknutim djelatnicima koji su obilježili bošnjačku dijasporu, svesrdno davši značajan, primjeran životni doprinos njenim početničkim, organizatorskim izrazima u svijetu tokom XX. stoljeća.[1] Brojne mjene u njegovom životnom i naučnom razvojnom kretanju, pored evropskih i svjetskih razmjera, na kraju su dobile i niz satisfakcija u bosanskohercegovačkoj struci i javnosti, odredivši mu zasluženo mjesto među istaknutim djelatnicima u kulturnoj historiji savremene Bosne i Hercegovine, naročito u krilu Bošnjaka. Bez sumnje da će i ovaj prigodni skup ne samo vršiti dosadašnja apostrofiranja, nego i otvoriti put daljnjoj potrebnoj sveukupnoj valorizaciji njegovog života i djela.

Težište svoga naučnog interesa Smail Balić nije bazirao na predosmanskom periodu u bosanskohercegovačkoj historiji. U široj konstelaciji, izuzetnim se predstavlja njegov zaseban pristup islamu u srednjovjekovnoj Ugarskoj, koji je bitan kvalitet u definiranju, izvornom prezentiranju, otvaranju problematiziranja i daljnjem proučavanju islama

---

[1] Polazište u *Mustafa Imamović,* Bošnjaci u emigraciji, Monografija Bosanskih pogleda, Bošnjački institut Zürich, Odjel Sarajevo (edicija Bošnjački pečat), knjiga druga, Sarajevo 1996 (po registru: Balić Smail).

u Evropi prije prelaska Osmanlija na evropsko tlo.² U toj konstelaciji, za bosansku historiju slični izvorni primjeri izostaju, naročito u praćenju njihove životnosti kroz historiju srednjovjekovne bosanske države,³ pa iako se određene pretpostavke najčešće nalaze u nategnutim, hronološki rastresitim, teško kontroliranim toponomastičkim mogućnostima i postavkama,⁴ ima i autora koji smatraju da je Balić uspješno dokazao prisustvo islama i muslimana u Bosni predosmanskog vremena.⁵

Kao pratećim historijskim kontekstom, Balić se uglavnom bavio osmanskim periodom bosanskohercegovačke prošlosti i historijom Bošnjaka i islama, o čemu je ostavio značajne rezultate. Sporedno zalaženje u raniju historiju kroz izabrane, posebno obrađivane teme, otkriva poticajne motive koji su ga opredjeljivali u tom pravcu. U polazištu, radi se o određenim političkim konstelacijama u kojima je izbor teme tražen i predodređivan aktualnim potrebama u procjeni autora, kao i sredine iz koje je autor poticao i sredine u kojoj se razvojno kretao. U tom smislu, najvredniji potezi bili su oni kojima je prepoznavao predozirana, politikantska i kvazinaučna postavljanja koja su negirala bosanskohercegovačku historiju i historiju njenih naroda, prije svega Bošnjaka muslimana, pred evropskom i svjetskom javnošću.⁶

Grubo uzevši, radovi Smaila Balića u kojima se tretira predosmanska problematika bosanske historije sveli bi se na dva pravca koja pripadaju istoj, dužoj liniji njegovog angažmana u kontekstima pokrivenijem

---

² Rad objavljen na arapskom i njemačkom, a preveden i na bosanski jezik u *Smail Balić*, Islam u Ugarskoj srednjega vijeka, Behar, VIII./42, Zagreb 1999., 28-31; *Smail Balić*, Islam u srednjovjekovnoj Mađarskoj (prijevod s njemačkog S. A. Hadžić), GR IZ BiH LXI./7-8, Sarajevo, 1999, 795-814.

³ Balićeva konstatacija da "mnogobrojna geografska imena u Bosni i susjednim zemljama podsjećaju na nekadašnje susrete između Zapada i Istoka, kršćanstva i islama" *(Balić,* Islam u srednjovjekovnoj Mađarskoj 808) kroz prizmu historije srednjovjekovne Bosne, ipak, nema relevantnu izvornu potvrdu, pa time ni srednjovjekovnu realnost i životnost

⁴ O toponimiji koja 'upućuje' na tragove islama u srednjovjekovnoj Bosni, *Muhamed Hadžijahić et al* (Hrsg), Islam i Muslimani u Bosni i Hercegovini, El-Kalem, Mešihat Islamske zajednice BiH, Sarajevo 1991, 26-27; uporedi, *Salih H. Alić,* Bosanski krstjani i pitanje njihovog porijekla i odnosa prema manihejstvu, Bogumilstvoto na Balkanot vo svetlinata na najnovite istraživanja, Skopje, 1982, 153-193, 189.

⁵ "Zanimljivo da Balić nalazi dovoljno dokaza o prisutnosti islama i na teritoriji srednjovjekovne Bosne, i to u toponomastici (Kozara-Kazari ili Hazari, Kalisi-Kalesija, Kalesići kod Srebrenice itd). Vrijedna pažnje je i tvrdnja 'upravo u tim područjima (misli se i na srednjovjekovnu Bosnu i Hercegovinu, primjedba S. Jalimam) muslimani su, kako se po svemu čini, našli izvjesnu zaštitu i nova udomišta'", *Salih Jalimam,* Smail Balić Jedno dragocjeno iskustvo, Behar, XII, 66-67, Zagreb, 2004, 48-52 (50).

⁶ Uporedi primjerice: *Smail Balić,* Zaboravljeni islam, Wien 2000, 271-297 (Priroda bosanskog islama); naročito: *Smail Balić,* Kultura Bošnjaka – muslimanska komponenta, Tuzla 1994.

kasnijem osmanskom historijskom razdoblju u historiji Bosne i Hercegovine. To su prisustvo islama u Bosni prije dolaska Osmanlija i mjesto i uloga Crkve bosanske u liniji širenja islama u Bosni i Hercegovini. Već u prvom broju "Bosanskih pogleda", iz 1955. godine, jedan nepotpisani članak o počecima islama u jugoistočnoj Evropi, u Podunavlju, pod naslovom "Prilog povijesti islamizacije Bosne i Hercegovine", pripisan je Smailu Baliću sobzirom na to da je on u istom problemu i kasnije ostavljao prepoznatljiva stajališta.[7] To bi potvrđivao Balićev rad "Podunavski muslimani srednjega vijeka" (Bosanski pogledi 1962.) u kome srednjovjekovna Bosna nalazi svoga odraza kroz topografiju kao izraz prisustva islama, ali i kroz zaključak da su, i upravo kroz primjer Bosne, u riječima Thomasa Arnolda

"muslimani u podunavskom bazenu i susjednim balkanskim zemljama doprinijeli brzom širenju islama u našim krajevima tokom petnaestog i šesnaestog stoljeća."[8]

Kritičko vrednovanje prvih kontakata islama sa Bosnom pokazuje da se ne bi moglo govoriti o održivim vertikalama. Ti tragovi su ipak iščezli znatno prije dolaska Turaka Osmanlija kao stvarnih nosilaca širenja islama u Bosni.[9] Uz asistenciju Noela Malcolma, Mustafa Imamović je tačno prosudio da je "razumljivo što su se neki bosanski i muslimanski historičari i drugi znanstvenici posebno trudili da dokažu kako je islam bio prisutan u Bosni možda čak i prije nastanka same bosanske države. Ali, svi ti mogući doticaji povijesno su beznačajni, jer 'kontakt je jedna stvar, a masovna konverzija druga.'"[10] Balićev pristup islamu u srednjovjekovnoj Bosni, zaokruženo izražen u radu "Islam u srednjovjekovnoj Ugarskoj", djelimično napušta tu prvobitno iznijetu vertikalu,[11] ali je nedosljedno i dalje podržava te usložnjava novim momentima.

To je vidljivo u radu o povijesnom značaju islama za jugostočnu Evropu, gdje je transmisija nađena i prikazana u Crkvi bosanskoj (koja je po Baliću "na svoj način bila 'protestantska', pa je time nalikovala islamu"), a linija pripadništva Crkvi bosanskoj i "ranijem

---

[7] *Imamović*, Bošnjaci u emigraciji 143. Takvo stajalište nije potvrđeno u pregledu Balićevih radova u Bosanski pogledi 24; 39; 55

[8] *Smail Balić*, Podunavski muslimani srednjega vijeka, Bosanski pogledi 1962, 186-188 (188).

[9] *Imamović*, Bošnjaci u emigraciji 143.

[10] Ibidem.

[11] Imamovićeva ocjena je, po svemu sudeći, našla pogodno tlo i kod samog Balića, pa se u njegovom kasnijem drugom izdanju istog rada, kroz bosansku prizmu u zaključku ovaj stav djelimično mijenja. Uporedi *Balić*, Podunavski muslimani; *Smail Balić*, Bosna u egzilu 1945.-1992., Preporod, Zagreb 1995, 15.

islamu" povezana sa narodom kao nosiocem data je samo Bošnjacima muslimanima u ekskluzivnom vertikalno postavljenom pravu.[12] U praćenju razvojne linije u historiji Bošnjaka i islama u Bosni kritičari su primjetili da je Balić neopravdano poistovjećivao Bošnjake muslimane sa srednjovjekovnim Bošnjanima.[13] Radi se o daleko dužim i složenijim procesima nego što ih Balić ponekad uprošćuje samo na vertikalne, izolirano izdvojene veze nesigurne toponomastike preko isključive veze Crkve bosanske i islama, čime nepotrebno naglašava liniju konstantne predodređenosti bosanskog srednjega vijeka krilu islama, te srednjovjekovnih Bošnjana krilu Bošnjaka muslimana.[14] Bosanski srednji vijek ima znatno širu i složeniju sliku, kojoj se pripisuje trajanje od oko devet stoljeća. Na drugoj strani, kontakt Osmanlija i Bosne neopravdano se fokusira u 1463. godini i u konverziji, dok se realna slika zasvjedočena izvorima kroz sukobe Bosne i Osmanlija od 1386. do 1463. u potpunosti zapostavlja.[15] Veze i prožimanja Crkve bosanske i islama Balić ipak

[12] Mada konstatira da "kontinuirana povijest islama u jugoistočnoj Evropi počinje pojavom Osmanlija na evropskom tlu", Balić navodi da je Crkva bosanska "na svoj način bila protestantska", da "time je nalikovala islamu" te da su "novoj religiji (islamu E. K.) prišli i domoroci [...] zato što su se ponegdje javljale uspomene na islam kao nekadašnju religiju [...] Time što su dijelovi stanovništva primili islam, održala se religiozna trodioba Bosne i njen kontinuitet. Smirene su obje velike crkve usmjerene na ekspanziju, a u skladu s time i na agresivne postupke [...] Bošnjaci i drugi na islam obraćeni narodi nisu izgubili nacionalni identitet. Mogli su se slobodno iskazivati. Osobito su Bošnjaci stekli mogućnost da se revanširaju za patnje koje su trpjeli kao heretici. Njihov je položaj među velikim crkvama učvršćen. U tim se uvjetima ne može govoriti o turskom podjarmljivanju Bosne. Bošnjaci su odlučivali o sudbini zajedničke države", *Smail Balić*, Povijesni značaj islama za jugoistočnu Evropu (S posebnim osvrtom na Bosnu), Südosteuropa Jahrbuch 1997, prijevod Z. Sulejmanpašić), Behar VII./37, Zagreb, 1998, 8-9 (isti rad u, isti, Zaboravljeni islam, 285-297; Kabes, IV./39-40, Mostar 1998, 22-28)

[13] *Frano Prcela & Smail Balić*, Bosnien und der deutschsprachige Kulturraum. Eine historisch-zeitgenössiche Skizze, Böhlau, Köln · Weimar · Wien 1992, 40 = Croatica Christiana Periodica XIX./36, Zagreb 1995, 103-104. Uporedi *Smail Balić*, Das unbekannte Bosnien, Europas Brücke zur islamischen Welt, Böhlau, Köln · Weimar · Wien 1992, 527 = Croatica Christiana Periodica, XVIII./33, Zagreb 1994, 169-171.

[14] Uporedi: "Prvotni bogumili ili patareni, naši su preci u 15. i 16. stoljeću u masama dragovoljno prešli na islam. Pri tom su bili rukovođeni vjerskim, psihološkim, socijalnim i političkim razlozima. U feudalnoj Evropi predturskog vremena nijesu bili ugroženi materijalni interesi bosanskog plemstva. Pa i pored toga su mnogi Bošnjaci – među njima i plemstvo – tražili suradnju s Turcima. Svoje materijalne interese, da su oni bili bitni, mogli su bolje zaštititi u feudalnoj Evropi nego u Osmanlijskom carstvu... Povijest treba proučavati i retrospektivno, jer ona živi u krvi i svijesti. Ako su muslimani poslije okupacije (1878., E.K) mogli prezreti svoje materijalne interese, to su još prije mogli u 14. i 15. stoljeću, kad su zbog svog vjerskog i nacionalnog naziranja, bili izloženi križarskim vojnama [...] Na srednjovjekovne muslimane u Bosni podsjećaju imena [...]", *Smail Balić*, Ko smo? Bosna u egzilu 1945.-1992., prvo izdanje, Zagreb, 1995, 23-25.

[15] Za kompleksnu širinu problema širenja islama i genezu Bošnjaka muslimana, uporedi *Muhamad Hadžijahić*, Porijeklo bosanskih Muslimana, Bosna, Muslimanska biblioteka, Sarajevo, 1990.

prati kroz hronološki rastegljivij teološki diskurs koji nema konkretniju potvrdu u srednjovjekovnim izvorima, pa time ni dovoljno mogućnosti za životnost u historiji srednjovjekovne Bosne.[16] Vjersko učenje Crkve bosanske predstavlja historičarima najslabije poznatu kariku, svojevrsno usko grlo znanja koje ima više drastičnih odstupanja i negiranja nego usaglašavanja ili prihvatanja. U svemu, u izvorima uvijek daleko od realnog stanja – na bosanskom terenu i u kršćanskom srednjem vijeku, u kome ta realnost egzistira. Na liniji teološkog diskursa Crkva bosanska – islam, niz neriješenih pitanja više pripada balansiranim krajnostima koje savremeni teolozi i historičari dopuštaju ili namjerno prešućuju u dugotrajnijim politikantskim vertikalama današnjice, a manje u historijskoj konstelaciji bosanskog srednjeg vijeka.

I. UMJESTO ZAKLJUČKA

Pristup Smaila Balića historiji srednjovjekovne Bosne dio je njegovog općeg pogleda na razvojnu liniju islama u Evropi i historiji Bošnjaka u historiji Bosne i Hercegovine, gdje je on ostvario značajne rezultate. Takvi širi okviri opredjelili su njegov interes ograničenim, ali i, po njegovoj procjeni, prijeko potrebnim na dovođenje Bosne u vezu sa prvim dodirima islama u jugoistočnoj Evropi i vertikalnoj liniji bošnjačkog prisustva kroz pripadništvo Crkvi bosanskoj i islamu. Za razliku od značajnijih dometa u praćenju razvoja islama u Evropi i historiji Bosne osmanskog doba, pristup historiji srednjovjekovne Bosne nije polučio značajnija apostrofiranja i tragove u historiografiji, ali bi mogao ostaviti odraza u budućim proučavanjima, naročito kroz rad o Crkvi bosanskoj i ulozi derviša u islamizaciji Bosne.

U cjelini, kroz prizmu historije srednjovjekovne Bosne radi se o uobičajenom, i još uvijek predominantnom polazištu kod Bošnjaka kao autora, historičara, teologa, lingvista i drugih u shvatanju predosmanske historije u historiji Bosne i Hercegovine, naročito kroz prizmu dugotrajnijih teoloških dimenzija, kroz postavku veze učenja Crkve bosanske i širenja islama. Poput drugih Bošnjaka, autora čiji je interes za ranija razdoblja bosanskohercegovačke historije bio slabije izražen i tematski ograničen, Balić se interesirao za one tematske okvire

---

[16] Na više mjesta u svojim radovima, posebno u Crkva bosanska i uloga derviša u islamizaciji Bosne, Behar, 66-67, Zagreb, 2004, 37-45, objavljeno i u Slovo Gorčina, 26, Stolac 2004., 31-41 (prijevod *Sulejmanpašić* iz *Balić*, Das unbekannte Bosnien);

koji su ostali prepoznatljivi u političkoj osnovi bošnjačke političke misli tokom XX. stoljeća, a koji dominiraju i danas. To su okviri koji omeđavaju Balićev angažman i, s obzirom na motive i širinu interesa, prije ga definiraju poljem zaokruženijeg osmanskog nego predosmanskog domena literature, kulturne historije i historiografije Bosne i Hercegovine. Tako i u valoriziranju.[17] Kompleksna vjerska tematika srednjovjekovne Bosne, opterećena stoljetnim pretragama, različitim postavkama, ali i spekulacijama dnevne politike, pretvorila su u historiografiji u dugoročnu i uskostručnu specijaliziranost u kojoj se vrijedni, mada iskričavi rezultati napretka, pripisuju samo istrajnim autoritetima. Opterećena dnevnopolitičkim potrebama, nepotrebno je u misiji školovanog medievaliste Bošnjaka ona predstavljena i poistovjećena sa mogućnošću donošenja realnog rješenja sveopće savremene pozicije Bošnjaka.[18] Rezultati najčešće nisu vrijedni truda bez dugotrajnijeg angažmana, pa se ovaj težak naučni posao i dalje među Bošnjacima izolirano brzo završava i predstavlja prijeko potrebnim dnevnopolitičkim, demokratskim, a ne naučnim rezultatima.

REZIME

Pristup Smaila Balića historiji srednjovjekovne Bosne dio je njegovog općeg pogleda na razvojnu liniju islama u Evropi i historiju Bošnjaka u historiji Bosne i Hercegovine, u čemu je postigao značajne rezultate. Ne smije se zaboraviti da je to razdoblje uglavnom neistraženo, da su raniji tragovi uglavnom iščezli te da i samo vjersko učenje Crkve bosanske historičarima predstavlja najslabije poznatu kariku. Za tvrdnje koje je Balić iznio bilo bi veoma bitno poznavati odnos Crkve bosanske i islama. Kompleksna vjerska tematika srednjovjekovne Bosne opterećena je stoljetnim pretragama, različitim postavkama, ali i spekulacijama

---

[17] To naslanjanje osmanskog na srednjovjekovno razdoblje u historiji Bosne i Hercegovine samo kroz prizmu linije učenja Crkve bosanske i širenja islama, kao jedini interesni stvaralački okvir, a kroz izraženu statusnu vezanost i opstojnost, i dalje je nepotrebno osnovna smetnja u krilu Bošnjaka pri stvaranju potrebne širine bošnjačke školovane medievalistike

[18] Govoreći o kroatizirajućim i srbizirajućim interpretacijama Crkve bosanske kroz prizmu pojedinih autora, Smail Balić s pravom ističe: "Obje ove međusobno suprotstavljene interpretacije isuviše odaju ideološke predznake kojima se osjećaju privrženim, a da bi se mogle priznati objektivnim i znanstveno bespogovornim", *Smail Balić,* Crkva bosanska i uloga derviša u islamizaciji Bosne, Stolac, 2004, 40. Iz navedenog bi se dale izvući pouke u budućem radu.

dnevne politike, što predstavlja prepreke pri određivanju savremene pozicije Bošnjaka.

ZUSAMMENFASSUNG

Der Zugang Smail Balić' zur Geschichte des mittelalterlichen Bosniens ist ein Teil seiner allgemeinen Sicht der Entwicklungslinie des Islam in Europa und der Geschichte der Bosniaken in der Geschichte Bosnien-Herzegowinas, für deren Interpretation er einen bedeutenden Beitrag geleistet hat. Dabei darf nicht vergessen werden, dass die mittelalterliche Periode vielfach noch unerforscht geblieben ist, die Spuren der Zeit verwischt sind und dass die Lehre der "Bosnischen Kirche" den Historikern sehr wenig bekannt ist. Für die Thesen von Balić wäre es von grosser Bedeutung, die Beziehung zwischen der "Bosnischen Kirche" und dem Islam besser zu kennen. Die komplexe religiöse Thematik des mittelalterlichen Bosniens ist einerseits durch die Einseitigkeit der traditionellen Forschungen und andererseits durch tagespolitisch bestimmte Spekulationen belastet. Damit sind immer noch Hindernisse vorhanden, wenn es darum geht, die moderne Position der Bosniaken zu bestimmen.

Znanstveni doprinos dr. Balića u izučavanju prošlosti osmanske Bosne
ೞ
Der wissenschaftliche Beitrag Dr. Balić' zur historischen Aufarbeitung des osmanischen Bosniens

Enes Pelidija

U bogatoj sehari stvaralačkog rada dr. Balića ima više radova koji se direktno ili indirektno odnose na vrijeme osmanske Bosne. Poslije dr. Safvet-bega Bašagića, koji je među prvima pisao o doprinosu Bošnjaka na polju znanosti, književnosti i umjetnosti,[1] a zatim Mehmeda Handžića,[2] dr. Hazima Šabanovića[3] te drugih, nezaobilazno je i djelo dr. Balića „Kultura Bošnjaka – muslimanska komponenta".[4] Donoseći podatke o brojnim istaknutim Bošnjacima koji su zauzimali visoke državne i vojne položaje, kao i onima koji su svojim znanstvenim i umjetničkim radom stekli veliki ugled i poštovanje, Smail Balić ukazuje da se Bošnjaci kao narod ne trebaju stidjeti svoje prošlosti, ni imati osjećaj kompleksa inferiornosti zbog činjenice da je „bošnjački narod puno stoljeće izložen sustavu iskorjenjivanja svog izvornog bića". Ali, prošlost ovog naroda iz 415-godišnje osmanske vladavine na prostorima Bosne i Hercegovine, a posebno njegovo bogato kulturno naslijeđe ne dopuštaju da se Bošnjaci tako prikazuju, niti to odgovara historijskim činjenicama. Naprotiv. I kao narod i kao brojni pojedinci, Bošnjaci su pokazali širinu ne samo prema komšijama drugih konfesija, nego i šire. To najbolje govore podaci da je veliki vezir Mehmed-paša Sokolović, jedna od najznačajnijih ličnosti osmanske povijesti, a koji je bio porijeklom iz Bosne, imao presudnu ulogu u obnovi Pećke patrijaršije 1557. godine. Slične primjere iz osmanske Bosne dr. Balić navodi i na drugim stranama. On s pravom ukazuje koliki su značaj i ulogu imale pojedine istaknute ličnosti Osmanskog carstva porijeklom iz Bosne u zaštiti Dubrovačke republike i njenog integriteta. U jednom od primjera s pravom navodi

---

[1] *Safvet – beg Bašagić,* Bošnjaci i Hercegovci u islamskoj književnosti, prilog kulturnoj historiji Bosne i Hercegovine, Sarajevo 1986.

[2] *Mehmed Handžić,* Teme iz književne historije, Izabrana djela, knj. I, Sarajevo 1999.

[3] *Hazim Šabanović,* Književnost Muslimana BiH na orijentalnim jezicima (biobibliografija), Sarajevo 1973.

[4] *Smail Balić,* Kultura Bošnjaka: muslimanska komponenta, Wien 1973, 247 (XIII tabela).

Ahmed-pašu Hercegovića, koji se, kao veliki vezir Osmanskog carstva i ujedno vrlo cijenjeni pjesnik, u svim prilikama brine i štiti Republiku sv. Vlaha.[5] U nauci se o tome i sada vrlo malo zna i piše . Još 1973. godine, dajući vrlo interesantan osvrt na knjigu „Kultura Bošnjaka", akademik Branislav Đurđev već tada za tadašnje Muslimane kao narod prihvata njihovo historijsko ime Bošnjak, koje dr. Balić donosi u ovoj knjizi i za to ima svoje objašnjenje:

> „Pod ovim nazivom (Bošnjak – prim. m.) se za čitavo vrijeme osmanlijske vlasti na Balkanu, veli pisac, podrazumijevaju svi slavenski stanovnici današnje Bosne i Hercegovine, Like i Krbave, Slavonije, Novopazarskog sandžaka, neki pogranični krajevi Srbije (npr., Užice, koje je tada pripadalo Bosni) te Plava i Gusinja (pa i Podgorice ili Titograda) u današnjoj Crnoj Gori. Naziv je poimenice primjenjivan na muslimane slavenskog porijekla iz ovih krajeva."[6]

Razlog zbog koga domaće stanovništvo uzima ovo ime je, kako ističe dr. Balić, u nastojanju što su Bošnjaci

> „htjeli istaći svoje etničke odlike prema drugim muslimanima. U odnosu na osmansku vlast bošnjaštvo muslimanskog stanovništva u bosanskom pašaluku jača u XVIII. i XIX. Vijeku."[7]

Upravo ovo i ovakvo pisanje akademika Balića još četiri decenije prije vraćanja historijskog imena Bošnjak, a na osnovu relevantnih činjenica koje je uvažavao već tada (1973.) akademik Branislav Đurđev, veliki je doprinos u izučavanju prošlosti Bošnjaka iz osmanskog perioda. Pišući o osmanskoj Bosni, u knjizi „Kultura Bošnjaka" ovo razdoblje dijeli na dva dijela, i to na: I. Duhovna kultura i II. Materijalna kultura. Oba dijela su sa više podnaslova, poredanih tematski i hronološki, u kojima donosi podatke o desetinama stvaralaca sa prostora tadašnjeg Bosanskog ejaleta, a koji su svoja djela pisali na orijentalnim jezicima. Također pregledno donosi brojne i interesantne podatke o sakralnim i profanim objektima nastalih u osmanskoj Bosni. Mnogi od tih podataka bili su nam poznati, ali na više mjesta u ovom djelu ima novih činjenica, kojima dr. Balić upotpunjuje i obogaćuje naše znanje. Posebno su interesantni oni prilozi koji se odnose na više historičara iz osmanske Bosne ili onih koji su bili porijeklom iz Bosanskog ejaleta, a svoja djela su pisali na osmansko-turskom jeziku. To se prije svega odnosi na Ibrahima Alajbegovića Pečeviju i Saliha Sidkija Hadžihuseinovića Muvekkita. Nove podatke u odnosu na dotadašnja saznanja donosi i za ličnosti kao što su Hasan Kafi Pruščak, Mustafa Ejubović, poznatiji kao Šjeh Jujo, porijeklom iz

---

[5] *Smail Balić,* Kultura Bošnjaka – muslimanska komponenta, Zagreb, ²1994, 24-25.
[6] *Brabislav Đurđev,* Godišnjak Društva istoričara Bosne i Hercegovine, Godina XX., 1972-73, Sarajevo 1974, 237.
[7] Ibidem.

Balićevog rodnog Mostara, te mnoge druge.[8] S pravom u „Zaključku" ove knjige konstatira:

>„Dosadašnja otkrića potvrđuju da je onaj dio bosanskog stanovništva koji je u 15., 16. i 17. stoljeću prešao na islam bio nosilac i stvaralac kulturnih vrijednosti, pri čemu je unekoliko slijedio svoju predislamsku tradiciju. Njegovo sudjelovanje u književnosti, graditeljstvu, slikarstvu i drugim umijećima nije se, geografski posmatrano, ograničavalo samo na Bosnu, već se protezalo i na druge krajeve Osmanskog Carstva."[9]

S obzirom da je najveći dio svog stvaralačkog rada posvetio islamu, posebno na evropskom kontinentu, kao što je i knjiga „Islam fur Europa, Neue Perspektiven einer alten Religion",[10] prirodno je da je širenje islama kao vjere pratio u historijskom kontekstu. To se vidi i iz njegovog rada „Crkva bosanska i uloga derviša u islamizaciji Bosne".[11] Ovaj rad je preveden na bosanski i objavljen u časopisu „Slovo Gorčina".[12] Dr. Balić, pišući o temi osmanske Bosne, navodi više znanstvenika koji su u svojim radovima isticali da su na prve pripadnike islama u Bosni uticali dublji razlozi, jer su bili politički i psihološki motivirani.[13] Tu svoju tezu obrazlaže sljedećim razlozima:

>„Predturska Bosna bila je gotovo stalno pod političkim i religioznim pritiskom ugarskih kraljeva. Križarski ratovi vođeni protiv bosanskih heretika najbolje obilježavaju teški položaj u kome je bila Bosna. Čovjek pod pritiskom i djelimično preveden na katoličanstvo, mogao je u Osmanlijama vidjeti prirodnog saveznika. Strah od progona, s jedne strane, i gnostičko-mistični karakter patarenstva, s druge, mogli su politički i psihološki pospješivati prijelaz na novu religiju. Mistika i novoplatonska gnostika, dva konstituirajuća elementa patarenskog vjerovanja, i u bosanskom su islamu djelovali određujući religiju. Islamizacija nije u tim okolnostima morala značiti radikalni raskid s prošlošću."[14]

U ovom radu dr. Balić s pravom pobija tezu koja je bila dugo prisutna, a to je da su bosanski feudalci prihvatili islam kako bi sačuvali svoje posjede. O tome autor piše:

>„Osmanski dokumenti, među njima i citirani katastarski registar, opovrgavaju ovo mišljenje [...] Dolaskom turske uprave, u Bosni je nestao feudalizam zapadnog tipa [...] Između timarskog i zapadnoevropskog feudalnog sistema bile su bitne razlike".[15]

---

[8] *Balić*, Kultura Bošnjaka 75-186.
[9] Ibidem 255.
[10] *Smail Balić,* Islam fur Europa. Neue Perspektiven einer alten Religion, Köln · Weimar · Wien 2001, 258.
[11] Iz knjige *Smail Balić,* Das unbekannte Bosnien – Europas Brucke zur islamischen Welt, Köln · Weimar · Wien 1992.
[12] *Smail Balić,* Crkva bosanska i uloga derviša u islamizaciji Bosne, Slovo Gorčina, br. 26, Stolac 2004, 31-41.
[13] Ibidem 35.
[14] Ibidem.
[15] Ibidem 37.

U takvim okolnostima veliku ulogu i značaj imali su i derviši. Oni su, kao i u drugim krajevima evropskog dijela Osmanskog carstva, igrali vrlo važnu ulogu u širenju sultanove vlasti na do tada neosvojenim teritorijama i još više uticali da domaće stanovništvo prihvati islam. Zbog toga je u Bosni bilo više derviških redova (tarikata) koje dr. Balić navodi u ovom radu. Prve tekije na tlu Bosne nastale su Foči i Sarajevu. Razlog što su Osmanlije dervišima davali veliki značaj bio je u činjenici, kako piše, što je „udio mistike i spoznaje bio pri tom enormno jak".[16] Ovim radom dr. Balića produbljeno je znanstveno saznanje na ovu temu, o kojoj su svojevremeno pisali Mehmed Handžić[17] te Adem Handžić,[18] akademik Nedim Filipović[19] te mnogi drugi orijentalisti i historičari osmanisti. Imajući u vidu navedeno, vidimo da je akademik dr. Smail Balić u svojim radovima ostavio vidljiv trag o osmanskoj Bosni, na mnogim mjestima produbujući ga novim saznanjima za koja smo bili uskraćeni do njegovog pisanja.

REZIME

Dr. Balić je objavio više radova koji se direktno ili indirektno odnose na vrijeme osmanske Bosne i među prvima ukazivao da se Bošnjaci kao narod ne trebaju stidjeti svoje prošlosti, ni imati osjećaj kompleksa inferiornosti zbog činjenice da je „bošnjački narod puno stoljeće izložen sustavu iskorjenjivanja svog izvornog bića". Prošlost ovog naroda iz 415-godišnje osmanske vladavine na prostorima Bosne i Hercegovine, a posebno njegovo bogato kulturno naslijeđe ne dopuštaju da se Bošnjaci tako prikazuju, niti to odgovara historijskim činjenicama. Naprotiv, i kao narod i kao brojni pojedinci, Bošnjaci su pokazali širinu ne samo prema komšijama drugih konfesija, nego i šire. Pelidija potom ističe neke od brojnih primjera, a potom podsjeća da je još 1973. godine, pišući o Balićevoj knjizi „Kultura Bošnjaka", akademik Branislav Đurđev uvažavao relevantne činjenice koje je naveo Balić i već tada podržao to ime kao historijsko za ovaj narod, koji je nazivan Muslimanima, a četiri

---

[16] Ibidem 38.
[17] *Mehmed Handžić*, Islamizacija Bosne i Hercegovine i porijeklo bosansko hercegovačkih muslimana, Izabrana djela, knj. II., Sarajevo 1999, 7-46.
[18] *Adem Handžić*, Studije o Bosni. Historijski prilozi iz osmansko-turskog perioda, Istanbul 1994, 91-101.
[19] *Nedim Filipović*, Islamizacija u Bosni i Hercegovini, Tešanj 2005, 392.

decenije prije vraćanja historijskog imena Bošnjak. Izdvajajući još neke akcente iz Balićevog opusa, treba istaći da Balić s pravom pobija tezu, koja je bila dugo prisutna, da su bosanski feudalci prihvatili islam kako bi sačuvali svoje posjede. Autor zaključuje da je dr. Smail Balić svojim radovima u našem sjećanju ostavio vidljiv trag o osmanskoj Bosni.

ZUSAMMENFASSUNG

Dr. Balić war in seinen Werken, die sich direkt oder indirekt auf die Zeit des osmanischen Bosnien beziehen, einer der ersten, der darauf hingewiesen hat, dass sich die Bosniaken als Volk nicht wegen ihrer Vergangenheit zu schämen brauchen noch auf Grund der Tatsache, dass „die Bosniaken viele Jahrhunderte lang der Ausrottung ausgesetzt waren" ein Minderwertigkeitsgefühl wegen ihrer ursprünglichen Identität haben sollen. Die Vergangenheit dieses Volkes während der vierhundertfünfzehnjährigen Herrschaft der Osmanen auf dem Gebiet von Bosnien und Herzegowina, und insbesondere sein reiches kulturhistorisches Erbe lassen ein derartiges Verständnis nicht zu. Im Gegenteil, Bosniaken haben immer wieder ihre Größe sowohl als Volk als auch als Individuen gegenüber den Nachbarn mit anderen Konfessionen gezeigt. In seiner Besprechung des Buches „Die Kultur der Bosniaken" von Balić hat Branislav Đurđev im Jahre 1973, hervorgehoben, dass es Balić war, der den Namen Bosniaken als historischen Namen für dieses Volk wieder verwendet hat, nachdem es damals Muslime genannt wurde. Dies geschah vier Jahrzehnte vor der offiziellen Wiederverwendung des historischen Namens Bosniaken. Besonders ist heraus zu heben, dass Balić zu Recht die lange vertretene These zurück gewiesen hat, dass die bosnischen Feudalherrn den Islam angenommen haben nur um ihre Güter zu behalten. Jedenfalls hat Dr. Smail Balić mit seinen Werken sichtbare Spuren in unserem Wissen über das osmanische Bosnien hinterlassen.

Balićeva ocjena austrijskog vremena u Bosni

ಐ

Balić' Einschätzung der österreichischen Zeit in Bosnien

Zijad Šehić

Prošlost jednog društva postaje kulturom, ali je ona i često podložna kontraverznim interpretacijama i diskusijama. Sve što se u prošlosti dogodilo ne ostaje zadržano u sjećanju ili ne postaje dio pisane historije. Tek sa činom sjećanja prošlo doba postaje dio prošlosti. Ukoliko se ne sjeća, i prošlost je zaboravljena i ona se više nikad neće ponovo javiti. Ostaci prošlosti koje sjećanje drži budnim su u kulturno-teorijskom diskursu identificirani kao mjesta sjećanja. Svaka društvena grupa teži stvoriti i osigurati mjesta koja su simboli njenog identiteta i polazište njenog sjećanja. To obuhvata dane sjećanja, kulturne manifestacije kao što je to i ova današnja, koja ima ulogu da nešto sačuva u pamćenju. Nakon okupacije Bosne i Hercegovine 1878. godine, zahvaljujući naporima austrougarske uprave, u velikoj mjeri porastao je kulturni rad i povećan literarni i naučni interes za zemlju, što je uticalo na njen brži priključak modernom razvoju. Prodorom prvih istraživača zapadnjačkog kulturnog kruga, prije svih njemačkih, austrijskih i ugarskih naučnika, nije izmicala ni jedna važna činjenica iz života bosanskohercegovačkog naroda, njegove historije i kulture. Brojni rukopisi, koji nisu slijedili samo naučne ciljeve nego su služili općoj informiranosti, kao i publicistička djela oslikavali su preobražaje koji su se dogodili u Bosni i Hercegovini. Kad je, 1943. godine, kao student na Univerzitetu u Leipzigu, kod profesora Stadtmüllera radio seminarski rad o njemačkim rukopisima o "Novoj Austriji", kako je Bosna i Hercegovina nazivana u periodu austrougarske uprave, Smail Balić je počeo veliki istraživački rad. Rezultat prikupljanja litarature za ovu temu bila je obimna bibliografija, iz koje je jedan dio publiciran.[1] Usljed ratova, požara i prirodnih katastrofa, loših sigurnosnih odnosa i, prije svega, nerazumijevanja domaćeg stanovništva, brojni radovi objavljeni u časopisnoj literaturi u vrijeme austrougarske uprave u Bosni i Hercegovini izgubljeni su ili uništeni. Sve bosanskohercegovačke biblioteke su do Drugog svjetskog rata ukupno sačuvale manje od

---

[1] *Smail Balić*, Deutschsprachiges archäologisches und historisches Schrifttum über Bosnien und die Herzegowina vom Beginn des 19. Jahrhunderts bis 1918, Südost-Forschungen, München 1971, 197-244.

polovine periodike koja je izlazila u Bosni i Hercegovini. U zemlji nije postojala ni jedna biblioteka koja bi sebi postavila zadatak da prikupi sve tekstove i rukopise o zemlji. Bibliografija Smaila Balića publicirana 1971. godine obuhvata 845 bibliografskih jedinica, od kojih se 380 odnosilo na doba austrougarske uprave u Bosni i Hercegovini. Tematski je podijeljena na nekoliko oblasti: Die Okkupation Bosniens und der Herzegowina 1878. (465-520), Bosnien und die Herzegowina unter österreichisch-ungarischer Verwaltung 1878. – 7. 10. 1908. (521-628), Von der Annexion Bosniens und der Herzegowina am 7. 10. 1908. bis zum Ausbruch des ersten Weltkrieges (629-732), Bosnien und die Herzegowina im ersten Weltkrieg und die Angliederung an Jugoslawien (733-769) i Kirchen und Religionen 770-845). Smail Balić se kao naučni radnik afirmirao knjigom "Kultura Bošnjaka – muslimanska komponenta".[2] Uzimajući u obzir činjenicu da je doba austrougarske uprave u Bosni i Hercegovini u odnosu na ostala razdoblja bilo najbolje istraženi dio bosanskohercegovačke prošlosti, Smail Balić je tom periodu, koji obilježava "začecima evropeizacije", posvetio manju pažnju. Dao je u sintetiziranom obliku kulturnu komponentu kojom su Bošnjaci postajali integralni dio evropske civilizacije. Balić je ukazao i na značaj doprinosa memoarskoj književnosti Bošnjaka, koja je u vidu članaka razbacana po raznim časopisima i novinama, a koja i fenomenološki predstavlja zanimljive spomenike. U njima su predstavljeni važni povijesni događaji, politička zbivanja u zemlji, kao i pojedine značajne ličnosti.[3] Kad se 1955. pojavilo pilot izdanje časopisa „Bosanski pogledi" nastala je no "Bosanskih pogleda" 1960. godine bilo je imperativ njihovog institucionaliziranja. U narednih sedam godina "Bosanski pogledi" postali su tribina preko koje su Bošnjaci u emigraciji nastojali među dijasporom sačuvati i razvijati svijest o vlastitom etničkom, kulturnom i političkom biću. Tim aktivnostima Smail Balić je dao značajan doprinos.[4] Kad je Bosna i Hercegovina 1992. godine bila izložena najvećem zlu u

---

[2] *Smail Balić*, Kultura Bošnjaka – islamska komponenta, Beč 1973. Vidi prikaz knjige u: *Branislav Đurđev*, Godišnjak Društva istoričara BiH, Godina XX, 1972-73, Sarajevo 1974, 236-240. Balić je publikaciju dopunio jednom kraćom publikacijom objavljenom u Beču 1978. godine pod naslovom Inventar bosansko literarnog naslijeđa (Inventar des bosnischen literarischen Erbes in orientalischen Sprachen). Drugo dopunjeno izdanje objavljeno je sa predgovorom i kratkom biografijom autora u Zagrebu, 1994.

[3] Poseban značaj pripada rukopisu memoara M.F. Alagića iz sjeverne Hercegovine: Memoari Ademage Mešića o posljednjem razdoblju uprave Austro-Ugarske monarhije u Bosni i Hercegovini. Djelimičano memoarskog karaktera je i rukopis iz zaostavštine bivšeg gradonačelnika Mostara Husage Ćišića pod naslovom Bosanskohercegovački muslimani i bosanska autonomija *(Balić,* Kultura Bošnjaka 192).

[4] List Bosanski pogledi, nezavisni list muslimana Bosne i Hercegovine u iseljeništvu, pokrenula je i izdavala grupa bošnjačkih emigranata sa Adilom Zulfikarpašićem na čelu u

svojoj povijesti, Smail Balić je objavio knjigu "Nepoznata Bosna", most Evrope prema islamskom svijetu, koja je predstavljala sintezu njegovih do tada objavljenih radova i ponudila evropskoj javnosti drukčiju sliku zemlje od one koju su svakodnevno nudili mediji.[5] Okupacija Bosne i Hercegovine 1878. godine, uključenje u austrougarski državni sistem i odvajanje od Osmanskog carstva predstavljalo je veliki šok za bosanskohercegovačke Muslimane. Teško su se mirili sa pomisli da će ubuduće živjeti pod vladavinom "nemuslimanskog cara" i da vlastite religiozne i civilizacijske vrijednosti mogu biti ugrožene. Međutim, vremenom su se navikli na Austriju kad su upoznali njenu pravednost i disciplinu, pa su kao carski vojnici u Prvom svjetskom vjerno branili Monarhiju.[6] U Bosni i Hercegovini je nakon okupacije počeo proces evropeizacije i modernizacije, što je u prvo vrijeme naišlo na odlučan otpor. Odlučujuće za preobražaj bila je kulturna politika Monarhije, čija su nastojanja podržali i muslimanski intelektualci koji su se školovali u Beču, Grazu, Budimpešti i Zagrebu. Oni su pod procesom evropeizacije podrazumijevali priključak zapadnjačkoj kulturi uz očuvanje vlastitog vjerskog i etničkog integriteta, pa su nastojali vlastitim primjerom djelovati na stanovništvo. Umjetnost je dobila nove impulse i bolje materijalne mogućnosti razvoja, što je u znatnoj mjeri proširivalo kulturne horizonte i bosanskohercegovački Muslimani doživjeli su pravu renesansu. Njihova povezanost sa islamskim kulturnim naslijeđem pokazala se kao velika prednost za cijelu Monarhiju.[7] U svojoj studiji "Počeci evropeizacije u literaturi muslimanskih Slavena u Bosni i Hercegovini", Maximilian Braun predstavio je početak kulturnog i vjerskog preporoda bosanskohercegovačkih Muslimana u doba austrougarske uprave u BiH 1878.-1918. Pri tome je kao izvor koristio beletristička djela bosanskih pisaca. Više teologa nalazilo se među nosiocima procesa modernizacije.[8] Bosna i Hercegovina je 1888. godine otvaranjem Zemaljskog muzeja u Sarajevu dobila modernu naučnu instituciju, koja se brzo razvila u istraživački centar. U njemu su radili cijenjeni naučnici kao što su Carl Patsch, Moriz Hoernes, Philipp Ballif, Ludwig Kuba, Ćiro Truhelka, koji su podučavali mlađe generacije budućih etnologa i historičara.[9]

Švicarskoj 1966-1967. O njihovoj djelatnosti vidi: *Mustafa Imamović,* Bošnjaci u emigraciji. Monografija Bosanskih pogleda 1955-1967, Sarajevo 1996.
 [5] *Smail Balić,* Das unbekannte Bosnien. Europas Brücke zur islamischen Welt, Wien 1992.
 [6] Ibidem 322.
 [7] Ibidem 324.
 [8] Ibidem 336.
 [9] Ibidem 333.

Svojim cjelokupnim stvaralaštvom Smail Balić je dao značajan doprinos čuvanju kulturnog nasljeđa Bosne i Hercegovine, radeći istovremeno na njegovoj afirmaciji. Time je budućim generacijama trasirao put kojim trebju krenuti.

REZIME

Svoje izlaganje na temu „Smail Balić o periodu austrougarske uprave u BiH" Zijad Šehić zasniva na 1943. godini, kad je Balić, kao student na Univerzitetu u Leipzigu, radio seminarski rad o njemačkim rukopisima o „Novoj Austriji", kako je Bosna i Hercegovina nazivana u periodu austrougarske uprave, i započeo obimna istraživanja. Rezultat prikupljanja litarature za ovu temu bila je obimna bibliografija (publicirana je 1971. godine), koja obuhvata 845 bibliografskih jedinica, od kojih se 380 odnosilo na doba austrougarske uprave u Bosni i Hercegovini. Šehić potom konstatira da se Balić kao naučni radnik afirmirao knjigom "Kultura Bošnjaka – muslimanska komponenta" te ukazuje i na značanje njegove knjige "Nepoznata Bosna", kao svojevrsnog mosta Evrope prema islamskom svijetu, a ta knjiga, objavljena 1992. godine, predstavljala je sintezu njegovih do tada objavljenih radova i ponudila evropskoj javnosti drugačiju sliku zemlje od one koju su svakodnevno nudili mediji. Šehić pažnju na Balića usmjerava i njegovim angažmanom u časopisu "Bosanski pogledi", koji je postao tribina Bošnjaka u emigraciji za očuvanje i razvijanje svijesti o vlastitom etničkom, kulturnom i političkom biću. Ovaj tekst zaključen je ocjenom da je Smail Balić dao značajan doprinos očuvanju i afirmiranju kulturnog nasljeđa Bosne i Hercegovine.

ZUSAMMENFASSUNG

Balić hat bereits als Student an der Leipziger Universität im Jahr 1943 eine Seminararbeit über „Das Neue Österreich", wie Bosnien und Herzegowina in der Zeit der österreichisch-ungarischen Verwaltung genannt wurde, geschrieben und mit umfangreichen Forschungen auf diesem Gebiet begonnen. Das Ergebnis dieser Forschungen war schließlich eine 1971 publizierte reichhaltige Bibliografie, die 845 bibliografische Eintragungen aufwies, von denen sich 380 auf den Zeitraum der österreichisch-ungarischen Verwaltung in Bosnien und Herzegowina bezogen. Schließlich hat Balić als Wissenschaftler mit dem 1992 veröffentlichten Buch „Die Kultur der Bosniaken – muslimische Komponente", eine Synthese seiner bis dahin veröffentlichten Werke, eine Brücke von Europa zur islamischen Welt geschlagen. Er vermittelte der europäischen Öffentlichkeit ein anderes Bild als das, welches Ihnen die Medien täglich bieten. Balić' Engagemant in der Zeitschrift „Bosnische Einblicke" wurden zum Leitbild der Bosniaken in der Emigration, und stand für Erhaltung und Entwicklung des Bewusstseins des eigenen ethnischen, kulturellen und politischen Wesens. Damit hat Samil Balić einen bedeutenden Beitrag zur Erhaltung und Stärkung des kulturellen Erbes von Bosnien und Herzegowina in den letzten Jahrzehnten des vorigen Jahrhunderts geleistet.

Balićeva kritika jugoslovenskih vremena
૪૭
Balić' Kritik der jugoslawischen Zeit

Alaga Dervišević

Kad je u pitanju "Balićeva kritika jugoslavenskih vremena", kako ovaj referat nosi naziv, ona se uglavnom svodi na tri grupe pitanja i probleme kojima se dr. Smail Balić bavio u svojim tekstovima i knjigama. Prvu grupu pitanja i problema predstavlja kritika jugoslavenskih starijih, može se reći prodržavnih književnika i pjesnika: Ive Andrića, Petra Petrovića Njegoša, Ivana Mažuranića, Petra Kočića i drugih i njihov negativan odnos i povijesna opterećenost prema muslimanima Bošnjacima, te nekih mlađih pisaca i pjesnika, među kojima je nekoliko njih porijekom iz BiH: Vojislava Lubarde, Vuka Draškovića, Rajka Petrova Noge, Vojislava Šešelja, Zorana Sekulića, Miroljuba Jeftića i drugih, koji su već nakon Titove smrti, ohrabreni i podržani od velikosrpske ideologije i politke, započeli frontalne negativne napade na muslimane Bošnjake kao naciju, njihovu književnost, kulturu, jezik i, nakraju, na Bosnu i Hercegovinu. U drugu grupu pitanja i problema sa kojima se Balić u svojim tekstovima bavio svrstao sam pitanja i probleme nacionalnog identiteta Bošnjaka i Bosne i Hercegovine kao jedine države Bošnjaka, dok treću čini Balićeva kritika vjerskih sloboda, posebno islamskih u Jugoslavji, a posebno u Bosni i Hercegovini. Zbog međusobne povezanosti, isprepletenosti i uticaja jednih na druge, odlučio sam ih ukratko, koliko to prostor i vrijeme omogućavaju, elaborirati, posmatrati i kritički integralno razmotriti. Prema mojim istraživanjima, prelistavanjima i čitanjima velikog broja Balićevih knjiga i tekstova, došao sam do zaključka da ne postoji neka ozbiljnija i posebna Balićeva kritika jugoslavenskog društva izvan okvira navedenih pitanja svrstanih u tri područja. Naprotiv, iz mnogih njegovih tekstova može se izvući zaključak da je imao određene simpatije prema nekim rješenjima kad su u pitanju muslimani i islam, prije svega u odnosu na druge socijalističke i komunističke zemlje, kao što je bivši Sovjetski savez. U jednom tekstu koji je on napisao prilikom pohađanja jednog seminara u Dischanbeu, glavnom gradu Tadžikistana, Balić piše o stanju islama u sovjetskim islamskim republikama i o problemima koje tamošnji muslimani imaju, koji teško dobijaju dozvole da bi obavili svetu dužnost hadža u Mekku, pošto Saudijska Arabija, kao ni sa mnogim drugim zemljama, nema diplomatske odnose sa Sovjetskim savezom.

"Islam, prema Balićevom mišljenju i istraživanju, u Sovjetskom savezu, prije svega, živi kao subkultura. U džamijama se posebno mogu mogu vidjeti stari ljudi seljačkog porijekla. Prema podacima poznavalaca islama u ovoj zemlji, broj muslimana varira od 25 do 45 miliona [...] Za obrazovanje vjerskog kadra postoje dvije institucije, stare gotovo pet stotina godina, i to: Medresa u Buhari i Visoki islamski institut u Taškentu. Broj polaznika u obje institucije manji je od 100. Islam je, kao i druge vjerske zajednice, u izolaciji. Nije moguća sloboda u osvježavanju i razvoju religoznog mišljenja, pa je prekinuta veza sa modernošću. Omladina ide svojim putem i, kad je islam u pitanju, ne postoji zajednički jezik sa omladionom. Sve se svodi samo na tradiciju. U jadnom stanju su Medresa u Buhari i Institut u Taškentu. Stanje je teško pedagoški i sanitarno. Obje zgrade potiču iz 15. i 16. stoljeća, zapuštene su, a tu su smješteni njihovi polaznici. Nedostaju moderne knjige i druga literatura. Školovanje i izučavanje islama u inostranstvu također je nedostatno. Nešto malo studenata boravi u Kairu, Damasku i Bagdadu, pa bi u tom pogledu, u cilju modernizacije, bilo poželjno osloniti se na nedavno otvoreni Teološki islamski studij (fakultet) u Sarajevu, ali ni tih planova nema."[1]

BALIĆ JE MEĐU PRVIMA KRITIZIRAO IVU ANDRIĆA

Balić je među prvima ukazao na te stavove i pristupe Andrića prema muslimanima i Bosni, obavještavajući javnost o Andrićevoj doktorskoj tezi u kojoj je, mnogo prije nego što su nastala njegova glavna djela, najdirektnijeo iznio svoje stavove prema muslimanima i Bosni. Tako, je Balićš, u "Andrića treba raskrinkati", o njegovoj doktorskoj tezi napisao:

"Andrić je u svojoj doktorskoj disertaciji 'Die Entwicklung des geistigen Lebens in Bosnien unter der Enwicklung der türkischen Herrschaft' (Razvoj duhovnog života u Bosni pod uticajem turskog gospodarstva), Graz 1924., zacrtao put svog budućeg književnog djelovanja. U ovoj dizestaciji dolaze do izražaja jasnije nego u kojem objavljenom djelu Andrićeve protumuslimanske težnje. Po Andrićevoj osnovnoj tvrdnji, islam je bio kočnica duhovnom životu Bosne i nije sa sobom donio nikakave pokretne i napredne snage. Širenje islama je, kako on misli, uslijedilo kao neposredni učinak turskog gospodarstva, drugim riječima: putem sile ili uslijed oportunizma. Budući da se islam razvijao pod drukčijim klimatskim i društvenim uvjetima nego kršćanstvo, to je – zaključuje on – ostao bez sposobnosti prilagođavanja te je izopačio duhovni život Bosne i učinio ga izuzetnom pojavom (vidi str. 20). Andrić već svojom disertacijom pokušava dokazati da su Turci i s njima zajedno bosanskohercegovački muslimani, lukav, neradin i poročan svijet, koji se odupire kulturnom napretku. Sve su to, razumije se, nenaučne, apriori postavljene tvrdnje. Snagu nedostalih argumenata Andrić nadoknađuje bujnošću mašte, kojoj je dao punog maha u romanima. U svijetu

---

[1] *Smail Balić*, Sowjet-Moslems suchen Anschluss an die Welt (Sovjetski muslimani traže priključak na svijet), in Der gerade Weg · godište, 1979./80, 11-12.

dubinsko-psihološke analize, sadržaj Andrićevih romana i 'hronika' da se svesti na onu narodnu: 'Što je babi milo, ono joj se snilo.'"[2] Na drugom mjestu, Balić, navodi riječi francuskog konzula u "Travničkoj hronici": "Da li će se ovaj svijet ikada probuditi i kultivisati?" koji dalje govori: "Ali, buđenja nema, jer ova niska strahota, to je dno stvarnosti. To su ljudi! Tako rade najbolji među njima", te Balić, dalje, konstatira: "Može li se zamisliti veća uvreda i očevidnija netolerancija prema muslimanima?!" i, dalje, navodeći da je

"upravo taj pasus pisac objavio u listu 'Politika' kao reklamu i kao karekteristikum tog dijela pred štampanje, odmah iza oslobođenja, dakle u doba kad je u Beogradu, usljed poznate propagande i akcije internaconalnih klerofašista da što više kravavo zavade pravoslavne Srbe sa muslimanima, još kod izvjesnih krugova vladalo uvjerenje da su muslimani 'taj neprosvijećeni i varvarski bosanski svijet.'"[3]

Kad su u pitanju Njegoš i Mažuranić, pored Andrića također istaknuti i favorizirani pisci u bivšoj zajedničkoj državi, Balić je odgovorio Aleksandru Đuranoviću, koji je u listu „Borba" od 13. 12. 1988. godine, kao dopisnik ovog lista iz Pariza, izvještavajući sa jednog simpozija na temu „Hrvati i islam od kasnog srednjeg do 18. veka", napisao da se čula «panmuslimanska teza o postojanju muslimana i pre dolaska Turaka, koju je na simpozijumu zastupao Smail Balić iz Ciriha koji se na simpozijumu proslavio "naučnim" napadima na Mažuranića i Njegoša, odnosno "Smrt Smail-age Čengića" i "Gorski vijenac", nazvavši ih odama genocidu nad muslimanima". "Balićeva nauka", piše Đuranović, "nije ostala bez reakcije". "Međutim, sve te i slične pojave", piše, dalje, dopisnik "Borbe",

"samo potvrđuju naučnu istinu da nacionalizam pod plaštom nauke uvek počinje sa ponovnim veštačenjem porekla nacionalnih identiteta i onda neminovno završava u mržnji prema drugim narodima i – fašizmu."[4]

Na te riječi je dr. Smail Balić odgovorio već u "Nedjeljnoj Borbi", od 14.-15. 1. 1989. sljedećim riječima:

"Ni jedan od dva slavna epa ('Gorski vijenac' i 'Smrt Smail-age Čengića') nisam nazvao 'odama genocidu nad muslimanima', već sam ukazao na potrebu revizije izvjesnih, teško održivih negativnih gledanja na tuđa kulturna stvaranja."

Balić, dalje, piše: "Moja tema na simpoziju glasila je: 'Književno stvaranje na turskom, arapskom i perzijskom jeziku u Bosanskom pašaluku.' Ono što se drugu Đukanoviću pričinilo kao 'panmuslimanstvo' mogao je biti moj odgovor na jedno sugestivno pitanje koje je palo u toku diskusije. Tom zgodom (ne u predavanju) rekao sam da se u Podunavlju između 9. i 13. stoljeća bilo obrazovalo nekoliko muslimanskih naselja,

---

[2] *Smail Balić,* Andrića treba raskrinkati, Bosanski pogledi (april 1961), London 1984, 132.

[3] *Smail Balić,* „Na Drini ćuprija" i „Travnička hronika" od Ive Andrića u svjetlu bratstva i jedinstva, Bosanski pogledi (maj 1961), London 1984, 147.

[4] *Aleksandar Đuranović,* Crni "behar" pred Sorbonom, in Borba 13. 12.1988.

što je u stručnim krugovima dobro poznato. O tim muslimanima sam ja 1964. godine objavio jedan rad u časopisu 'Südost-Forschungen' (München) [...]"
"U vezi s tim", ističe Balić, "spomenuo sam netolerantni, pa i uvredljivi odnos 'Gorskog vijenca' prema islamu, potcrtan slavljenjem genocida nad valstitim sunarodnicima. U Mažuranićevom epu sam, nasuprot tome, označio neprihvatljivim epilog ('Kob'), u kojem se Smail-agino potomstvo ('Ture'), u posvemašnoj negaciji samog sebe, klanja krstu. To je jedna vizija pokatoličavanja."[5]

Početkom osamdesetih godina, neposredno poslije smrti predsjednika Tita, zbog toleriranja, bolje reći podgrijavanja i podržavanja antimuslimanskih i antibosanskih stavova nekih mlađih književnika i pjesnika, prije svega iz Beograda i općenito Srbije, od kojih su neki porijeklom iz Bosne i Hercegovine: Vojislava Lubarde, Vuka Draškovića, Gojka Noge, Vojislava Šešelja, Zorana Sekulića, Miroljuba Jeftića i drugih, dolazi do intenzivnih i neprijateljski usmjerenih napada na muslimane Bošnjake i Bosnu i Hercegovinu, kao njihovu jedinu državu, a posebno na vodeće bošnjačke političare i intelektualce, tako da je akademik Muhamed Filipović, u nemogućnosti da se više brani od njegovog navodnog fundamentalizma, u zagrebačkom tjeniku "Danas", još aprila 1989. godine, govoreći ako se pod time podrazumijeva njegov odnos i borba za državu Bosnu i Hercegovinu, Bošnjake i bošnjački nacionalni identitet, javno izjavio: "Da ja sam fundamentalist". Koliki je pritisak i nipodaštavanje velikosrpskih ideologa iz Beograda vršen na Ustav iz 1974. godine i na pojedine republike i narode, tako i na Albance, jedan od vodećih bošnjačkih intelektualaca toga vremena, također napadan i sataniziran od istih krugova iz Beograda, dr. Fuad Muhić, nakon što su "sređeni" Albanci, dao onu čuvenu izjavu u tekstu objavljenom u zagrebačkom tjedniku "Danas", također objavljenom 1989 godine: "Na redu su Muslimani." Za razliku od prvih i starijih navedenih književnika i pjesnika (Andrić, Njegoš, Kočić i drugi), književnici, pisci i pjesnici iz druge, mlađe grupe, čije je antibosansko i antimuslimansko djelovanje, svakako, nastalo pod uticajem prve grupe, imaju – pored antimuslimanskog, antibosanskog i antijugoslavenskog – isključivo velikosrpski i politički karakter. On je, pored navedenog, projektiran na idejama, planovima i programima ukupne velkosrpske ideologije definirane, prije svega, Memorandumom SANU-a i politikom rušenja Ustava iz 1974. godine i Jugoslavije kao zajednice ravnopravnih naroda i narodnosti i njenih republika i autonomnih pokrajina, što je intenziviranp neposredno poslije smrti predsjednika Tita. Ta kritika se, u prvom planu, odnosila na negiranje bošnjačkog nacionalnog identiteta i same države

[5] *Smail Balić,* Odgovor Aleksandru Đukanoviću, in Nedjeljna Borba 14.-15. 1. 1989.

Bosne i Hercegovine. U tom pogledu je – danas u to nema sumnje – ova druga, mlađa grupa pisaca i pjesnika porijekolom iz BiH, uz još neke uticajne srpske akademike, političke i javne radnike u Srbiji i u Bosni i Hercegovini, bila instrument i jedna vresta prethodnice pripremanja svega što će se dogoditi početkom devedesetih godina pa do danas. Na te pojave Balić je također reagirao, u časopisu koji je izdavao i uređivao, sljedećim riječima:

"Uticaj ortodoksnog retardiranog mišljenja, historijski fiksiranog, nošenog militantno napregnutim duhom, koji je već duže vrijeme dobio takve karekteristike. Muslimani u ex Jugoslaviji bili su najdosljedniji podržavaoci parole o bratstvu i jedinstvu, koju je proklamirao Tito. I pored toga, već godinama je neprijateljska propaganda u masmedijima iz Beograda prtiv njih, što se kasnije pretvorilo u njihovo istrebljenje, progone i ubistva, kao i uništenje džamija, što se pretvorilo u neprijateljstvo, što su posebno koristili fanatici. Ovom su doprinijeli duboki korijeni antiislamskog neprijateljstva kod srpskog naroda, za koje su islam i muslimani u njihovim očima neprijatelji. Islam je od oficijelene srpske propagande bio kuća sagrađena od fundamentalizma i militantne religije. Bosna je posebno bila na udaru, za šta je služila propaganda takozvane „zelene transverzale" koja je išla preko Snadžaka i Novog Pazara ka Kosovu i dalje, Vardarskom dolinom, sa Adrinopelom i Istanbulom, bila u vezi sa ostalim islamskim svijetom. Podmeće se da su Muslimani željeli osnovati islamsku republiku zasnovanu na politici vatrenog religioznog mišljenja. Oni su (bosanski muslimani) u stvarnosti znatno sekularizirani, otvoreni, tolerantni i prozapadno orijentirani [...]"

Balić u istom tekstu navodi da je

"ova neprijateljaska histerija zasnovana na osnovu dugogodišnje indoktrinacije Kosovom i idejama velike Srbije, pri čemu su korišteni poznati srpski i pravoslavni mitovi, kao i djela velikosrpskih pjesnika i pisaca kao što su Njegoš i Andrić, a od novijih i mlađih: Lubarda, Nogo, Šešelj, Drašković, Sekulić, Jeftić i drugi, uz podršku Memorandum SANU-a, kao programa velikosrpske inteligencije, politike i vojske."[6]

BALIĆ I DRUGI BOŠNJAČKI EMIGRANTI NASJELI SU NA KRITIKE BH. POLITIČKOG RUKOVODSTVA IZ BEOGRADA

Onim obavještenijim je već tada, a ostalima valjda danas, poznata grčevita borba bosanskohercegovačkog partijskog i državnog rukovodstva protiv tih nastojanja, perfidno proklamiranih kao borba za demokratizaciju i pluralizaciju jugoslavenskog društva, koja je svoje pravo lice dobila tek u fazi organiziranja i realizacije takozvane "antibirokratske revolucije" srpskog partijskog i državnog rukovodstva na čelu sa Slobodanom Milševićem, kad su, jedno za drugim, padala republička i pokrajinska

---

[6] *Smail Balić*, Herkunft und Art des Islam in Bosnien (Porijeklo i vrsta islama u Bosni), Islam und der Westen 1986/2.

rukovodstva, pa ni bosanskohercegovačko rukovodstvo nije uspjelo preživjeti, posebno oni političari i rukovodioci koji nisu prihvatili takav metod obračuna sa neistomišljenicima, među kojima su na udaru bili posebno bošnjački političari na čelu sa Hamdijom Pozdercem, koji je, kao potpredsjednik Predsjedništva SFRJ i predsjednik Ustavne komisije, hrabro stao u odbranu Ustava iz 1974. godine, bošnjačkog naroda i države Bosne i Hercegovine, zbog čega je otjeran sa svih političkih funkcija i iz politke uopće i, nakraju, u smrt. Nažalost, bošnjačka emigracija, pa ni Balić sam, u tome nije vidjela glavnog krivca za većinu afera i režiranih suđenja muslimanskim i drugim intelektualcima u BiH u Beogradu, već je za to optuživala sami vrh bh. partijskog i državnog rukovodstva, posebno Pozderca i Mikulića. Najveće kritike zagovornika velike Srbije iz Beograda protiv bosanskog rukovodstva odnosile su se na navodno izmišljanje i nehistorijsko promoviranje bošnjačke (muslimanske) nacije, muslimanske književnosti, kulture, što je neminovno vodilo – a to su oni znali – priznanju bosanskog jezika i sve većem jačanju države BiH. Ko se iole zauzimao za afirmaciju Bošjaka i bošnjačke nacije bio je proglašavan nacionalistom i fundamentalistom, od Hamdije Pozderca, Muhameda Filipovića, Fuada Muhića do Atifa Purivatre, za koga su pisali da je „izmislio muslimansku naciju", koja je kao takva „promovirana u CK SKBiH", tako da je pokojni Branko Mikulić, tadašnji predsjednik CK BiH, o napadima na Atifa Purivatru zbog njegovog angažmana oko rješavanja nacionalnog pitanja Muslimana s kraja 60-tih i početkom 70-tih godina, braneći ga u jednom intervjuu u beogradskom nedjeljniku "Nin" od 23. 1. 1972. godine, u tom smislu rekao "Muslimane kao naciju nije izmislio Centralni komitet, pa ih nije izmislio ni Atif Purivatra"[7].

BALIĆEVA KRITIKA ODNOSA PREMA VJERSKOM I NACIONALNOM PITANJU BOŠNJAKA

Na drugom mjestu u istom časopisu tekst o Sarajevskom procesu 1983. godine počinje ovako:
> "Pomanjim čitateljima našeg časopisa poznate su pojedinosti skandaloznog, od bosanskih komunističkih vlastodržaca upriličenog procesa protiv 12 muslimanskih intelektualaca iz 1983. godine. Sarajevski sud posutupio je tačno onako kako su to željeli Duško Zgonjanin i Hamdija Pozderac i njihovo tadašnje oligarhijsko društvo. Mi smo već tada ukazali na stvarne motive progona vjernika u središnjoj jugoslavenskoj republici. Sad i iz jugoslavenskog (velikosrpskog iz Beograda, pr. A.D.) dobivamo nepatvorenu sliku (radi se o apelu grupe akademika SANU-a za oslobađanje optuženih

[7] Sedmičnik *NIN*, 23. 1. 1972.

u ovom procesu, posebno pjesnika Latića, pr. A.D.) pravnih i sigurnosnih prilika u zemlji u kojoj je montiranje takvih procesa moguće."[8]

U vezi sa sudskim procesom iz 1983. godine Balić je vodio javnu polemiku i sa još nekim političarima i autorima iz BiH. Iako je dr. Smail Balić djelovao u liberalnom savezu Bošnjaka, on se nije posebno bavio kritikom jugoslavenskog društva i jugoslavenske unutrašnje i vanjske poliotike, jer je i sam isticao da se ne želi baviti politkom, već kulturom, niti da je, niti se osjeća emigrantom, već građaninom Austrije, gdje je došao početkom Drugog svjetskog rada na studije i tu ostao do kraja svoga života. Vodio je polemiku sa Nijazom Durakovićem i Bahrudinom Bijedićem u listu "Svijet", kao reagiranje na tekst Nijaza Durakovića "Bog u službi bratoubilaštva", koji je u tom listu objavljen 22. 8. 1983. godine, i sa Bahrudinom Bijedićem, "Nema naroda iz epruvete". Dr. Balić u časopisu "Der gerade Weg" (Pravi put), koji je on izdavao i uređivao, donosi prepisku sa ovim autorima i navodi da je "na neugodan i nepravedan način spomenut". Neugodan je već sam naslov članka, jer se njime vrijeđaju osjećaji vjernika. Da je potpisani protivnik bilo kakvog korištenja vjere u političke svrhe, to dokazuje iz broja u broj časopisa koji uređuje i izdaje. Ovaj časopis se također nedvoumno izjasnio protiv fumdamentalizma. Pisac članka o Bogu je vjerovatno nedovoljno obaviješten. U svojim naučnim radovima, prije svega u knjizi "Kultura Bošnjaka", Beč, 1973., ja nisam iz okvira povijesnog bošnjaštva isključio Srbe i Hrvate. Prema tome, pisac nema pravo kad mi imputira nekakav nacionalizam. (Nema ga ni kod mene, niti ga, po mom dubokom uverenju, ima kod osuđenih 12 Muslimana i Muslimanki). To je Duraković lahko mogao vidjeti iz početnih rečenica moga citiranog članka. Tu stoji i doslovno:

> "Mi odlučno odbijamo svaki pokušaj trovanja međunacionalnih odnosa, jer u tom vidimo povredu osnovnih etičkin načela. Ovaj list svjesno se zalaže za mir i nenatrunjenu humanost među svim ljudima, tim prije među južnoslavenskim narodima [...]"

U vezi sa tekstom Bahrudina Bijedića od 12. 12. 1983., Balić piše:

> "Čitavom nizu vodećih intelektualaca u Bosni i izvan nje, među kojima se nalazio i nedavno preminuli Midhat Begić, poznato je da se ja ne bavim nikakvim političkim radom i da sam, prema tome, daleko i od svakog neprijateljskog djelovanja protiv SFRJ, što mi vaš list pripisuje. Uzmite k znanju da nijesam član (to bar ne do sada) 'Demokratske alternative' i da, ustvari, nijesam ni emigrant, jer sam svojevremeno legalno – kao student – došao u Austriju. Kad bih bio onakav kakvim me vaši saradnici Duraković i Bijedić prikazuju, onda se sigurno ne bi moglo dogoditi da se prilikom posljednje posjete nekadašnjeg predsjednika SFRJ Tita (o kojem je dr. Balić u cjelini imao pozitivno mišljenje, pr. A.D.) Beču nađem u njegovoj neposrednoj pratnji. Scena je ovjekovječena u nekoliko fotografija, od kojih je jedna i objavljena, i to u knjizi

---

[8] Islam und der Westen 1988/9.

'Geschichte der Östereicheischen nationalbibliotek' (Historija austrijske nacionalne biblioteke). O putovanju skupine muslimanskih intelektualaca, koje Vi označujete čas nacionalistima, čas fundamentalistima i 'islamskim revolucionarima', u Iran, ja sam prvi put saznao iz jugoslavenskih novinskih izvještaja."⁹

U pogledu priznavanja muslimanske nacije, Balić povremeno dolazi u kontradikciju sa svojim stavovima. Tako on na jednom mjestu, "pored vodećih bošnjačkih političara i intelektualaca koji su radili i doprinijeli priznanju bošnjačke nacije", navodi i neke od vodećih političara nebošnjaka iz BiH i Jugoslavije, kao što su Josip Broz Tito (za kojeg je u intrevjuu sa autorom ovih redova, na pitanje šta misli o njemu, izjavio da je on za njega "bio jedna simpatična ličnost i apslutno pozitivna ličnost kad su Bošnjaci u pitanju"¹⁰), Rodoljub Čolaković i Cvijetin Mijatović, čime im želi odati priznanje na podršci ovom za Bošnjake najvažnijem procesu u prošlom stoljeću. U istom tekstu Balić primijećuje da je "priznanje muslimanske nacije" od Komunističke partije Jugoslavije izmišljeno i da se slučjano podudarilo sa sigurnim, pratećim strateškim i efektnim ciljevima u unutrašnjoj i vanjskoj politici. Muslimani lično u tome nisu imali nikakvu ulogu, što, kako kaže Balić, tako formulirano, ne odgovara činjenicama.¹¹ Na drugom mjestu, Balić sumnja u ulogu i značaj muslimanskog rukovodstva o ovim pitanjima i kaže:

"Ovdje je današnje formalno predstavništvo Muslimana u zemlji, naime funkcioneri KPJ-e, koji potiču iz muslimanske sredine i dio inteligencije, postupilo po onoj narodnoj: 'Hajd, Turčine, za nevolju kume.' Jednostavno, nije bilo drugog prihvatljivog izbora. Tito zaista nije izmislio 'muslimanski narod', kako se često čuje u emigraciji."¹²

Takva razmimoilaženja i nekonsistentnost u mišljenju u pogledu nekih najvažnijih pitanja Bošnjaka, posebno u posljednja tri desetljeća prošlog stoljeća kod Balića i drugih bošnjačkih emigranata ne možemo drukčije tumačiti nego nedostatkom pravih i blagovremenih informacija, posebno onih iz njegove uže domovine BiH. Jer, ipak se grčevita borba za priznanje i afirmaciju bošnjačke nacije i Bosne i Hercegovine vodila u zemlji, tu, u toj republici, a bošnjačka emigracija je o tome informacije dobijala od onih koji su i Bošnjacima i Bosni i Hrcegovini radili o glavi, što će

⁹ *Smail Balić,* Odgovor Nijazu Durakoviću i Bahrudinu Bijediću, in Der gerade Weg (Pravi put) mart 1984, 30.

¹⁰ *Alaga Dervišević,* Dr. Smail Balić, 60 godina borbe za Bosnu i bošnjaštvo, intervju autoru ovih redova, objavljen u pet nastavaka u listu Nova Bosna Magazin, Bosnien-Herzegowina News, Hanau-Frankfurt, 5. 1., 12. 1., 19. 1., 26. 1. i 2. 2. 1995. Također, ovaj intervju je u skraćenoj verziji objavljen u časopisu Behar, Kulturnog društva Bošnjaka Preporod, 18.5. – 6. 1995. i u specijalnom broju ovog časopisa posvećenog godišnjici smrti dr. Smaila Balića, broj 66-67, V.-VIII. 2004.; *Balić,* Odgovor Nijazu 30.

¹¹ *Smail Balić,* Das Bosniakentum als natinales Bekenntnis (Bošnjaštvo kao nacionalno priznanje), ÖOH 33 (1991) 159-163.

¹² *Smail Balić,* O jednoj prekretnici bosanskog samosvješćavanja, in Hrvatska iseljenička politika i Zapad, Hrvatska revija 36 (1986) 145.

Balić, a čini mi se i ostali, shvatiti tek krajem osamdesetih i početkom devedesetih godina i sam priznati. Tome su u velikoj mjeri doprinijeli rezultati dugoročnih velikosrpskih nacionalnih, državotvornih i političkih planova iz Beograda takozvanih srpskih disidenata i "demokrata", kad su se počeli provoditi u djelo agresijom i okupacijom Bosne i Hercegovine i genocidom nad Bošnjacima, koji su, preko svojih istomišljenika u srpskoj emigraciji, uticali na mišljenje i stavove Bošnjaka u emigraciji o političkim prilikama u Jugoslaviji i BiH koji su sa njima bili u uskoj vezi. Otuda njihovo kašnjenje i sazrijevanje, pa i Balićevo u spoznaji prave istine o događajima oko Bošnjaka i BiH u cjelini u zadnjih 30 godina prošlog stoljeća, o čemu će dr. Balić u podužem intervjuu upravo autoru ovih redova 1994. godine otvoriti dušu i priznati zablude u koje su njega i ostale bošnjačke emigrante doveli takozvani srpski, a ustvari velikosrpski "disidenti", kako oni iz Beograda, tako i oni u srpskoj emigraciji. Kad je u pitanju razmatranje i razumijevanje nacionalnog pitanja i identiteta Bošnjaka u tom smislu, u članku „Der jugoslawische Islam in deutsche Sicht" Balić piše o studiji Irene Reuter-Hendrich, saradnice u Istraživačkom institutu za politku i sigurnost u Südost-Institutu u Münchenu, koji je organizirao jedno istraživanje o "islamu u bivšoj Jugoslaviji":

"Postoje dva ključna problema koja trenutno dominiraju u jugoslavenskom islamu i za koje je autorka gospođa Reuter-Hendrichs veoma zainteresirana",

piše dr. Balić.

"Prvi je fenomen Muslimana u nacionalnom smislu (Muslime im nationalen Sinne), kako Bosanci (Bosniaken) islamsku tradiciju od 1971. oficijelno nazivaju, kao i jačanje islamskog fundamentalizama (islamischen Fundamentalismus) u ovoj komunističkoj zemlji. Oba problema, prema veoma obimnim informacijama koje autorka pojašnjava, trebaju dodatno obrazloženje. Ona u svom dijelu projekta precizira da se ovdje, uopćeno gledano, radi o političkom konceptu Saveza komunista Jugoslavije, koji je iniciro genezu nastanka muslimanske nacije (Werdegang der muslimischen Nation), ali je zabranio da se bosanski Muslimani kao nacionalna grupa nazovu Bošnjacima (Bosniaken) u nacionalnom smislu, sa obrazloženjem da se mora imati obzira prema u Bosni i Hercegovini nastanjenim Srbima i Hrvatima, što bi sigurno, pored ostalih prepreka, težnje za pripajanje Bosne i Hercegovine Srbiji, odnosno Hrvatskoj, kao i do sada, ovaj put još više otežalo [...] Gospođa Reuter-Hendrichs ocjenjuje da Muslimani u nacionalnom smislu imaju viši status nego, naprimjer, Albanci, koji imaju status nacionaliteta (nacionalne manjine) jer postoji država Albanaca. Etnički Muslimani su zasigurno jedna 'jugoslavenska nacija' koja nema državu izvan teritorije Jugoslavije. Gospođi Reuter-Hendrichs je jasno da je tačno da je pozadina svega srpsko-hrvatski suprostavljeni stav jesu li bosanski Muslimani Srbi ili Hrvati, koji se sa svojom državom pojavljuju u polovini 10. vijeka kao geografski pojam, a poslije su Bošnjaci (Bosnier) pojam za stanovnike ove regije. Krajem 12. vijeka Bosna (Bosnien) je ime države koja nije bila ni srpska ni hrvatska, a njeni stanovnici nisu bili drugo do Bosanci (Bosnier) koji su se služili bosančicom, koja u neku ruku sliči srpskom pismu, ali se u znatnoj mjeri, naravno, razlikuje [...] Teza da su Muslimani po svom mentalitetu i odgoju nastrojeni protiv Zapada, veoma je upitna. Danas je više nego očigledno da su se bosanski, ali i albanski muslimani veoma dobro snašli u republikamma SFRJ koje su više zapadni orijentirane (pored Bosne, Slovenija i Hrvatska), nego što je to slučaj u istočnim republikama."[13]

BALIĆEVO PRIZNANJE DA JE DUGO BIO U ZABLUDI

Kao i drugi vodeći bošnjački emigranti, i dr. Smail Balić dugo je bio u zabludi da su za sve probleme Bošnjaka, pa i za njihovo nacionalno ime i nacionalni identitet bili krivi bh. političari na čelu sa Hamdijom Pozdercem i Brankom Mikulićem. Vrijeme je konačno pokazalo da su snage i otpori nacionalne afirmacije Bošnjaka bili i ostali na strani velikosrpske politike u Beogradu. Ne ustručavajući se i ne stideći se svojih dugogodišnjih emigrantskih zabluda, Smail Balić je, kao pravi istraživač, povjesničar i naučnik, javno to priznao. Naime, u podužem intervjuu autoru ovih redova priznao je da su njega, a i druge bošnjačke emigranti bili obmanuli i indoktrinirali takozvani srpski disidenti u zemlji koji su bili u uskoj vezi i na istoj političkoj liniji sa srpskom emigracijom u inostranstvu, sa kojima su se družili bošnjački emigranti i od njih dobijali informacije o tome šta se u BiH ustvari radi. Jer, u zemlji nije bilo bošnajčkih političkih disidenata tog kalibra od kojih bi bošnjački emigranti intelektualci dobili informacije iz prve ruke. O svim nedoumicama, neznanju i zabludama o mnogim pitanjima BiH i Bošnjaka u posljednje tri decenije dr. Smail Balić je govorio u odgovoru na moje podulje i dosta obimno i kompleksno pitanje koje se odnosi na taj, za Bošnjake do tada najvažniji povjesni period. Moje pitanje je glasilo:

"Profesore Baliću, šta Vi mislite o nacionalnom sazrijevanju Bošnjaka u prošlosti, posebno na period poslije 1945. godine? Kakve ste tada o tome imali stavove, jeste li se bavili time, da li ste imali historijske, političke, naučne, državotvorne, jezičke i kulturne poglede o tom pitanju? Da li ste se izjašnjavali o tome, jeste li o tome pisali?"

Balić:

"Meni je upao u oči taj kurs, ta promjena u držanju naših ljudi, političara, posebno bonjačkih, negdje s kraja 60-tih godina, pa dalje. Vidio sam da stvari kreću prema našem nacionalnom osvješćivanju, ali ne u onakvoj mjeri kako se moglo očekivati sa strane. Vi koji ste ostali u zemlji sigurno možete znati i druge razloge za to. Činjenica je da je stvarno onaj dio muslimanske intelegencije koji je stajao izvan dosega tih 'Mladih muslimana' efektivno mnogo više doprinio našem osvješćivanju i iznalaženju kulturnih i drugih uporišta u našoj svijesti vrlo značajnih za naše sazrijevanje kao naroda. Vi ste govorili u tom smislu o radu Alije Isakovića, Maka Dizdara, Muhameda Hadžijahića, rahmetli Muhsina Rizvića, Atifa Purivatre, Muhameda Filipovića, Mustafe Imamovića i posebno tada vodećeg muslimanskog političara Hamdije Pozderca, koji

---

[13] *Smail Balić,* Der jugoslawische Islam in deutscher Sicht (Jugoslavenski islam prema njemačkom viđenju), in Islam und der Westen, 1989/1.

je, kako se sada vidi, bio neka vrsta pokrovitelja ostaloj muslimanskoj inteligenciji i čitave skupine muslimanskih intelektualac krajem 60-tih i početkom 70-tih godina. Upalo mi je u oči da su, u analizama koje su tada vani o stanju u zemlji davali neki srpski učenjaci, najjače oštrice napada bile uperene upravo protiv tog takozvanog muslimanskog svjetovnog karakterizma, na šta smo mi Bošnjaci u tadašnjoj emigraciji nasjedali. Ja nisam mogao tada shvatiti šta se pod tim podrazumijeva. Međutim, sad mi je jasno o čemu se radi. To je na idejnoj srpskoj nacionalističkoj strani uočeno u pravo vrijeme kao opasnost za njihove strateške interese u Bosni, koji, prije svega, idu u negiranje Muslimana kao nacije, a time i njihovog prava na državu Bosnu i Hercegovinu. To su oni nama ovdje spretno uvijali i interpretirali u obliku komunističe dikatature i svega onoga što se pod tim podrazumijeva. Oni su na to mnogo više i oštrije reagirali nego na držanje i ideje 'Mladih muslimana', koje su bile zaboravljene i za njih manje opasne. Sada ja to sve povezujem i slažem na svoje mjesto. Naime, meni je bila poznata ta djelatnost u Sarajevu te jedne grupe naučnih, kulturnih i političkih autoriteta u pripremi za popis 1971. godine, kad je Muslimanima konačno bila priznata nacionalnost, što je trebalo potkrijepiti određenim elementima političke, povijesne, kulturne, jezičke, vjerske te pravno-državne prirode. Prof. Atif Purivatra bio je jedna vrsta političkog organizatora i operativca koji okuplja ekipe koji rasvjetljavaju politički, povijesni, nacionalni, kulturološki, jezički razvoj Muslimana, kao što su bili: Alija Isaković, Mak Dizdar, Midhat Begić, Muhsin Rizvić, koji su radili na književno-kulturološkom i jezičkom pitanju, profesor Ćemerlić radi na tom pravnom aspektu, drugi na povijesnom, Husein Đozo na vjerskom i slično. Meni je tek danas jasno da je na čelu cijelog projekta bio jedan političar, Hamdija Pozderac, koji je vjerovatno imao konceznus sa tadašnjim vodećim političarima iz druga dva naroda o tom pitanju, prije toga vjerovatno podržanom od samog partijskog i političkog vrha u Beogradu, posebno Tita. Oni su pripremili određene materijale, određene knjige, da se nešto naučno dokaže da Muslimani imaju sve uslove kao i drugi da budu nacija. Upravo na osnovu toga, popisom 1971. Muslimanima se po prvi put omogućilo da se nacionalno izjasne, doduše ne kao Bošnjaci, nego kao Muslimani, pripadnici jedne nacije, što je, sigurno, objeručke bilo prihvaćeno. Ja sam to isto prihvatio kao jedan pozitivan događaj u historijskom razvoju našega prostora, jer mu je bila pružena mogućnost razvijanja vlastitog instituta, razvijanja vlastite kulture. Iako to nije bilo dosegnuće kojim bismo se mi mogli sto posto zadovoljiti, ipak to je bio korak unaprijed. To je bila jedna prelazna faza, drukčije nije bilo moguće."[14]

Time je dr. Smail Balić, kad su u pitanju neki veoma značajni i složeni procesi u pogledu razvoja Bosne i Hercegovine, stanja vjerskih prava i vjerskih sloboda i ljudskih prava uopće, koja su se u ovoj centralnoj jugoslavenskoj republici odvijala i rješavala na specifičnim osnovama, a posebno rješavanje bošnjačkog nacionalnog pitanja, kao pravi istraživač i naučnik priznao svoje zablude iz ranijeg perioda svoga emigrantskog rada i djelovanja, što njemu i njegovoj ličnosti daje dodatnu težinu i značaj.

---

[14] *Alaga Dervišević,* Dr. Smail Balić: 60 godina borbe za Bosnu i bošnjaštvo, isto kao pod br. 14.

REZIME

Dr. Smail Balić nije se posebno bavio kritikom bivšeg jugoslavenskog sistema, osim djelomično kad je u pitanju književno-kulturna i nacionalno-vjerska problematika Bošnjaka. U tom pogledu, ovom autoru nije poznat ni jedan Balićev, posebno na temu politke, ozbiljniji rad na tu temu. Prenošenjem tekstova i autora iz drugih časopisa koji su o tom pisali u časopisima koje je uređivao, može se zaključiti da je on podržavao izvjesne kritike i stavove drugih autora o tim pitanjima. Kasnije, kad se pokazalo da je ta kritika iz Beograda bh. političkog rukovodstva, posebno Hamdije Pozderca i Branka Mikulića i drugih bh. političara i kulturnih i javnih radnika, posebno onih iz redova bošnjačke vodeće inteligencije, dr. Balić je priznao da su na njih u tom pogledu kritike jugoslavenskog društva i političara, naročito onih u Bosni i Hercegovini, uticali srpski emigranti, sa kojima su se on i drugi bošnjački emigranti družili. Srpska emigracija bila je pod snažnim uticajem srpskih disidenata i takozvanih demokrata iz Beograda okupljenih oko Srpske akademije nauka i umjetnosti, na čelu sa Dobricom Ćosićem. Time je dr. Balić ukazao na to da su on i drugi bošnjački politički emigranti bili na izvjestan način obmanuti i indoktrinirani, jer oni iz svoje uže domovine Bosne i Hercegovine u to vrijeme nisu mogli dobiti prave i provjerene informacije, a i oni od kojih su ih dobijali također su bili pod uticajem beogradskog disidentskog kruga, kao što su pojedinci iz grupe sa suđenja 1983. godine.

ZUSAMMENFASSUNG

Dr. Smail Balić hat sich nicht besonders viel mit der Kritik des ehemaligen jugoslawischen Systems beschäftigt, außer, wenn es um die literarisch-kulturelle und national-religiöse Problematik der Bosniaken ging. Wenn auch keine unmittelbar politischen Texte bekannt sind, so werden doch durch die Übertragung von politischen Texten und Autoren aus anderen Zeitschriften in die von ihm herausgegebenen Zeitschriften seine kritischen politischen Standpunkte recht deutlich. Dr. Balić hat später zugegeben, dass die Kritik an der jugoslawische Gesellschaft und Politik und deren Exponenten in Bosnien und Herzegowina wie Hamdija Pozderac und Branko Mikulić durch serbische Emigranten beeinflusst waren, mit denen er selbst und andere bosniakische Emigranten befreundet waren. Die serbische Emigration war unter starkem Einfluss von einem Kreis serbischer Dissidenten und den sogenannten Demokraten aus Belgrad, die sich um die Serbische Akademie der Kunst und Wissenschaften Dobrica Ćosić als Vorsitz gebildet haben. Dr. Balić hat selbst darauf hingewiesen, dass er und andere bosniakische politische Emigranten insofern auch indoktriniert und getäuscht waren, weil sie in dieser Zeit aus ihrem engeren Heimatland Bosnien und Herzegowina keine verlässlichen Informationen erhalten konnten. Die wenigen Personen, von denen sie die Informationen bekamen, waren ebenfalls unter dem Einfluss des Belgrader Dissidenten-Kreises.

Balićev doprinos istraživanju kulture Bošnjaka
&

Balić' Beitrag zur Erforschung der Kultur der Bosniaken

Ismet Bušatlić

REZIME

Smail Balić se zanimao za sve segmente kulture Bošnjaka. U svom mnogovrsnom istraživačkom radu, tragao je za samim ishodištima bošnjačke kulture. Narodnu kulturu Bošnjaka sagledavao je kroz njen materijalni i duhovni vid i pri tome se bavio i onim područjima koja su njegovi sunarodnjaci zapostavljali, kao što su pučka dramska i narodna dekorativna umjetnost, kako ih je sam nazivao. Izlažući duhovnu i materijalnu kulturu "školskoga tipa", kako je imenuje Balić, austrijska Nacionalna biblioteka u Beču, u kojoj je imao sreću raditi i istraživati, poslužila mu je kao otvoren prozor u druge svjetske biblioteke i kolekcije u kojima je pronalazio zaboravljene bošnjačke autore, njihova dotad neotkrivena ili nepoznata djela. Svoju ljubav i svoj interes za kulturu Bošnjaka Smail Balić iskazivao je na tri načina:
1. sa puno znanja i obiljem činjenica pripremajući članke, studije i knjige i objavljujući ih sa mnogo muke i vlastitog odricanja i uz nesebičnu pomoć svojih prijatelja;
2. posvećujući boljem poznavanju i pravilnoj prezentaciji kulture Bošnjaka brojne referate, saopćenja i diskusije pročitane i izrečene na mnogim međunarodnim znanstvenim skupovima, kongresima, susretima i okruglim stolovima;
3. ispisujući prikaze, polemike i osvrte na zlonamjerne riječi i tekstove, čvrstim dokazima i snažnim argumentima žestoko se suprotstavljajući svima koji su posezali za mitovima, legendama i falsifikatima da bi precijenili vlastitu, a porekli, preinačili i obezvrijedili bošnjačku kulturu i povijest.

Za pravilnije razumijevanje i pravednije ocjenjivanje cjelokupnog Balićeva opusa općenito i njegovog doprinosa istraživanju kulture Bošnjaka posebno, potrebno je imati u vidu i na umu sredinu u kojoj je živio, uslove u kojima je radio i, posebno, čitaoca ili slušaoca kojem se obraćao. U protivnom, moglo bi mu se neopravdano prigovoriti, da je svaštario, jer se bavio i područjima u kojima, pored svestrane naobrazbe, nije bio specijalist i da je bio površan, jer je iz nekih oblasti redao samo imena. Potrebne su brojne institucije da bi istražilo i ispisalo sve što treba istražiti i napisati o kulturi Bošnjaka. Rahmetli Smail Balić radio je kao pojedinac, a za to je trebalo hiljadu života. Stoga se na neke segmente njegova djela mora gledati kao na skice, projekte, izazove.

ZUSAMMENFASSUNG

Smail Balić hat Interesse für alle Arten und Teile des bosniakischen Kulturlebens gezeigt. In seinen vielschichtigen Forschungsarbeiten war er auf der Suche nach dem Ursprung der bosniakischen Kultur. Er hat die Volkskultur der Bosniaken in materieller und spiritueller Hinsicht beschrieben, wobei er sich auch mit den Bereichen beschäftigt, die seine Mitbürger vernachlässigt hatten – wie zB Volksdramen und die dekorative Volkskunst, wie er diese selbst zu nennen pflegte. Die Präsentation der spirituellen und der materiellen Kultur „schulischen Typs" in der Österreichischen Nationalbibliothek in Wien, wo er das Glück gehabt hat, arbeiten und forschen zu können, hat ihm dabei als Ausgangspunkt gedient. Dies ermöglichte ihm auch den weltweiten Einblick in andere Bibliotheken und Kollektionen, wo er schon vergessene bosniakische Autoren und deren bis dahin unentdeckte und unbekannte Werke fand. Seine Liebe und sein Interesse für die Kultur der Bosniaken hat er in folgender Art und Weise gezeigt:

1. Durch Vorbereitung von inhaltlich recherchierten Artikeln und durch Aufzählung zahlreicher Tatsachen, durch mühevolles Studieren und Veröffentlichung von Büchern, mit großzügiger Hilfe seiner Freunde.
2. Durch die bessere Kenntnis und richtige Präsentation der bosniakischen Kultur, der er zahlreiche Referate, Mitteilungen und Diskussionen bei vielen internationalen wissenschaftlichen Versammlungen, Kongressen und Runden Tischen gewidmet hat.
3. Durch das Schreiben von Polemiken und Rückantworten auf unsachliche Texte, durch überzeugende Beweise und starkes Engagement; er widersetzte sich stark all jenen, die nach Mythologie,

Legenden und Falsifikaten gegriffen haben, um die eigene Kultur und Geschichte zu sehr zu betonen und die der Bosniaken zu verneinen und als wertlos darzustellen.

Für ein richtiges Verständnis und die korrekte Bewertung des gesamten Werkes von Balić und insbesondere seinen Beitrag zur Erforschung der bosniakischen Kultur, muss man sich auch an dem Umfeld, an den Bedingungen, unter denen er gearbeitet hat, und vor allem an den Lesern oder Hörern, an die er sich gewandt hat, orientieren. Wenn man das alles nicht bedenkt, könnte man ihm unberechtigterweise vorwerfen, dass er zu viel gemacht hat, weil er sich auch mit Fachbereichen beschäftigt hat, in denen er trotz seiner vielseitigen Bildung kein Fachmann war und dass er daher manchmal als oberflächlich erscheint. Um alles über die Kultur der Bosniaken zu erforschen und zu notieren, was geforscht hätte werden sollen, hätte Balić tausend Leben gebraucht. Smail Balić hat als Einzelperson gearbeitet und aus diesem Grunde muss man die Teile mancher seiner Arbeiten nur als Skizzen, Projekte oder auch als Herausforderung sehen.

III

SMAIL BALIĆ – SEINE EUROPÄISCHEN UND
INTERNATIONALEN AKTIVITÄTEN
ଌ
*SMAIL BALIĆ – NJEGOVE EVROPSKE I MEĐUNARODNE
AKTIVNOSTI*

Balić kao osnivač Muslimanske Socijalne Službe i njegov doprinos priznavanju Islamske zajednice u Austriji
ଌ
Balić als Gründer des Moslemischen Sozialdienstes und sein Beitrag zur Anerkennung der Islamischen Glaubensgemeinschaft in Österreich

Salim A. Hadžić

I. UVOD

Kad se danas sjećamo velikog historičara kulture i doajena Orijentalistike, s čijim imenom povezujemo početak Islamske vjerske zajednice u Austriji, mi ustvari oživljavamo dio bosanske i austrijske znanstvene povjesti. Akademik dr. Smail Balić proponet i saosnivač, dugogodišnji, a potom i počasni predsjednik Muslimanske Socijalne Službe[1], državni bibliotekar i član brojnih znanstvenih organizacija, stekao je veliko priznanje i uživao veliki ugled kao lektor i autor, te kao pokretač i organizator. Nije ovde moja zadaća da

---

[1] U referatu ću katkad upotrebljavati i samu skraćenicu za Muslimansku Socijalnu Službu, a ona je: MSS. Ovu skraćenicu smo mi Bošnjaci naročito često upotrebljavali, a ponekad i MSD, a to je skraćenica za njen njemački naziv: Moslemischer Sozialdienst. MSS je bila i oznaka za engleski naziv ove Organizacije: Moslem Social Service.

govorim o svim tim djelatnostima ovog znanstvenog čovjeka. Na ovom mjestu govorit ću o njemu kao proponentu i saosnivaču Muslimanske Socijalne Službe i njegovom doprinosu priznanju Islamske vjerske zajednice u Austriji jer mu i Muslimanska Socijalna Služba i Islamska vjerska zajednica duguju zahvalu. Kad je 15. 9. 1962. godine, na osnovu odobrenog Statuta od strane nadležnih austrijskih vlasti osnovana Muslimanska Socijalna Služba, dr. Balić je bio proponent i jedan od njenih saosnivača. Zahvaljujući težini svoje ličnosti uspjelo mu je, u povjerenoj mu funkciji vodstva Muslimanske Socijalne Službe, da savlada ne male poteškoće sa kojima se ova Služba suočavala. Za kratko vrijeme, svojom promišljenošću i blagošću postavio je ovo društvo na kolosijek sa kojeg je razvilo svoju djelatnost, daleko iznad prvobitnih zacrtanih okvira. Tako je izgradio čvrstu osnovu za dalji rad, s koje je njegov privremeni nasljednik ddr. Ahmed Abdelrahimsai[2], kojeg je lično predložio za predsjednika Muslimanske Socijalne Službe i s kojim će se, kasnije, na tom položaju sve do 1979. godine često mijenjati, učinio Muslimansku Socijalnu Službu jednom od najaktivnijih islamskih organizacija u Evropi i veoma poznatom u Arapskom svijetu.

MOJ PRVI SUSRET S DR. SMAILOM BALIĆEM

Prije nego što nastavim sa izlaganjem, želio bih se ukratko osvrnuti na moj prvi kontakt s Muslimanskom Socijalnom Službom i na prvi susret

---

[2] DDr. Ahmed Abdelrahimsai rođen je 27. 2. 1927. godine u Kabulu, Afganistan, a umro 15. 10. 1999. u Beču, gdje je i pokopan na Centralnom groblju (Centralfridhof - Zentralfriedhof) na Muslimanskom dijelu groblja u 11. Bečkom becirku. Potječe iz kraljevske porodice. Prvo visoko obrazovanje završio je u Kabulu, stekavši titulu doktora prava. Potom odlazi u Njemačku, da bi se kasnije nastanio u Beču. Na Bečkom Univerzitetu je stekao drugu titulu doktora odbranivši disertaciju: "Die Polizei und die Staatssicherheit im Rechtsstaat" (Policija i državna sigurnost u pravnoj državi). Svečan čin promocije je bio 4. 4. 1958. godine. Interesantno je primijetiti da mu uz titulu dipl. jur. na disertaciji stoji: kraljevski afganistanski oficir. Po završetku fakulteta radio je i u ovdašnjoj jednoj banci sve do svog penzionisanja. Nekad je stajao i na čelu Muslimanske Socijalne Službe. DDr. Ahmed Abdelrahimsai bio je i prvi predsjednik Islamske vjerske zajednice u Austriji, a po uvođenju vjeronauke u ovdašnje škole bio je i prvi islamski inspektor. Po priznanju Islamske vjerske zajednice uspjelo mu je kao prvom njezinom predsjedniku da se na 22. 6. 1982. godine u emisiju "Zov Islama – Štime des Islam" – (Stimme des Islam) pojavi na austrijskoj televiziji, pusti ezan s trake i obrati njezinim gledaocima. Bilo je to prvo javno obraćanje u ime Islamske vjerske zajednice na televiziji u Austriji. Pred kraj života je obavio i hadž. Iz prvog braka s Austrijankom ima troje djece, (dva sina su ljekari, jedan od njih je primarius, a kćerka stjuardesa) dok iz braka s Afganistankom ima, također dva sina.

s dr. Balićem, te kako sam došao za imama u Muslimansku Socijalnu Službu. Još kao učenik trećeg razreda Gazi Husrev-begove Medrese[3] u Sarajevu, saznao sam nešto o Muslimanskoj Socijalnoj Službi. Te prve informacije sam pročitao u članku svog prof. Kasima ef. Hadžića[4]: *"Džumu'a namaz u Beču"*, objavljenom u "Preporodu"[5], br. 7, od 15. decembra 1970 / 15. Ševval 1390., str. 6, a zatim iz slijedećih članaka objavljenih u "Preporodu": *"Muslimansko društvo u Beču"*, br. 14, 1. april 1971 / 3. Safer 1391., str. 5., *"Muslimani u Podunavlju"*, br.30, 1. decembar 1971 / 12. Ševval 1391., str.10., *"Tri hiljade šilinga staje*

---

[3] Gazi Husrev-begova medresa ili Kuršumlu medresa odnosno Seldžukija podignuta je 1537. godine. Nju je sagradio Gazi Husrev-beg, drugi pravi osnivač Sarajeva. Gazi Husrev-beg rođen je oko 1480. godine u Serezu, Grčka, gdje mu je otac Ferhad-beg, rodom iz okoline Trebinja, bio namjesnik. Majka Seldžuka mu je bila kćerka sultana Bajezida II. Prije dolaska za namjesnika u Bosnu bio je namjesnik Smederevskog sandžaka, a obavio je i nekoliko diplomatskih misija u ime Sultana na dvorovima nekih evropskih vladara. Za Bosanskog namjesnika došao je 1521. i ostao s malim prekidima do 1541. godine. Gazi Husrev-beg je najveći vakif, legator, u Bosni i Hercegovini. Umro je u Sarajevu 1541. godine i pokopan u turbetu kod svoje džamije, koju je još za života podigao.

[4] Hadžić Kasim rođen je 19. 12. 1917. godine u Zaostru kod Priboja, Sandžak. U Priboju je završio Osnovnu školu, 1925-1929, a potom se upisuje na Veliku medresu Kralja Aleksandra u Skoplju, 1929-1937. Školske 1937./38. se upisuje na Višu šeriatsko-teološku školu (VIŠT) u Sarajevu, koja je bila u rangu fakulteta. Na njoj je i diplomirao 1941. godine. U januaru 1942. Hadžić se zapošljava kao pripravnik u Kotarskom šeriatskom sudu. Kadijski ispit položio je 1944. godine, tako da je naredne 1945. postavljen za šeriatskog sudiju u Zagrebu. Po položenom ispitu za kadiju radio je i u Vrhovnom šeriatskom sudu. Kada su 1945. ukinuti šeriatski sudovi, Hadžić ostaje u Zagrebu bez posla, te se upisuje na tamošnji Pravni fakultet. Međutim, studije neće završiti, jer biva osuđen na 6 godina zatvora, jer je bio gradonačelnik Priboja "u vrijeme nenarodnog buržoaskog režima". Potom mu je vojni sud tražio povećanje kazne, koja je preinačena u 12 godina. U zatvoru je proveo 50 mjeseci. Hadžić je do dolaska za profesora u Gazi Husrev-begovu medresu radio u raznim preduzećima u Bosni. Jedno vrijeme bio je, dakle i gradonačelnik Priboja. Septembra 1967. došao je za profesora u Gazi Husrev-begovu medresu na kojoj je predavao arapski jezik, akaid, historiju islama i vaz. Na toj dužnosti ostao je sve do septembra 1978. godine kada odlazi u penziju. Hadžić je napisao blizu hiljadu radova iz historije islama, islamske filozofije, islamske dogmatike, itd. Bio je saradnik mnogih časopisa kako prije Drugog svjetskog rata, tako i nakon toga od kojih navodim samo neke: "Glasnik" Saveza trezvenjačke mladeži u Beogradu, "El-Hidaja", "Novi Behar", "Narodna Uzdanica", "Muslimanska svijest", "Jugoslavenski list", "Hrvatski dnevnik", "Osvit" u kojem će jedno vrijeme obavljati dužnost glavnog i odgovornog urednika, „Glasnik IVZ", „Takvim", „Zemzem", "Preporod" u kojem je redovito vodio i rubriku "Vijesti iz Medrese", "Muallim". Pisao je i u esperantskim časopisima. Ovdje želim spomenuti da je prof. Hadžić daržao besplatno kurseve esperanta učenicima Gazi Husrev-begove medrese. On je bio najbolji bosanski esperantista. Bio je bibliofil i poliglota. Prof. Kasim Hadžić je umro u Sarajevu 21. 11. 1990. godine.

[5] "Preporod" glasilo Udruženja Ilmije za SR BiH osnovao je i pokrenuo Husein Đozo. On je bio prvi njegov glavni i odgovorni urednik (v. bilj.6). Prvi br. je izašao 15. septembra 1970/14. Redžeb 1390. godine. List izlazi svakog 1. i 15. u mjesecu. Glavni i odgovorni urednik Đozo je bio od 1970. do 1972. godine, a od 1976. do 1979. godine samo odgovorni urednik.

namaz u Austriji", br. 31, 15. decembar 1971 / 26. Ševval 1391., str. 3, *"Uskoro će muslimani u Austriji dobiti svoje priznanje",* br.38, 1. april 1972 / 17. Safer 1392., str. 3. Poslije mature u Medresi 1972. godine, želio sam nastaviti školovanje. Imao sam tri opcije u vidu za nastavak školovanja. Jedna od njih bila je, a na prijedlog mog brata koji je tada bio student na Fakultetu u Fesu u Maroku, da školovanje nastavim u Evropi, tačnije, u Parizu. Kad sam ovaj prijedlog iznio r. prof. Huseinu ef. Đozi[6], odgovorio mi je riječima:

> "Antiko, (tako me je izvao još u Medresi, kad me je kao prvačića gledao u hodniku, prolazeći na nastavu učenicima V. razreda, učionice u prizemlju stare zgrade Medrese, ul. Dobrovoljačka, jer su prvi i peti razred bili jedan uz drugi), zašto ne bi otišao u Beč? Tamo možeš raditi kao imam i ujedno studirati. U Parizu nemam nikoga, a u Beču je moj prijatelj Smail Balić. Podnesi molbu Reisu ef. da želiš tamo studirati i raditi kao imam. Samo o tome ne govori nikome ništa, a pogotovu ne da sam ti to ja rekao."

---

[6] Đozo Husein rođen je 3.7. 1912. u selu Bare, Ilovača kod Goražda. Osnovno školsko obrazovanje stekao je u medresi Mehmed-paše Kukavice u Foči od 1921. do 1925. godine. Školske 1925./26. pohađao je nižu Merhemića medresu u Sarajevu. Istovremeno je učio i u Atmejdan medresi u Sasrajevu. Godine 1928. se upisuje u Šerijatsko sudačku školu, također u Sarajevu na kojoj je diplomirao 1933. godine, stekavši time zvanje šerijatskog sudije. Zimskog semestra 1933./34. upisuje se na Univerzitet Al-Azhar i studira šerijatsko pravo za koju nauku je ispoljio izvanrednu nadarenost. Na njemu je diplomirao 1939. godine. Kao odličan svršenik Šerijatko sudačke škole u Sarajevu primao je za vrijeme studija na Šerijatsko-pravnom fakultetu Univerziteta Al-Azhar u Kairu stipendiju od Vakufa u Sarajevu. Kao student na Šerijatsko pravnom fakultetu Al-Azhara počinje prevoditi s arapskog na naš jezik neka djela, kao npr. Gazalino djelo "Ejjuhel veled" itd. Prije odlaska na studije u Kairo radio je kao učitelj. Po završetku studija u Kairu vraća se u Bosnu i Hercegovinu i biva 1940. godine postavljen za nastavnika arapskog jezika u Okružnoj medresi u Sarajevu. Godine 1941. je postavljen za prosvjetnog referenta u Uredu Reis-ul-uleme u Sarajevu. Od 1945. dio 1950. godine Đozo je proveo u zatvoru. Po izlasku iz zatvora 1950. do 1960. godine radio je u raznim preduzećima u Sarajevu. Te 1960. prelazi Đozo u Vrhovno islamsko starješinstvo Islamske zajednice u SFRJ gdje radi u svojstvu vjersko-prosvjetnog referenta i ostaje na toj dužnosti sve do svoje smrti. Godine 1964. je izabran za predesjednika izvršnog odbora Udruženja Ilmije u BiH, na kojoj dužnosti će ostati sve do kraja 1979. godine. Đozo je pokrenuo list "Preporod" 1970. godine i bio njegov prvi i glavni urednik do 1972., a od 1976. do 1979. glavni urednik. Povodom njegove smrti list "Preporod" je svom osnivaču, pokretaču i glavnom i odgovornom uredniku posvetio tri stranice, vidi "Preporod" br.11 (283) od 1. juna 1982/9. Šabana 1402., str. 9-12. On je jedan od osnivača Islamskog teološkog fakulteta u Sarajevu, na kojem je predavao tefsir od samog njegova osnivanja 1977. do 1982. godidne. Tokom šezdesetih i ranih sedamdesetih godina prošlog vijeka Đozo je honorarno radio kao profesor Gazi Husrevbegove medrese, na kojoj je predavao ahlak, akaid, fikh, hadis, retoriku, usuli fikh, tefsir i vaz. Đozo je pisao mnogo. Radove je objavljivao u "Glasniku IVZ", "Novom Beharu", "El-Hidaji", "Savjest i Sloboda", godišnjaku "Hrvat", "Takvimu" čiji je i urednik bio nekoliko godina; "Preporodu", "Islamska misao" i "Zborniku radova ITF-a". Za života mu je objavljena knjiga "Islam u vremenu", Sarajevo, 1976. Husein Đozo je umro 30.5. 1982. godine u Sarajevu. Usp.: "Glasnik VIS", god.XLV/1982, br.3 (Maj – Juni), str. 237-268. Ovdje je objavljena i bibliografija njegovih radova.

Tako sam i postupio. Molbu sam uputio Reis ul-ulemi h. Sulejmanu ef. Kemuri[7], a potom se početkom februara 1973. godine uputio u Beč do dr. Smaila Balića. Dr. Balić me rado prihvatio, a potom i uputio pismo Reis ul-ulemi u kojem je napisao da je rad da me primi kao imama u Muslimansku Socijalnu Službu, samo on treba za to dati dekret. Reis ul-ulema h. Sulejman ef. Kemura mi daje dekret 15. 2. 1973. godine, i tako postajem prvi dekretirani imam izvan granica bivše-Jugoslavije. Zvanično 26. 2. 1973. godine postajem imam Muslimanske Socijalne Službe sa sjedištem u trećem Bečkom okrugu (becirku), u ulici Mincgase (Münzgasse) br.3/1. Bilo je to tada jedino vjersko muslimansko Društvo u Austriji.[8]

---

[7] Reis-ul-ulema hadži Sulejman ef. Kemura rođen je 1908. godine u Sarajevu, gdje je završio Ruždijju (Osnovnu školu sa orijentalnim jezicima), a potom Gazi Husrev-begovu medresu. Školske 1925./26. godine se upisuje na Šeriatsko sudačku školu i završava je 1933. godine. Do dolaska za direktora Gazi Husrev-begove medrese radio je kod Šeriatskih sudova u Foči i Konjicu. U to vrijeme se javljao povremeno sa svojim člancima u "Gajretu" i tako skrenuo pažnju na sebe. Na prijedlog Ulema medžlisa postavlja ga Reis-ul-ulema Hadži Hafiz Ibrahim ef. Maglajlić za sekretara Muftijstva u Mostaru. Pored te dužnosti radio je i kao nastavnik vjeronauke na mostarskoj gimnaziji i učiteljskoj školi, gdje se isticao svojom stručnom i pedagoškom spremom. Nakon ukidanja Okružnog muftijstva u Mostaru, Kemura dolazi u Sarajevo gdje je postavljen za prosvjetnog referenta Ulema medžlisa, a kasnije prelazi u Vakufsku direkciju, da bi potom ubrzo došao na položaj Vakufskog direktora na kojoj je dužnosti ostao sve do 1949. godine. Te 1949.godine Vrhovno islamsko starješinstvo Islamske zajednice u FNRJ povjerava mu dužnost direktora Gazi Husrev-begove medrese u Sarajevu na kojem položaju ostaje sve do 15.11. 1957. godine, kada biva izabran za Reis-ul-ulemu u FNRJ. Dok je bio direktor Medrese radio je istovremeno i kao profesor historije islama i vaza. Osnivanjem Udruženja Ilmije 1950. godine Kemura biva izabran za njenog sekretara. Jedno vrijeme je bio i urednik "Takvima". Kao Reis-ul-ulema bio je na toj funkciji od 15. 11. 1950. pa sve do smrti. Svo vrijeme na ovom položaju neumorno je radio na razvoju i unapređenju vjerskog života Islamske zajednice u SFRJ. Njegove su velike zasluge na radu otvaranja Islamskog teološkog fakulteta u Sarajevu i povratku zgrade Đulagin dvor za potrebe Gazi Husrev-begove medrese. Sa svojim saradnicima, posebno sa Huseinom Đozom poduzimao je Kemura sve, da se povrati Vakufska imovina oduzeta poslije Drugog svjetskog rata. Naročito je želio da što prije vidi ostvarenje svoje velike zamisli i veličanstvenog životnog djela: Otvaranje Islamskog teološkog fakulteta u Sarajevu. Međutim, Allahova je volja bila da nije dočekao njegovo otvaranje. Reis-ul-ulema hadži Sulejman ef. Kemura umro je 19.1. 1975. godine u Sarajevu. O Reis-ul-ulemi vidi opširnije: "Glasnik VIS", god. IX/1958, br. 1-2 (januar-februar). Čitav broj je posvećen njegovom izboru za Reisa; a povodom njegove smrti vidi: "Preporod", br. 2 (105), 15. januar 1975 / 2. Muharrem 1395, str.1; "Preporod", br. 3 (106), 1. februar 1975 / 19. Muharrem 1395, str. 1-3; "Preporod", br. 4 (107), 15. februar 1975 / 3. Safer 1395, str. 1; "Glasnik VIS", god. XXXVIII/1975, br. 1-2 (januar-februar), str. 1-2; br. 3-4 (mart-april). Ovaj br. "Glasnika" je posvećen njegovoj smrti.

[8] O Muslimanskoj Socijalnoj Službi vidi dipl. rad: *Halima Hadžić*, Die kommunikativen Leistungen des Moslemischen Sozialdienstes als Träger des religiösen und sozialkulturellen Lebens der Muslime in Österreich von 1962-1979. Univ.-Dipl. Wien. 2006.

© S. Hadžić. *"Scena s dr. Balićem iz prostorija u Münzgasse 3; mart 1974. godine."*

Baš te godine Dr. Balić vršio je funkciju predsjednika Društva. Prva godišnja kupština Društva održana je 15. septembra 1962. godine budući da je zahtjev vlastima za odobrenje Statuta bio pozitivno riješen 9. jula 1962. (broj: M. Abt.62/II/1095/62). Dr. Smail Balić je bio njen proponent i njeni prvi pioniri bili su bosansko-hercegovački muslimani. U prvi Odbor Društva izabrani su:

1. Dr. Smail Balić, predsjednik
2. Dipl.-Ing. Teufik Velagić, podpredsjednik
3. Dr. Husein Gradaščević, generalni sekretar
4. Redžo Pekmezović, blagajnik
5. Ahmed Šehić, član

Adresa Društva do kupovine prvih prostorija glasila je na generalnog sekretara, u 4. Bečkom becirku, ul. Favoriten Štrase (Favoriten Strasse) br.12/IV, a zatim na predsjednika, dr. Smaila Balića, ul. Ungargase (Ungargasse) 9/20, 3. Bečki becirk. S vremenom su se u Odbor uključili i muslimani iz drugih zemalja, studenti u Beču i službenici, pa je rad bio veći i zapaženiji. Glavni dio rada je i dalje, ipak ostao na leđima naših Bošnjaka, naročito dr. Balića. Zahvaljujući na samom početku dobro isplaniranom radu u Odboru, Muslimmanska Socijalna Služba je s vremenom postigla takav ugled da se smatrala istinskim predstavništvom muslimana u Austriji. Prema Pravilima Statuta razvijala je svoj rad u cijeloj Austriji i u inozemstvu. Neko vrijeme je djelovala putem dviju sekcija u Italiji i

Njemačkoj.⁹ Muslimanska Socijalna Služba je zamišljena kao kulturna i humanitarna organizacija za materijalno, duhovno i vjersko zbrinjavanje ugroženih muslimana. Međutim, ona je istovremeno razvila živi rad i na vjerskom polju. U svrhu obezbjeđenja boljih uvjeta za prezentaciju i odomaćenje Islama u Austriji, godinama je nastojala pribaviti vjerniji i bolji "imidž" svoje vjere u očima nemuslimana, koji su imali brojne predrasude o Islamu. Njeni ciljevi zacrtani su u slijdećim tačkama Statuta:na podtsticanju članova u ispunjenju socijalnih, dobrotvornih i kulturnih zadaća Islama; na podizanju, održavanju i opremanju socijalnih, kulturnih i vjerskih ustanova, naročito jedne prostorije za molitvu, jednog studentskog doma i jedne biblioteke; na osiguranju sredstava za ublažavanje materijalne i duševne nevolje siromašnih muslimana, naročito iseljenika; na produbljavanju razumijevanja između islamskih naroda i neislamskog svijeta; na pripremi formalnih i materijalnih uvjeta za osnivanje Islamske vjerske općine.Važno je podsjetiti da je MSS bila apolitička i nadnacionalna organizacija, koja je nastojala olakšati život svima onima koji zatraže pomoć. Svojom karitativnom djelatnošću nastojala je umanjiti bol i tugu gostujućim studentima i radnicima kako bi se ugodnije osjećali u novoj sredini. Svojim publikacijama željela je očuvati i njihov identitet. Posebno je to činio njen časopis "Der gerade Veg" (Der gerade Weg) Pravi put čiji urednik je bio dr. Balić sa svojim člancima na njemačkom, bosanskom, arapskom, engleskom, turskom i albanskom jeziku.¹⁰ Muslimanska Socijalna Služba je već u početku svog rada nailazila na velike poteškoće. One su bile uglavnom materijalne prirode. Ali zahvaljujući mudrim promišljanjima i hrabrim odlukama njenog Odbora, a prije svega dr. Balića, pronalazili su se putevi koji su vodili rješenju. Tako je na jednoj sjednici Odbora odlučeno da se treba obratiti za pomoć i uputi pisma institucijama, organizacijam, ambasadama, poznatim prijateljima, i svim ljudima dobre volje. Pola godine po osnivanju Društva, Odbor se obraća u svom prvom kružnom pismu, potpisanom i od dr. Balića, prijateljima i ističe da je - mada uz skromne materijalne mogućnosti – učinjeno mnoga toga. Pomoć su na prvom mjestu dobivale izbjeglice i "ostali bjegunci", koji

---

⁹ O ovim sekcijama vidi: Die kommunikativen Leistungen des Moslemischen Sozialdienstes 113-14.

¹⁰ O ovom časopisu, njegovim osnivačima i urednicima vidi opširnije: *H. Hadžić*, Die kommunikativen Leistungen 96-97; 114 i 121 f.; *A. Salim Hadžić*, In memoriam Akad. Prof. Dr. Smail Balić (26. 8. 1920 – 14. 3. 2002), in Selam – Friede. Unabhängige Zeitschrift Österreichs in deutscher und türkischer Sprache, 1. Jg. Heft 1, September-Oktober 05, Eylül-Ekim 05, 8-12.

"stižu obično u skromnoj ili pohabanoj odjeći i s malo ili nimalo novčanih sredstava. Ponekad se tu radilo i o čitavim porodicama. O njihovom zbrinjavanju, materijalnoj, pravnoj i moralnoj pomoći jedva bi se neko pobliže brinuo, da im ne priskoče u pomoć vjerske organizacije ili bolje reći: humanitarne organizacije na vjerskoj podlozi. Smještaj i osnovnu opskrbu pružaju im zemlje u kojima su našli azil. Poput pripadnika drugih vjeroispovijesti, i muslimani odmah po dolasku traže svoju organizaciju. Ta kud će suza nego na oko?! [...]. U posljednje vrijeme mnogo nepredviđenog posla prouzrokuju turski radnici na području Austrije. I oni se obraćaju za socijalne usluge. Treba i tu pomoći, jer je MSS međunarodno društvo, jer se radi o ljudima u nevolji i jer među njima ima izvjestan broj naših starih zemljaka, koji su u Turskoj našli novu domovinu."[11]

Početkom marta 1964. godine Odbor je u pismu upućeno akreditiranim ambasadama arapskih zemalja u Beču iznio stanje muslimana u Austriji. U pismu se traži i pomoć za kupovinu prostorija. Na to pismo je prvi reagirao tadašnji ambasador Iraka u Austriji, gosp. Jasim Mukhlis. On je priložio 500 Pfund Sterling za kupovinu prostorija. Zahvaljujući njemu i drugim prilozima od članova, dobrovoljnim prilozima austrijskih muslimana i muslimana-zemljaka iz ostalih zemalja, kupljene su prostorije u Mincgase br.3/1 u 3. Bečkom becirku. Prostorije su se sastojale od kancelarije, prijemne sobe, kabineta, predsoblja, kuhinje i podrumskog magazina.[12] U njima se odvijao rad Društva sve do 1975. godine. Tim povodom Odbor je 30. 3. 1964. godine uputio apel svim prijateljima pod naslovom "Naš europski centar" u kojem između ostalog piše:

"Jednu novu značajnu pobjedu odnijeli su ovih dana svijesni bosansko-hercegovački muslimani u iseljeništvu: nekoliko dana po Ramazanskom Bajramu predati su Muslimanskoj Socijalnoj Službi u Austriji ključevi njezinih vlastitih prostorija. Kad se uzme u obzir, da je Muslimanska Socijalna Služba, jedina humanitarna i kulturna organizacija europskih muslimana danas, osnovana tek prije godinu i po dana, i da je rad na njezinom jačanju počeo od ništa, onda ima punog razloga, da se veselimo ovom zamašnom uspjehu. I ovoga puta su pobijedili idealizam i radinost jedne male skupine. Čvrsta vjera i upornost donijeli su plodove."[13]

U apelu se mole prijatelji da stupe u članstvo ove organizacije i tako svojim stalnim prisustvom dadnu joj još čvršći i postojaniji karakter. „Treba nam Vaša pomoć. Treba nam znanih i neznanih prijatelja, bivših izbjeglica koji znaju šta su tegobe tuđine i neizbjeglica u kojima kuca srce čovještva. Sjeme koje posijete na ovoj njivi urodit će sigurno dobrim plodom. Svaki dar, bio u novcu ili odjeći, prima se sa zahvalnošću", stoji dalje u apelu. Dr. Balić se trudio i u pogledu proširenja biblioteke MSS. Zahvaljujući

---

[11] Jedan primjerak pisma se nalazi u mom privatnom posjedu.
[12] Opširnije o ovim prostorijama vidi: *Kasim Hadžić*, Džuma`a namaz u Beču, Preporod br.7 od 15. decembra 1970 / 15. Ševval 1390., 6; kao i *H. Hadžić*, Die kommunikativen Leistungen 79, 115. i tamo navedenu literaturu.
[13] Jedan primjerak ovog pisma se nalazi u mom privatnom posjedu.

njemu MSS je raspolagala solidnom bibliotekom, sa dosta knjiga na raznim jezicima, uglavnom vjerskog sadržaja. Evo šta o ovoj biblioteci kaže prof. Hadžić[14] u navedenom članku *"Džumu'a namaz u Beču"*:

> "Društvo bečkih muslimana ima i svoju lijepu biblioteku o kojoj se stara student medicine iz Teherana, veoma simpatični Ibrahim. U toj bibiloteci ima knjiga i časopisa i na srpskohrvatskom jeziku, među kojima i 'Glasnik VIS-a', a svakako je najveći broj knjiga na arapskom, turskom i njemačkom. Ne znajući za našu višejezičnost Ibrahim je iznad knjiga na srpskohrvatskom jeziku stavio natpis 'jugoslawisch'."

"List Preporod' je, u br.14, 1. april 1971/ 3. Safer 1391., str.5, pišući o uspjesima Društva u članku 'Muslimansko društvo u Beču', naveo i ovo:

> "Do godine će se navršiti 10 godina postojanja i rada društva 'Moslemischer Sozialdienst'. Osnovano prije svega radi socijalnog i kulturnog zbrinjavanja, ovo društvo se silom prilika posljednjih godina živo uključilo u vjersku akciju: obdržava mesdžid, drži vjerska predavanja i podučava vjeronauku, izdaje i širi vjersku knjigu i vodi biblioteku od kojih 1500 izrazito vjerskih djela na raznim jezicima: njemačkom, arapskom, turskom, perzijskom i srpskohrvatskom. Iako ograničenih financijskih mogućnosti (organizacija se održava članarinom i dobrovoljnim prilozima) ona je posljednje 3 godine u humanitarne svrhe utrošila oko sto hiljada austrijskih šilinga, što odgovara iznosu od kojih 50 hiljada novih jugoslovenskih dinara. U toku je akcija za osnivanje većeg mesdžida ili džamije u središtu grada. Na ovom području djeluje poseban džamijski odbor. Do sada je sabrano sto hiljada šilinga. U pripremi je jubilarna knjižica o 'Moslemischer Sozialdienst' povodom njegove 10-godišnjice. U radu se ističu pored osnivača, koji su bosanskog porijekla, još posebno neki intelektualci iz Turske, Afganistana i Irana. Okosnicu društva sačinjavaju međutim radnici. [...] Naglasak u djelovanju leži na socijalnom i kulturnom području. Rukovodioci organizacije stoje naime na stanovištu, da je u današnje vrijeme ugroženosti vjerskih vrijednosti od neumitne potrebe, da svaki musliman svojim ličnim zalaganjem i primjerom pokaže, koliko je vjerodostojno njegovo vjersko izjašnjenje. To se može najbolje postići požrtvovanošću na socijalnom i kulturnom planu. Islamski duh mora obuhvatiti sav diapazon humane djelatnosti. Nažalost pored svih naprednih zasada islama, među muslimanima današnjice ima mnogo zaostalosti. Po organiziranosti socijalne akcije mi se ne možemo mjeriti s kršćanskim svijetom. Ova činjenica se nepovoljno odražava i na naš vjerski habitus. [...] 'Muslimanska Socijalna Služba' pokušava da pruži primjer, kako se u ovom pogledu može ponovno uspostaviti izgubljena ravnoteža između muslimsnke svjetske zajednice i drugih, naprednih zajednica u svijetu. U ovom pogledu bečka muslimanska oaza zaslužuje posebnu pažnju."

Kako bi obezbijedila muslimanima u Beču i okolini da na jednom mjestu mogu svi obaviti klanjanje bajram-namaza MSS je morala izdvajati pozamašne novčane iznose. O tome je pisao i "Preporod", br. 31, 15. decembar. 1971 / 26. Ševval 1391., str. 3. Tako u članku "Tri hiljade šilinga staje namaz u Austriji", između ostalog, piše:

> "Toliko moraju položiti na sto muslimani Beča, da bi mogli klanjati u dvorani 'B' gradskog poduzeća za društvene priredbe, Wiener Stadthalle. [...]"

Pored govora o akciji za izgradnju džamije, koju su poveli akreditirani ambasadori arapskih zemalja u Austriji, u članku se dalje govori i o akciji

---

[14] K. *Hadžić*, Džumu'a namaz u Beču 6.

koju vodi i MSS za kupnju reprezentativnih prostorija u centru grada, gdje bi se mogao smjestiti i mesdžid, biblioteka s nuzprostorijama. U cilju kupovine većih prostorija Odbor MSS je osnovao posebni odbor koji je radio na sakupljanju novčanih priloga. U toj akciji posebno su se isticali Turci. No, iako je bila sakupljena veća suma novca, to nije bilo dovoljno za kupovinu većeg prostora. Zato je odlučeno da se zatraži pomoć i od Viner Cuvandererfonda (Wiener Zuwandererfond) "Bečkog Fonda doseljenika". Pismo su potpisali dr. Balić i moja malenkost 15 i odaslato je na naznačenu odresu 9. 5. 1974. godine. Tekst tog pisma glasi: Wiener Zuwandererfonds Beč, dne 9. 5. 1974 Wien I Schottenring 24. Već 10 godina nastoji ova lokalna Organizacija koja je nastala na skromnim počecima, da preuzme socijalnu i vjersku brigu o pojedincima muslimanima u Austriji koji se, kao što je poznato, sastoje uglavnom od stranih radnika. Izrazito opterećena skromna sredstva koja se skupljaju putem članarina i dobrovoljnih priloga, ne dozvoljavaju nam sveobuhvatan i sistematski rad. Najveći problem za ovdašnje strane muslimanske radnike predstavlja nedostatak odgovarajućeg prostora za molitvu i okupljanje. Molitva petkom mora se npr. iz ovog razloga, obaviti u 2 ili 3 navrata, jer naše sadašnje prostorije u Münzgasse, koje se koriste i kao mesdžid, mogu obuhvatiti tek 30 do 40 osoba. S obzirom na ovu tešku situaciju s jedne strane, i teško razmljivu ravnodušnost bogatih islamskih zemalja kod kojih smo uzaludno tražili pomoć, s druge strane, prisiljeni smo da negdje drugo potražimo razumijevanje i pomoć. Vjerujući u ekumensku solidarnost, obraćamo se ovaj put Vama i molimo Vas, prije svega u ime jugoslavenskih radnika i muslimanskih studenata, da nam pomognete da dođemo do većeg prostora za molitvu, koji će barem pružati mjesta veličine jedne Zajednice od 100 vjernika. Pri tome nas ohrabruje stav hrvatske Biskupske konferencije koja je zadnjih godina nanovo, a posebno prema bosanskim muslimanima, pokazala dobru volju i svijest solidarnosti za vjernika u nevolji. Naša Organizacija može iz sopstvenih sredstava staviti na raspolaganje oko 100.000 ATS za obezbijeđenja prijeko potrebnog mesdžida uz koji bi se morao nalaziti jedan biro za imama i prostorija za uzimanje abdesta. Mjesečna kirija ne bi smjela iznositi više od 800 ATS. Poželjan bi bio neki objekat (veći stan u prizemlju ili nešto slično) u 3. ili 4. Becirku, jer se radnici najbolje snalaze na ovom području. U očekivanju Vašeg stava, ostajemo sa osobitim poštovanjem Salim Hadžić, dekretirani

---

[15] Original ovog pisma je objavljen u: Der gerade Weg, 7 Jg. I, Neue Folge Nr. 14, Leylet-ül-mirac 1394 / August 1974, 10 pod naslovom: „Ein Brief, der entscheidende Impulse auslöste".

od Dr. Smail Balić,Vrhovnog islamskog starješinstva državni bibliotekar u Sarajevu, delegirani imam za Austriju kao predsjednik. Odgovor Fonda bio je pozitivan. Na račun Društva uplaćeno je 100.000 S. Tako su kupljene nove i odgovarajuće prostorije u 1. Bečkom becirku, u ul. Verdertorgase (Werdertorgasse) 4/2/13.[16]

© *A. Hadžić. "Scena iz prostorija u Werdertorgasse 4; april 1975. godine"*

U nove prostorije Društva počeli su pristizati muslimani raznih nacionalnosti. Posebno su bila posjećivana predavanja subotom, koja je držao i dr. Balić. Naime, ova predavanja smo držali naizmjenično nas dvojica. Njegova predavanja kao što su "Žena u Islamu", "Razumjevanju Objave", "Stavljanju skraćenice A.S. uz Poslanikovo ime", te "Stanje današnjih muslimana u svijetu" izazivala su posebnu pažnju kao i različite komentare i reakcije, o kojima ste mogli čuti i u nekim od referata koje ste ovdje slušali. Neka od tih predavanja, dakako u proširenoj verziji i s malim izmjenama, dr. Balić je objavio u časopisu Muslimanske Socijalne Službe Der gerade Weg (Pravi put) na njemačkom jeziku.

Ovdje posebno želim istaknuti Balićev rad na polju ekumenizma. On je bio korifej ekumenizma između muslimana, kršćana i jevreja. O tome će ovdje biti riječi u drugim referatima, te se ja ne ovome neću zadržavati.

[16] O ovim novim prosorijama MSS, vidi *H. Hadžić,* Die kommunikativen Leistungen 120 ff.

Ipak, želim istaći da je dr. Balić u nekim svojim stavovima bio radikalan premda je Islam uvijek otvoren za međureligijski dijalog.

II. BALIĆEV DOPRINOS PRIZNANJU ISLAMSKE VJERSKE ZAJEDNICE U AUSTRIJI

Dr. Balić je zajedno s ddr. Ahmedom Abdelrahimsaiom radio na priznanju Islamske vjerske zajednice u Austriji od samog početka rada Muslimanske Socijalne Službe 1962. godine. Ta priprema formalne i materijalne podloge utvrđena je dodatno na Godišnjoj skupštini Društva 1964. godine. Od tada pa sve do 26. 1. 1971. godine kada Odbor Muslimanske Socijalne Službe podnosi i formalnu molbu za odobrenje osnivanja Islamske vjerske općine i njezinih Statuta u Austriji bili su česti i odlasci u Ministarstvo za nastavu i umjetnost (Bundesministerium für Unterricht und Kunst). Oni ipak nisu urodili plodom, mada je i pismo od tadašnjeg Saveznog kancelara dr. Brune Krajskoga (Bruno Kreisky)[17] upućeno 15. 12. 1971. godine Odboru MSS primljeno kao ohrabrujuće uvjerenje da će priznanje uslijediti u toku naredne 1972. godine. Ali nažalost do toga nije došlo, iako je Muslimanska Socijalna Služba bila ispunila sve zahtjeve koji su bili od nje traženi. Međutim, kada od tih obećanja za brzo priznanje Islamske vjerske zajednice nije bilo ništa, dr. Balić predlaže da se ovo pitanje prenese i na širi plan, kako bi se muslimanska javnost svugdje u svijetu zauzela za brzo i pozitivno rješenje. Zahvaljujući dr. Baliću ovo pitanje razmatrano je na 7. zasijedanju Svjetske konferencije Akademije islamskih znanosti u Kairu, septembra 1972., tako što je prva tačka Dnevnog reda bila posvećena pitanju priznanju Islamske vjerske zajednice u Austriji.[18] Potom je na inicijativu dr. Balića Muslimanska Socijalna Služba organizirala posjetu Ministarstvu za nastavu i umjetnost delegacije Islamske lige iz Mekke koju je predvodio dr. Inamullah Khan i dr. Ali Kattani koja se također zauzela za priznanje Islamske vjerske zajednice u Austriji. Iako je i ovoj delegaciji je bilo obećano da će u toku 1974. godine doći do konačnog priznanja Islamske općine, ipak ni od tog obećanja nije bilo ništa. Od Odbora Muslimanske Socijalne Službe nadležno Ministarstvo je tražilo sada razna objašnjenja, ali uporni dr. Balić se nije dao zbuniti. Slao je pisma El-Azharu

---

[17] Krajski Bruno: rođen 22. 1. 1911. u Beču, a umro 29. 7. 1990. godine također u Beču, austrijski Savezni kancelar. Od svoje 1926. pripadao je Socijalističkoj radničkoj omladini. Kao Savezni kancelar Austrije bio je na ovoj funkciju od 1970. do 1983. godine.

[18] O ovoj konferenciji vidi u: Der gerade Weg – Sirati müstekim – Organ des "Moslemischen Sozialdienstes" in Österreich, Jg. VII, Neue Folge Nr. 11, Ramadan 1393 / 28. 9. 1973, 6.

u Kairo i Diyanetu u Tursku i tržio njihovu pomoć. Dobro se sjećam naše posjete Ministarstvu 16. marta i 24. aprila 1975. godine. Sjećam se kao sada njegova izlaganja kod šefa Sekcije nadležno za bogoštovlje u Ministarstvu za nastavu i umjetnost dr. Adolfa Merca (Adolf März) i njegova pomoćnika dr. Karla Anderlea (Karl Anderle). Poslije ukratko iznešenog historijata rada na pripremi oko osnivanja Islamske vjerske zajednice u Austriji dr. Balić je ukazao i na nužnost konačnog zakonskog regulisanja položaja Islama u ovoj evropskoj zemlji. Nikada prije nisam vidio da je bio tako energičan.

U toj delegaciji bili su sve sami Bošnjaci osim ddr. Ahmeda Abdelrahimsaia koji je bio Afganistanac. Dr. Balić je kao predsjednik Muslimanske Socijalne Službe predvodio delegaciju. Kada je Odbor Muslimanske Socijalne Službe podnio formalni zahtjev Ministarstvu za nastavu i umjetnost (Bundesministerium für Unterricht und Kunst) za priznanje Islamske općine 26.1.1971. dobio je podršku i od austrijskog nadbiskupa kardinala dr. Franca Keniga (Franz König)[19], Fridriha Petera (Friedrich Peter)[20], predsjednika Slobodarske stranke (FPÖ) i dr. Vilfrida Gredlera (Willfried Gredler)[21], tadašnjeg austrijskog ambasadora u Bonu. Ovaj zadnji je bio i oprobani prijatelj bosanskih muslimana. Nakon brojnih razgovora u nadležnom resornom Ministarstvu te nakon podnošenja raznih dokumenata i memoranduma dana 2. maja 1979. dobijeno je od strane bogoštovnog odsjeka spomenutog Ministarstva za nastavu i umjetnost odobrenje za osnivanje Prve Islamske vjerske zajednice u Austriji, sa sjedištem u Beču. Na redovnoj Godišnjoj skupštini Društva 29.12.1978. u prostorijama MSS u Verdertorgasse (Werdertorgasse) 4/2/13, u prvom Becirku, dr. Balić je izabran za njegovog doživotnog počasnog predsjednika. On je to i zaslužio jer je njegov doprinos priznanju Islamske vjerske zajednice u Austriji uistinu veliki. Da podsjetim da je on na onovu Statuta Vrhovnog starješinstva Islamske zajednice u Sarajevu izradio Statut Islamske vjerske zajednice u Austriji.

Na kraju, dr. Balić je u Muslimanskoj Socijalnoj Službi (i izvan nje) bio spreman pomoći svima, kojima je pomoć bila potrebna. Dijelio je svoje veliko životno iskustvo i svoju dobrotu, što ga je i osobno isticalo i

---

[19] Kenig Franc: rođen 3. 8. 1905. u Vartu (Warth), Donja Austrija, a umro 13.3. 2004. godine u Beču, austrijski kardinal. Kenig je godinama radio na uspostavljanju veza između komunističkih država i Vatikana.
[20] Fridrih Peter: rođen 13. 7. 1921 u Atnangu-Puhhajm (Attnang-Puchheim), Gornja Austrija, a umro 25.9. 2005. godine u Beču, austrijski političar.
[21] Gredler Vilfrid: rođen 12. 12. 1916. u Beču, a umro 18.11. 1994. godine isto u Beču, austrijski diplomata i političar. I on je pripadao Slobodarskoj partiji Austrije (FPÖ) koja ga je čak 1980. godine imenovala za kandidata u austrijskim predsjedničkim izborima.

odlikovalo. Sve što je radio, radio je s velikom energijom da bi dostigao cilj, a glavni cilj bio je priznanje Islamske vjerske zajednice u Austriji. Svojim vedrim i umiljatim načinom i sposobnošću za polet oduševljavao je svakoga ko je bio u ličnom kontaktu s njim. Unatoč, ali možda i baš za to što je doživio mnoga razočarenja u svom životu, bio je uvijek spreman pomoći drugima. Za tu pomoć nikada nije tražio protuuslugu. Sam je uviđao i cijenio gdje treba pomoći i pokušati smanjiti bijedu i ublažiti tugu tuđine, pogotovu u prvim talasima izbjeglica poslije Drugog svjetskog rata. Svima koji su ga poznavali ostao je u sjećanju kao ljudska, topla i velikodušna osoba.

I na samome kraju, dragi Bože, daruj mu milost Svoju i nagradi ga obilato za ono što je učinio u ime Tvoje i na putu Tvom! Amin!

REZIME

Autor ovog teksta je dekretom tadašnjeg Vrhovnog starješinstva Islamske zajednice iz Sarajeva, početkom 1973. godine, postavljen za prvog imama Muslimanske socijalne službe sa sjedištem u ul. Münzgasse 3, trećeg okruga u Beču, te je dugo godina najneposrednije sarađivao s dr. Smailom Balićem i sa njim sudjelovao u aktivnostima. Stoga autor može o ovoj temi govoriti kao neposredni svjedok. Prva godišnja skupština Društva održana je 15. septembra 1962. godine i od tada je ono bilo nosilac aktivnosti ne samo kad je bila u pitanju bošnjačka dijaspora, nego općenito Muslimani u Austriji. Tako su, godine 1974., kupljene nove i odgovarajuće prostorije u 1. bečkom okrugu, u ul. Verdertorgase (Werdertorgasse) 4/2/13 za Društvo Muslimanske socijalne službe, koje su imale i funkciju mesdžida, u kojoj je dr. Balić držao predavanja, koja su izazivala veliku pažnju. Nakon istrajnog zalaganja i podnošenja raznih dokumenata, 2. maja 1979. dobijeno je zvanično odobrenje austrijske države za osnivanje Prve islamske vjerske zajednice u Austriji sa sjedištem u Beču. Na redovnoj Godišnjoj skupštini Društva, 29. 12. 1978. godine, dr. Balić je izabran za doživotnog počasnog predsjednika MSS-a. Time mu je ukazana počast koju je dr. Balić na osnovu svog velikog doprinosa uistinu i zaslužio.

ZUSAMMENFASSUNG

Der Autor wurde anfangs 1973 mit dem Dekret der damaligen Hauptversammlung der Islamischen Glaubensgemeinschaft aus Sarajevo Anfang 1973 nach Wien entsandt und zum ersten Imam des Muslimischen Sozialdienstes mit Sitz in der Münzgasse 3 im dritten Wiener Gemeindebezirk ernannt. Er hat unmittelbar mit Dr. Balić zusammengearbeitet und in vielen seiner Aktivitäten mitgewirkt. Der Autor kann daher aus unmittelbarer Erfahrung über das Thema sprechen. Die erste Jahresversammlung der Gemeinschaft hat am 15. September 1962 stattgefunden und seitdem war diese Träger der Aktivitäten, die nicht nur für die bosniakische Diaspora zuständig war, sondern vielmehr für die Muslime in Österreich insgesamt. So wurden im Jahre 1974 neue adäquate Räumlichkeiten in der Werdertorgasse 4/2/13 im ersten Wiener Gemeindebezirk, die auch als Masdchid (Gebetshaus) dienten, für den Verein Moslemischer Sozialdienst gekauft, wo Dr. Balić' Vorlesungen große Aufmerksamkeit hervorgerufen haben. Nach einem ausdauernden Einsatz und Vorlage von zahlreichen Dokumenten wurde am 2. Mai 1979 letztendlich die offizielle Genehmigung der Republik Österreich für die Gründung der Islamischen Glaubensgemeinschaft in Österreich mit Sitz in Wien erteilt. Dr. Balić wurde bei der Jahresversamlung des Vereins am 29. Dezember 1978 zum lebenslangen Ehrenpräsidenten des Muslimischen Sozialdienstes gewählt. Eine Ehre, die Dr. Balić auf Grund seines unermüdlichen Einsatzes wie keinem Anderem gebührt.

Balić und der „Islam im Westen"
ଚ
Balić i „Islam na Zapadu"

Abdullah Salim

I. DER EUROPÄISCHE WEG – LEBEN ALS MOSLEM IN EUROPA

Zunächst einige Vorbemerkungen, die mir notwendig erscheinen, da in der öffentlichen Diskussion um die islamischen Minderheiten in Europa immer wieder Begriffe auftauchen, die unter den hier lebenden Moslems und Islamwissenschaftlern zu einer Art Glaubenskrieg geführt haben. Gemeint sind „Europäischer Islam", „Europäische Moslems" oder der seltsame Begriff „Euro-Islam". Man könne allenfalls, so die Hodschas, von einem „Islam und von Moslems in Europa" sprechen. Dagegen sei eine Debatte über einen „Euro-Islam" gänzlich ausgeschlossen, obwohl die Politik der Bundesrepublik Deutschland beispielsweise ihn favorisiert. Gleichwohl halte ich die Debatte vor dem geschichtlichen Hintergrund nicht nur für überflüssig, sondern sogar für kindisch. Die von „Islam-Experten" so gerne benutzten Begriffe „Euro-Islam" bzw. „Europäische Moslems" sind keine Wortschöpfungen, die auf die Ereignisse um den 11. September 2001 zurückgehen. Sie entstammen auch nicht der westlichen „Islamismus-Fundamentalismus" Debatte. Der Begriff „Europäische Moslems" wurde vielmehr im 19. Jahrhundert für jene Anhänger des sunnitischen Islam geprägt, die dem hanefitischen Ritus folgten. Sie sollten auf diese Weise von den arabischen Moslems unterschieden werden. Der Begriff wurde speziell für die Moslems geprägt, die in der Türkei, Russland und auf dem Balkan leben. Auch der seltsame Begriff „Euro-Islam" entstammt nicht etwa der Erfindungsgabe eines viel gelesenen Autors in Deutschland. Er taucht vielmehr bereits im November 1976 auf, und zwar aus der Feder eines Dr. A. Posselt aus Wien. So nachzulesen in der „Illustrierten Neuen Welt" (ZI IAD Europa-Archiv, Jg 1976, Stichwort „Österreich"). Merke: Auch die Türken werden in dem uns vorliegendem Dokument als europäische Moslems bezeichnet und eingeordnet! Vielleicht denken die Türkei-Gegner in der Europäischen Union – vor allem vor dem Hintergrund von bis zu fünfzehn Jahren Beitrittsverhandlungen – einmal darüber nach, wenn schon von vornherein Konflikte mit der islamischen Welt auf Dauer prognostiziert werden.

In Europa leben gegenwärtig nach einer Erhebung des Zentralinstituts Islam-Archiv-Deutschland 53,8 Millionen Moslems, davon mehr als 15 Millionen in den Ländern der Europäischen Union. Nach dem Beitritt der Balkanstaaten wird sich diese Zahl um ca 10 Millionen erhöhen. Die meisten Moslems leben im europäischen Teil Russlands, mit Abstand folgen Frankreich, Deutschland, Großbritannien, Italien, die Niederlande und Spanien. Bei anhaltender Tendenz, könnte es in zwei bis drei Jahrzehnten zu einer dramatischen Veränderung der europäischen Religionslandschaft kommen, denn der Islam ist auch ohne Türkei-Beitritt auf dem Wege, in Europa zur zweitstärksten religiösen Kraft nach der römisch-katholischen Kirche zu werden. Kämen die 78 Millionen Türken noch hinzu, könnte dieser Zeitpunkt schon früher eintreten. Umso dringlicher – so erlaube ich mir hinzuzufügen, wird der christlich-islamische Dialog werden, der sich allerdings nicht in theologischen Zirkeln erschöpfen darf. Er muss die einfachen Menschen erreichen, die mit Angehörigen der islamischen Minderheiten zusammenleben müssen. Neue Ghettos kann sich Europa nicht leisten.

Balić behandelt die Probleme der islamischen Diaspora in Westeuropa vom Standpunkt der hanefitischen Rechtsschule des sunnitischen Islam aus, zu der sich die Mehrheit der Moslems auch im Westen bekennen, dh Smail Balić steht für eine „liberale islamische Gesellschaft", denn die hanefitische Interpretationsschule hält das rein rechtliche und staatspolitische Teilgebiet der Scharia angesichts erschwerter Lebensumstände einer Diaspora- oder Minderheitensituation für aufgebbar. Einzuhalten ist von daher lediglich der kultische Teil der Scharia, nicht aber der zivil- und strafrechtliche. Die Hauptsorge der hanefitischen Schule gilt der Erhaltung der Substanz, der religiösen und moralischen Inhalte der islamischen Botschaft. Dem Gläubigen ist also ermöglicht, seine religiöse Identität auch in einer Gesellschaft zu wahren, welche die Religion in den privaten Lebensbereich verweist. Da es hier um die Kernfrage des Integrationsproblems geht – nämlich ob Christen und Moslems auf Dauer konfliktfrei und friedlich zusammenleben können – sei mir ein kurzer Exkurs in das hanefitische Recht gestattet, zumal Smail Balić von hier aus handelte und dachte. Abu Hanifa definiert ein nicht-islamisches Volk als eine Gruppe von Menschen mit den folgenden Eigenschaften, wobei angemerkt werden muss, das ein Volk, bei dem eine einzige dieser Eigenschafen fehlt, nicht als feindliches Volk angesehen werden darf.

— Vorherrschen von nicht-islamischen Lebensregeln wie, Freiheit des Ehebruchs, des Wuchers, des Alkoholgenusses, des Glückspiels und anderer von Islam verbotener Tätigkeiten und Eigenschaften;

— Gebietsgrenze zur „Welt des Islam" vor dem Hintergrund feindseliger Einstellung, verbunden mit militärischer Bedrohung, Aufenthaltsverbot für Moslem

— Ein Zustand, bei dem die Moslems und diejenigen, die unter ihrem Schutz stehen, sich nicht sicher fühlen können.

Dazu Shaikh Muhammad Abu Zahra:

„Dies sind die Attribute einer nicht-islamischen oder islamfeindlichen Gruppe. Wenn irgendeine dieser Bedingungen nicht erfüllt sind, so handelt es sich bei dem betreffenden Volk nicht um eine islamfeindliche Nation. Wenn ein Land zwar nicht die islamischen Rechtsgrundsätze durchführt, den Moslems ihre Einhaltung aber erlaubt, so handelt es sich nicht um ein feindliches Land."

Al-Kassani legt die Lehre des Abu Hanifa über ein islamisches Land so aus:

„Abu Hanifa hat ein Land als – islamisch – definiert, in dem islamisches Recht im größeren Umfang angewendet wird. Was nun feindliche Länder angeht, so hat er bestimmte Regeln aufgestellt. Abu Hanifa hat das Prädikat islamische Länder/ islamische Welt oder ungläubige Länder/ungläubige Welt, nicht etwa daran gemessen, ob die Bewohner der betreffenden Länder Moslem waren oder nicht. Für ihn galt nur ein Kriterium: ob in einem Land Rechtssicherheit für die Moslem besteht. Ein Land der Ungläubigen und Feinde des Islam ist für ihn ein Land, das zwar der Ungläubigen Rechtssicherheit gewährt, sie den Muslimen aber verweigert. Er geht also vom Faktum der Rechtssicherheit aus und nicht vom religiösen Bekenntnis seiner Bewohner. Es kommt für ihn in erster Linie auf Kriterien wie Rechtssicherheit und Rechtsunsicherheit an. Wo einem Moslem Rechtssicherheit nicht versagt wird, handelt es sich nicht um ein Gebiet der Ungläubigen. Wo Moslems sich nicht sicher fühlen können, ist die 'Welt des Unfriedens'. Wenn aber die Unsicherheit durch Sicherheit abgelöst wird, so darf nach Abu Hanifa dieses Land nicht mehr länger als 'Schlupfwinkel des Unfriedens' angesehen werden."

Daraus folgert er, daß islamische Länder zu diesen Staaten völkerrechtliche Beziehungen aufnehmen können. Daraus ist nach Al-Kassani zu schließen:

a) wenn die Gesetze eines Landes islamisch sind, dann ist das Land islamisch. Wenn das Gegenteil herrscht, ist das Land nicht islamisch, und zwar auch dann nicht, wenn es sich islamisch bezeichnet;

b) wenn ein Muslim in einem nichtislamischen Land lebt und dort Rechtssicherheit genießt und seinen Glauben frei bekennen kann, dann ist das Land, in dem er lebt, islamisch. Wenn er aber in einem Land lebt, in dem er von Rechtsunsicherheit bedroht ist und seinen Glauben nicht frei bekennen kann, so ist das betreffende Land islamfeindlich.

Ich kann vor diesem Hintergrund nicht verstehen, wenn die islamische Minderheit von Integrationsproblemen spricht und sie obendrein religiös zu begründen versucht. Dies umso weniger, da es sich bei der Mehrheit der im deutschsprachigen Raum lebenden Moslems, Türken und Bosniaken handelt. Auf der anderen Seite ist es für mich ebenfalls nicht nachvollziehbar, wenn die Politik immer noch von einer Integrationsunfähigkeit des Islam spricht. Die Haltung Österreichs ist hier eine wohltuende Ausnahme. Sie könnte zu einem echten Exportartikel in Fragen der Integration moslemischer Minderheiten in der westlichen Welt werden.

Balić stellte 1987 in der Zeitschrift „Islam und der Westen" nüchtern fest, dass der soziale Wandel den Islam weitgehend unvorbereitet vorgefunden habe. Deshalb sei er sowohl in seinen Kernländern als auch als Minderheit in der Diaspora äußerst schwach. Die Religionsgelehrten hätten zur Bewältigung der Fragen und der Probleme, die dieser soziale Umbruch mit sich gebracht habe, keine brauchbaren Rezepte zu liefern vermocht. Gegenüber den weitgehend temozentrisch orientierten christlichen und jüdischen Theologen seien sie eher der Vergangenheit verpflichtet. Ich zitiere Smail Balić:

> „In Anbetracht des erschreckenden Missbrauchs des Islam zu politischen Zwecken entsteht die Frage, ob die islamische Religion im westeuropäischen demokratischen Kontext als grundgesetzkonform zu betrachten sei. Es gibt Politiker, die diese Frage voreilig verneint haben. Zu diesem Trugschluss hat sie aller Wahrscheinlichkeit nach vornehmlich das nahöstliche terroristische Treiben im Namen des Islam verleitet. Doch nichts ist falscher als eine solche Annahme! Der Islam verurteilt ebenso entschieden wie etwa das Christentum die Übergriffe auf das Leben, die Familie und den Besitz. Der Sinn seiner Gesetze ist ja der Schutz dieser Werte."

Eine der Schlüsselfragen des Zeugnisses für Gott im säkularen Europa ist für die Moslems nach Balić Auffassung das Verhältnis von Wissen und Glauben. Sie sei im Islam immer gegenwärtig gewesen, weil in ihm die Tendenz vorherrsche, alles menschliche Tun und Denken mit den Erfordernissen der göttlichen Weisheit in Einklang zu bringen. Deshalb sei es auch das Hauptanliegen der entstehenden islamischen Theologie im achten und neunten Jahrhundert gewesen, die damals herrschenden wissenschaftlichen Erkenntnisse und philosophischen Erfahrungen in den Koran hinein zu interpretieren oder zumindest einen äußerlichen Einklang mit ihm herzustellen. Balić war davon überzeugt, dass zur Erweiterung des religiösen Bewusstseins und zur Zersprengung der gegenwärtig herrschenden Verkrustung des islamischen Lehrbetriebs ein Rückgriff auf die besten Seiten der islamischen Philosophie beitragen könnte. Diese Philosophie bewege sich bei aller prinzipiellen Treue zur

Religion in ihrem Wollen stets auf die rational erfassbare Wahrheit hin. Das sei ihr oberster Leitsatz. Balić:

„Das Abendland ist eine pluralistische Welt. Das heißt, jeder kann in ihm nach 'seiner Fasson selig sein'. Die Freiheit ist ein unschätzbares Gut. Niemand wird in eine Zwangsjacke gesteckt. Es gibt so gut wie keinen sozialen Druck. Die abendländische Kultur ist nicht mit einem bestimmten 'Lebensweg' identisch. Die Offenheit für Probleme ist allgegenwärtig. Im Abendland hat der Mensch tatsächlich bessere Möglichkeiten, seine Rolle als Stellvertreter Gottes auf Erden zu spielen, als in der islamischen Welt. Der Glaube hat im Altertum häufig das Wissen ersetzt. Diese Funktion erfüllt er in unterentwickelten Gesellschaften noch heute. Das kurzlebige Dasein des Menschen bietet ganz einfach keine Möglichkeit, die Fülle der Wahrheit zu erfassen; deshalb ist ihm der Glaube willkommen. Bei der Erkenntnisgewinnung heute geht es nicht ohne Kritik: Die Frage des Verhältnisses zwischen dem Islam und dem demokratischen, weitgehend säkularisierten Europa ist für die in diesem Teil der Welt lebenden Moslems von Lebenswichtigkeit. Sie können sich aus den hier laufenden demokratischen und emanzipatorischen Prozessen nicht heraushalten, wollen sie eine gesicherte Zukunft erwarten. Von ihrer Anpassungsfähigkeit, ihrem Anteil am gemeinsamen Leben der Nationen, in denen sie Aufnahme gefunden haben, und von einer Umstrukturierung ihres religiösen Bewusstseins im Sinne der Aufklärung hängt weitgehend ihre persönliche Prosperität ab. Mit veralteten Lebensrezepten, die in Entwicklungsländern noch ihre Gültigkeit haben können, ist ihnen nicht geholfen. Das Glaubensleben der in einer pluralistischen Gesellschaft lebenden Menschen ist auf die Entscheidungsfreiheit jedes einzelnen Bürgers angewiesen. Ein unreflektiertes Nachahmen von Lebensschablonen der Vorväter im Glauben ist hier fehl am Platz. Neue Prioritäten müssen das islamische religiöse Leben in Europa prägen. Nur als eine aus der alltäglichen Wirklichkeit herausgewachsene ständige Aufgabe und als eine optimistische Weltsicht vermag sich der Islam in diesem Raum eine Dauerexistenz zu sichern."

II. DIALOG ALS KORANISCHER AUFTRAG

Smail Balić war im wahrsten Sinne des Wortes ein Mann des Ausgleichs. In persönlichen Gesprächen zeichnete er sich durch die Tugend der Geduld aus und der Freundlichkeit. Wenn er kontrovers diskutierte, ging es ihm immer um die Sache, ohne die Persönlichkeit seines Gegenübers zu verletzen. Es wundert also nicht, wenn er dem christlich-islamischen Dialog und der Begegnung mit den Juden offen gegenüberstand, wenngleich er wusste, dass das christliche Missionsverständnis den Dialog eigentlich infrage stellt. In einem Beitrag für die „Moslemische Revue" zum christlich-islamischen Dialog weist er darauf hin, dass man „in gewissen moslemischen Kreisen die Frage stelle, was der Dialog den Moslems eigentlich bringen könne? Balić antwortet:

„Neben dem Gedankenaustausch, der gegenseitigen geistigen Befruchtung und der menschlichen Annäherung verspricht der Dialog im Besonderen eine Belebung der islamischen Hermeneutik. Das Qur'an-Verständnis bedarf sicherlich einer Vertiefung;

die methodologische Ausweitung der Hadith-Kritik kann zur Überwindung der historischen Verkrustung beitragen. Die Endform der islamischen Lehre präsentiert sich im Fiqh. Das ist die tatsächliche Hermeneutik des Islam. Die lexikalische Bedeutung des Wortes Fiqh ist: Erkenntnis, Verstehen, Einsicht. Das Verstehen der ererbten Texte und der Welt unterscheidet sich heute – im Computerzeitalter – in manchem von jenem der Vergangenheit. Der Dialog dient zum Abbau von Verstehschwierigkeiten und führt zu einer vergleichenden und verbesserten Weltsicht. In ihm lernt man mit den Herausforderungen der Zukunft besser fertig zu werden. Ein von einer wohlwollenden Gesprächsbereitschaft getragener und zielgerecht geführter Dialog gestattet keinerlei Indifferenz gegenüber dem Gesprächspartner."

Zum Wesen eines solchen Dialogs gehören, Balić zufolge, auch gefährliche, aber heilsame Anfragen. Sie würden im Verlauf des Dialogs gemeinschaftlich geklärt. Der Dialog müsse aus der Ausweglosigkeit der sich wiederholenden Monologe herausführen. Das Verweilen in ungebrochener Selbstgefälligkeit werde durch ihn gestoppt. Beim Dialog geht es demzufolge nicht nur um eine neue theologische Methode in der Begegnung mit den Menschen anderen Glaubens, sondern vor allem um die Neubestimmung der Beziehungen. Der christlich-islamische Dialog habe sowohl von islamischer als auch von christlicher Seite aus gesehen, eine Zukunft. Die ersten Anstöße zu diesem Dialog sind im Koran zu finden.

— „Du wirst finden, dass diejenigen, die sich als Christen verstehen, den Gläubigen gegenüber am freundlichsten sind" (5:82),

— „Sprich mit ihnen auf die beste Art" (16:125),

— „O Volk der Schrift, kommt herbei zu einem Wort, das gemeinsam ist zwischen uns und euch; dass wir keinen anderen denn Gott anbeten" (3:64).

Smail Balić wörtlich:

„Ist der Gegenstand des interreligiösen Dialogs die Zukunft der Menschen und die gemeinsame Verantwortung an ihr, dann steigt seine potentielle Bedeutung an. Er kann unter Umständen die Wirkungsgrenzen einer gewöhnlichen kulturellen Kommunikation weit überschreiten, weil die Religiosität vor allem eine echte, die ganze Persönlichkeit des Menschen ergreift. Mit Hinblick auf den Veranlasser gibt es verschiedene Typen der interkulturellen Kommunikation: Selbstdarstellung, Widerspiegelung eines Aussagwertes in der Erfahrungswelt der Anderen, unmittelbare Wahrnehmung eines Aussageinhaltes durch die Zeitgenossen, Übersetzung, Vermittlung von Studienergebnissen oder Dokumenten usw. Die interkulturelle Kommunikation kann sehr wohl zum Verwischen von Unterschieden beitragen, sie greift aber von Haus aus nicht das sakrale Gebiet an. Sie läuft auch nicht auf einen religiösen Synkretismus hinaus, der geistliche Armut, theologische Verwirrung und ethische Kraftlosigkeit bedeutet. Andererseits ist ein auf die Dimension der kulturellen Kommunikation zurückgeführter Dialog geeignet, gegenseitiges Verstehen und voneinander Lernen der Menschen verschiedenen Glaubens zu fördern, um eine gemeinsame Meisterung der Zukunft zu erleichtern. Der Ausgangspunkt der interreligiösen Kommunikation ist die Verwurzelung der Menschen in ihren eigenen Religionsbereichen. Der Dialog führt zu einem neuen, ausgleichenden Bewusstsein. Der Dialog kann sehr wohl die universale

Gültigkeit einer Religion Rückfragen aussetzen. Auch viele andere Erscheinungsfragen des religiösen oder des kulturellen Establishments können leicht in das Schussfeuer der Kritik geraten, wie die Mission, der Kulturimperialismus, der Europazentrismus, der so genannte „heilige Krieg", die archaische Einteilung der Welt in Zivilisierte und Barbaren (in Fiqh: Dar al-islam und Dar al-harb) uam. Der Dialog darf aber nie zu einer Polemik oder Apologetik ausarten. Die Polemik droht, den Geist auszuschalten; die Apologetik ist in der Regel einseitig und engstirnig.

Balić zeigt aber auch die Grenzen des Dialogs auf:

„Im muslimischen Glaubensverständnis begegnen sich Gott und Mensch im diesseitigen Leben lediglich in der Offenbarung. Eine Begegnung in Person wird verneint. Deshalb lehnt der Islam die Inkarnation und die Vorstellung von der göttlichen Natur Jesu Christi ab. Das ist ein schwieriger Punkt in der Dialoglandschaft. Der Islam wird kaum jemals bereit sein, über sein monotheistisches Religionsverständnis hinauszugehen, um vielleicht eine neue Gemeinsamkeit zu entdecken. Dadurch würde er sich selbst aufgeben. Die Entwicklung der modernen christlichen Theologie zeigt eher eine gewisse Bereitschaft, dem islamischen Gottesverständnis entgegenzukommen. Erwähnt seien die diesbezüglichen Anstöße, die von Hans Küng und Adolf Holl ausgegangen sind – zwei Theologen allerdings, die sich wegen ihrer Theorie mit der Kirche überworfen haben. Das kann also nicht als ein hoffnungsvoller Schimmer angesehen werden. Der Dialog ist ein langwieriger Prozess, der mit viel Geduld und Einfühlungsvermögen bedarf. Es wäre auch ein Wunder, würde sich nach einem überstürzt einberufenen Seminar und ebenso überstürzt vorgenommenen Entschließungen ein völlig neues theologisches Verhältnis zwischen zwei seit alters her bestehenden religiösen Gemeinschaften konstituiert haben. Der Gang der Dinge, die danach eingesetzt haben zeigt, dass wir von dem erstrebten Idealzustand der Ökumene leider immer noch weit entfernt sind – heute allerdings weniger als früher einmal. Trotz aller Schwierigkeiten gehen wir aber durch den Dialog und durch andere Formen der Zusammenarbeit aufeinander zu und die Entwicklung berechtigt zu einigem Optimismus."

Smail Balić hat mir 1980 für mein erstes Buch zur Geschichte des Islam in Europa ein Interview zum Spannungsfeld Mission und Dialog gegeben. Damals sagte er:

„Dialog bedeutet Öffnung mit dem Ziel des gegenseitigen Kennenlernens, bedingt die Beseitigung von Missverständnissen und motiviert die Suche nach Gemeinsamkeiten. Sein Ziel ist die Stärkung der humanen Kräfte in der Welt und – falls es sich um einen religiösen Dialog handelt – um eine tiefere Rechtfertigung des Glaubens. Steckt hinter Dialog jedoch Missionsabsicht, so haben wir es lediglich mit einem dialogisch getarnten Monolog zu tun. Ehrliche Begegnung setzt lebendige Gegenseitigkeit voraus. Die Mission, wie sie heute zumeist verstanden wird, kann mit Dialog nicht konform gehen. Hier kann vor allem dem Christentum ein Vorwurf nicht erspart bleiben: Mission beinhaltet immer ein gewisses Maß an Arroganz, sie ist von einem unbezwingbaren Sendungsbewusstsein getragen, sie bringt den Andersgläubigen etwas in Haus, was diese gar nicht gewollt haben. Mission ist so gesehen eine Art Hausfriedensbruch. Und weiter: Wir Moslems lehnen diese Art von Mission entschieden ab. Sie verletzt uns nicht nur in unserem Bekennerstolz, sie lässt vielmehr obendrein in uns das Gefühl aufkommen, das man uns für unreife Menschen hält. Auch das anmaßende kulturelle Sendungsbewusstsein der christlichen Missionare hat etwas Abstoßendes an sich. Als die einzige zulässige Missionsform würde ich ein stilles Zeugnisablegen durch gute Taten akzeptieren. Immerhin hat das Zeugnis letzten Endes seine eigene Ausstrahlungskraft. Der Islam, so Smail Balić, kennt keine Mission, die aus dem eigenen Glauben heraus die Wahrhaftigkeit aller anderen Heilswege von vornherein zur Gänze ausschließt. Die islamische Verkündigung sei lediglich ein freies Angebot: Wer es annehmen wolle, könnte darauf eingehen, wer nicht, könne es lassen. „Ich würde hier ein Gleichnis anwenden wollen: Es gehört sich für eine wirkliche Dame ganz einfach nicht, sich einem Haushalt in der Nachbarschaft als ‚ordnende Kraft' anzubieten, wenn dort gegebenenfalls eine Schlampe das Sagen hat. Das aber tut Mission in vielen Fällen bezüglich des Nächsten, wenn dieser ein Andersgläubiger ist."

ZUSAMMENFASSUNG

Anstatt auf dem Rücken der islamischen Minderheiten Wahlkämpfe auszutragen, sollten die Politiker lieber an eine gemeinsame Zukunft von Christen, Juden und Moslems in Europa denken und sie gründlich auf eine solche Entwicklung vorbereiten. Immerhin will Europa – will man der Politik Glauben schenken – ein Kontinent des Friedens sein, von dem aus kein Krieg mehr ausgehen soll. Ein Europa, in dem Menschen unterschiedlichsten Glaubens, unterschiedlicher Rasse, Herkunft, Sprachgemeinschaft oder Hautfarbe als gute Nachbarn miteinander leben können, ein Europa, in dem Vergangenheit nie wieder Zukunft werden kann. Die Statistiker unseres Instituts haben in den letzten zehn Jahren verschiedene Entwicklungsprognosen im Blick auf den Islam in Deutschland, in Gesamt-Europa und weltweit vorgelegt, die die Vorausberechnungen nichtislamischer Institute bestätigen. Dass der Islam in den kommenden fünfzig Jahren zur größten Religionsgemeinschaft der Menschheit werden wird, ist unter Statistikern kein Geheimnis. Bereits Anfang 1980 hatte das „Nationale Institut für Demographie" in Paris davon gesprochen, dass die Zahl der Moslems bis zum Jahre 2000 auf 1,5 Milliarden angewachsen sein werde und dass der Anteil der Anhänger des Islam an der Weltbevölkerung im Laufe des 21. Jahrhunderts auf wenigstens 35 Prozent ansteigen wird. Und weiter: Jeder zweite Moslem ist heute jünger als zwanzig Jahre. Das garantiert Dynamik und Jugend auf mehrere Jahrzehnte. In einem Vierteljahrhundert aber wird nicht nur Europa gealtert sein. Auch die Völker in Nordamerika, im weißen Ozeanien und in Japan werden bereits Falten im Gesicht zeigen. Dem demographischen Aufschwung der islamischen Länder werden notwendigerweise Bevölkerungsverschiebungen folgen. Die innerstaatliche Migration wird Städte wie Teheran, Algier und Kairo aufblähen, die innerislamische, die Anrainerstaaten am Persischen Golf bevölkern. Die dritte, außerislamische Migration aber wird, nach dem Pariser Institut, Schwarzafrika, Südamerika und Europa betreffen. „Die französischen Demographen haben sich mit ihrer Voraussage nicht geirrt. Bereits im Jahre 1995 wurde im Jahrbuch des Islamischen Weltkongresses (Karachi), die Zahl der Moslems weltweit mit 1,37 Milliarden angegeben.

Inzwischen gibt es darüber hinausgehende Trendmeldungen, die sogar die Aussage wagen, dass Europa mehr und mehr ein „moslemischer Kontinent" werde.

REZIME

Bolje bi bilo kad bi političari više mislili na zajedničku budućnost kršćana, jevreja i muslimana u Evropi i detaljno ih pripremili za razvoj u tom smjeru, nego da islamske manjine na svojim leđima nose teret izbora. Ukoliko se političarima može pokloniti povjerenje, Evropa je ta koja želi biti kontinent mira, odakle više nikad ne bi trebao započeti rat. Evropa u kojoj ljudi različitih rasa, porijekla, jezičkih skupina ili boje kože mogu živjeti jedni sa drugima, Evropa u kojoj prošlost nikad više ne smije postati budućnost. Statističari našeg instituta su, u pogledu na islam u Njemačkoj u zadnjih deset godina, ustanovili različite prognoze razvoja islama u cijeloj Evropi i širom svijeta, a potvrđuju ih i proračuni nemuslimanskih instituta. Nije više nikakva tajna ni među statističarima da će islam u sljedećih pedeset godina postati najveća vjerska zajednica čovječanstva. "Nacionalni institut za demografiju" u Parizu je već početkom 1980. god. izjavio da će broj muslimana do 2000. god. porasti na 1,5 milijardu i u toku 21. stoljeću činiti najmanje 35 % cjelokupnog svjetskog stanovništva. Danas je svaki drugi musliman mlađi od dvadeset godina, čime je zagarantirana dinamika i mladost za više desetina godina. Za jednu četvrtinu stoljeća neće ostariti samo stanovništvo Evrope, nego i narodi Sjeverne Amerike, bore na licima već su vidljive u Bijeloj Okeaniji i u Japanu. Geografski polet islamskih zemalja nužno će slijediti pomjeranje stanovništva. Migracije unutar država dovest će do prenaseljenosti gradova poput Teherana, Alžira i Kaira, država Pezijskog zaljeva. Treća, neislamska migracija, sudeći prema rezultatima Pariškog instituta, zahvatit će Afriku, Južnu Ameriku i Evropu. Francuski demografi nisu se prevarili u svojim procjenama: već je 1995. godine u godišnjak Islamske konferencije (Karachi) upisana brojka od 1,37 milijardi muslimana. U međuvremenu se čuju izjave da Evropa sve više i više postaje „muslimanski kontinent".

Suradnja dr. Smaila Balića u zagrebačkom časopisu „Behar"

ౚ

Die Mitarbeit von Smail Balić in der Zagreber Zeitschrift „Behar"

Ibrahim Kajan

I.

U ovom preglednom članku o suradnji dr. Smaila Balića sa zagrebačkim bošnjačkim časopisom u Zagrebu „Behar", htio bih iznijeti nekoliko podataka ne samo o prirodi objavljenih tekstova, nego, preko njih, pokušati odgovoriti i na znatiželjno pitanje zašto je, kao istaknuti kulturni radnik, prilježni znanstvenik, znalac više jezika, pokazivao upornu težnju da ga shvate i budu podjednako obaviješteni i oni koji o islamu, islamskom kulturološkom krugu i islamskom shvaćanju historije, a ne samo muslimani, o čijem je kulturno-historijskom duhu i njegovoj realizaciji pisao. Smail Balić je duboko vjerovao da nema i ne može biti tolerancije tamo gdje se ljudi ne poznaju, gdje jasno ne pokazuju jedni drugima svoja lica dobre volje, gdje jasno i nedvosmisleno ne potvrđuju svoj identitet kulturnim sadržajem vlastitog bića. Čovjek bez identiteta – nepredvidiv je čovjek i drugima, kao takav, potpuno nejasan, pa možda i opasan. To na svoj način poručuju svi njegovi tekstovi, a izravno potvrđuje pismo kojim je odbio sudjelovati na simpoziju „Povratak iskonu", u Zagrebu, u jesen 1992. godine. U tom stavu nalaze se svi drugi stavovi društvene prirode koji isijavaju iz Balićevih tekstova. Čak i površan, panoramski uvid u bezbrojne naslove tekstova koje je objavljivao u nekim malim, pa i nepoznatim emigrantskim listovima, u kratkim edukacijskim tekstovima koji poučavaju ili tek na konkretno pitanje odgovaraju, govori o njegovoj želji da korisno upotrijebi svoje spoznaje o sudbinskom predmetu svog interesa. Odgovara na pitanja od kada je nešto, kakvo je nešto i zbog čega je nešto i, za razliku od naslijeđenih spoznaja svojih učitelja, redovno upozorava na bit, na smisao, a otvoreno apelira na odbacivanje ljušture formirane predrasudama i potrošenim običajima, historijskim muljom i naplavinama čak i onih naroda kojih više nema. Kasnije će se vidjeti, već u prvim godinama demokratskih promjena u BiH, kad su ga vlastiti tekstovi približili Bošnjacima, između kojih je i sam proistekao, koliko će biti cijenjen i podržavan, ali – ruku na srce – još više opstruiran i osporavan. U prilozima koje je ponudio „Beharu", osobno ili tekstovima na njemačkom, na koje je upozorio i izrazio želju da budu prevedeni i objavljeni, prvo što je uočljivo jest baš ta tematska raznovrsnost i razvedenost od pionirskih historijskih istraživanja „prvih dodira" islama s Evropom, koje je prije njega inicirao čuveni Handžić, ali je temu, zajedno s autorom i vjerom kao takvom, komunizam „arhivirao" i bila je praktično zaboravljena sve do najnovijih vremena. „Prvi dodiri",[1] istodobno je i prvi naslov kojim dr. Balić započinje vrlo plodnu suradnju s našim časopisom godine 1993. „Posebni značaj islama za jugoistočnu Europu" (s posebnim osvrtom na Bosnu), drugi historiografski tekst iz istog tematskom izvora, objavio je pet godina kasnije, u 36. broju VII. godišta časopisa, a treći iz istog povijesnog kruga, br. 42, godinu dana kasnije.[2] Bosanski kulturni prostor za njega je predstavljao nevjerojatno bogatstvo, sa zaboravljenim imenima konkretnih pojava i duhovnih kretanja kroz povijest, a u zadnjih pedeset godina potpuno zamućenim tumačenjima, s jasnim ciljem da se Bošnjaci „operiraju od svoje kulturne historije", da se izvorna, bosansko-patarensko-muslimanska, sinkretička i islamska kulturna baština otuđi i da se odvoji baš od njih, od naroda koji ju je proizveo u historijskim vrtlozima povijesne procedure od tisuću godišta.

II.

U skupini kulturoloških priloga, Balić objavljuje tekst „Odakle je Hasanaginica",[3] dajući vrijedan prilog historiji kulture vlastitim promišljanjem o čudnoj i čudesnoj zagonetki zbiljne pozadine neusporedive balade. Daje osebujna tumačenja nekih izraza i složenog duhovnog svijeta, zatim o prepravcima balade u drugim sredinama itd. Na tradicionalnom simpoziju Zagrebačke džamije (1994. godine), Smail Balić je govorio o dvojbama u djelima Bašagića, Handžića i Mulabdića,[4] a uz 125-godišnjicu rođenja Osmana Nuri Hadžića, obnavlja uspomenu na

---

[1] Prvi dodiri, Prilog povijesti južnoslavenskih veza s islamom, Behar 1/4-6 (I-VI 1992) 13.
[2] Povijesni značaj islama za jugoistočnu Europu (s posebnim osvrtom na Bosnu), Behar 7/36 (VII-VIII 1998) 8-11, 17; Islam u Ugarskoj srednjega vijeka, Povijest, prijevod s njemačkog: *Zija Sulejmanpašić,* Behar 8/42 (V.-VI.1999) 28-31.
[3] Odakle je Hasanaginica, Behar 2/8-9 (IX-XII 1993) 25.
[4] *Istok ili Zapad, Dvojbe u djelima Bašagića, Mulabdića i Handžića,* simpozij, Behar 3/11-12 (III-VI 1994) 6-8.

također iz bosanskohercegovačke književnosti protjeranog književnika, za kojeg se tek ovih godina, prvi put u znanstvenom obliku, upozorava na njegovu osobu kao autora prvog bh. romana (u autorskoj kolaboraciji s Ivanom Milićevićem). Taj rad je objavljen u dva nastavka pod naslovom „Veliki reformator duha",[5] s posebno britkim uočavanjem Hadžićeve kritike društvene zaostalosti putem osmišljavanja islamske tradicije. Jedan od njegovih starijih tekstova polemičkog žanra, za koji naša čitateljska publika nije znala, jer je svojedobno objavljen u „Bosanskim pogledima", „Polemika o Njegošu",[6] izazvan je tadašnjim nesmiljenim komunističkim udarom na "nepropisno mišljenje" bošnjačke intelektualke (i same pjesnikinje) koja je tek ovlaš prigovorila da je neumjesno, pa i nedopustivo da bosanska muslimanska djeca moraju punih pedeset godina, pod plaštem veličine umjetničke realizacije „Gorskog vijenca", napamet učiti i pri tom uživati u stihovima „Nekršću se gore usmrđeše", „Odža riče na ravnom Cetinju", „Sve je pošlo đavoljijem tragom, zaudara zemlja Muhamedom", itd. Tekst je objavljen i kao ilustracija mračne intelektualne pozadine iz koje, sukcesivno, u historijskom ritmu, provaljuju planirani pogromi na bosanske muslimane, upozoravajući na trajno mjesto srpske nacionalističke i genocidne politike. S njemačkog je prevedena i u nas također prvi put objelodanjena, u neku ruku kao dopuna širem stavu, kao europski kontekst, ilustrativna i vrlo poučna Balićeva analiza „Islam u europskoj školi prikazan na austrijskim i bosanskim primjerima".[7]

III.

Osobito su zanimljivi Balićevi prilozi o ulozi vjere u sukobima u Bosni i Hercegovini, ali i mogućoj ulozi u edukaciji ljudi za suživot i dobre odnose. Oba objavljena priloga su, zapravo, održani ili pripremljeni referati za dva različita znanstvena skupa. Prvo ćemo o tekstu „Vjerska dimenzija sukoba u Bosni".[8] Otvarajući tekst problemskim pitanjem

---

[5] Veliki reformator duha; Osman Nuri Hadžić i kritika društvene zaostalosti putem osmišljavanja islamske tradicije, povodom 125-godišnjice rođenja, Behar 3/10 (I-II 1994) 26-27; 2. dio, Behar 3/11-12 (III-VI 1994) 30-31.
[6] Polemika oko Njegoša, Estetika kao zlo, Behar 3/14-15 (IX-XII 1994) 10-11.
[7] Islam u europskoj školi prikazan na austrijskim i bosanskim primjerima. prijevod s njemačkog: *Zija Sulejmanpašić,* Behar 10/57 (XI-XII 2001) 13-15.
[8] Vjerska dimenzija sukoba u Bosni, referat pripremljen za Međunarodni simpozij Ratni zločini u Bosanskoj krajini 1992.-1995., 22.-25. IX. 2000, Bihać), Behar 9/48-49 (V-VIII.2000) 17-20.

nacionalnog imena, Balić uočava da je donedavni naziv „Musliman" duboko prosvijetljenoj Europu predstavljao svojevrsnu dvojbu, budući da joj je posebice bilo nerazumljivo da se u razvojnim prilikama južnoeuropskih naroda „na srednjovjekovni način na Balkanu nacija poistovjećuje s vjerskom zajednicom". Iz tog tumačenja, autor sluti da, „polazeći od tog stanja, moglo bi se tvrditi da je krvavo zbivanje u Bosni 1992.-1995. imalo svoje ishodište u vjerskoj surevnjivosti", potkrepljujući to nalazima u knjizi „Weltkrieg der Religionen" (Svjetski rat religija), njemačkog kršćanskog kritičara Karlheinza Deschnera i profesora upravnog prava iz Niša Milana Petrovića. „Iz prvobitno politički motivirane agresije, rat se postupno mijenjao i poprimao posve drukčiju narav", kaže Balić, „da bi se najposlije počeo prepoznavati u 'antiislamskoj revoluciji'". U razvoju svoje teze, Balić unosi i svojevrsnu prispodobu s holokaustom, pa kaže:

> „Dok je još u Holocaustu dolazila do izražaja izvjesna crta uljuđenosti, u sjeverozapadnom Balkanu ili u Bosni bilo je, sve što se ne uklapa u jednoličnu sliku etnosa, osuđeno na posvemašnje uništenje. Od njemačkih Židova preostala su bar pojedina groblja, pa i sinagoge. "Židovsko vijeće", koje je u nevolji surađivalo s nacističkim ustanovama, moglo je ublažiti nesreću, pa i spasiti kojeg Židova. Bošnjacima kao muslimanima nije bila dana ni ta mogućnost".Gotovo bi se kao svojevrsna završnica mogao iskoristiti zloguki programski stavak iz pera akademika Ekmečića, kojim na jednom mjestu Balić ispisuje cilj srpske agresije: „Po shvaćanju Milorada Ekmečića, historičara i ideologa srpskog nacionalizma, događanja u BiH 1992.-1995. nije bilo ništa drugo nego produžetak srpskih oslobodilačkih pokreta."[9]

Referat koji je Smail Balić pročitao na Nirberškom foruma „Interreligiozni odgoj 2000. – budućnost religijskih i kulturnih susreta", 1997. godine, „Behar" je objavio pod naslovom „O međuvjerskom pomirenju u Bosni".[10] Smisao cijelog autorskog napora samo je u jednom: da se naslute, da se pronađu i osvoje mogućnosti oljuđene komunikacije, duboko vjerujući da je snažna potraga za tolerancijom spasonosno sredstvo za ukupnu bosansku situaciju. U uvodnim dijelovima, Balić naglašava, nakon što je savršeno jasno ko je krivac a ko je žrtva, da se ipak „legalna bosanska vlada može s pravom ponositi da se na području (koje je kontrolirala, op. p.) civilizacija održala", da „stanovništvo nije izgubilo mjeru", „da nema revanšizma" te da se, s druge strane „maksimalnim popuštanjem nastoji pridobiti srpsku i hrvatsku stranu za zajednički život i multikulturalno društvo", u Bosni koja je „odlučna ostati građanska demokratska i pravna država". Za taj, u to vrijeme gotovo nevidljivi cilj, Balić drži

---

[9] *Smail Balić*, Behar 9/48-49 (V-VIII 2000) 17.
[10] O međuvjerskom pomirenju u Bosnu, referat na Nirberškom foruma Interreligiozni odgoj 2000. – „Budućnost religijskih i kulturnih susreta", Nürnberg, 1997.; prijevod s njemačkog: *Zija Sulejmanpašić,* Behar 8/40-41 (I-IV 1999) 7-9.

nužnim poduzeti nekoliko važnih zahvata, među kojima je najbitniji i najnužniji – predgoj, a da "pomiriteljska djelatnost religija (nužno) donosi i plodove". Balić u primjeru riječi reisu-l-uleme dr. Mustafe ef. Cerića vidi golemu moralnu potporu svojim stavovima. Te riječi iz bajramske poruke 1997. snažno odzvanjaju životnim interesom za budućnošću:

> "Bosna je i prije opraštala onom čovjeku koji joj je iz neznanja načinio zlo i zbog toga se pokajao. Ali, onome koji je svjesno uzrokovao zlo, neće oprostiti, jer takvome samo Bog može dati oprosta."
>
> "Stupanj pomirenja treba procjenjivati po opsegu govora mržnje. Taj jezik još ni izdaleka nije napušten [...] Jezik mržnje je pomoćno sredstvo za podsticanje neprijateljstava",

pisao je Balić 1997., tražeći od vjerskih zajednica da kretanje prema cilju započne prije svega "kultiviranjem jezika pomirenja", potpunom "otvorenošću" i "ekumenskim dijalogom".

IV.

Balić je, produbljujući svoju misao o islamskim duhovnim kretanjima kroz povijest, pokušavao osmisliti, čini nam se, i svoj vlastiti – ako ne koncept – onda svakako svoju definiciju "čuvanja tradicije kao vatre, a ne pepela izgorjelih drva", "pronicanjem do duha kur'anskog slova, a ne jahanja na slovu", kako je ne jednom znao kazati i napisati. U tom smislu, najintrigantniji su neki njegovi stavovi o miješanim brakovima, o pokrivanju žene itd., izazovni ne samo, kako se to voli reći, "za konzervativnu ulemu", nego su uznemirujući doslovno svakom muslimanu uopće. Još je među nama podosta živih svjedoka Balićeva oštrog suočavanja s čitateljima, ali i u izravnim konfrontacijama na otvorenim, javnim katedrama diljem Europe. Naravno da je Smail Balić živio ne samo kao neupitan vjernik koji se "predao u Božije ruke", nego i da je bio suvereni poznavatelj Kur'ana, hadisa, historije i kretanja kroz historiju. U prvom tekstu te vrste, "Shvaćanje islama danas",[11] objavljenom u "Beharu", Balić progovara iz pozicije intelektualnog svjedoka. Piše:

> "S napetošću i žudnjom za novim saznanjima o vjeri i životnim poticajima očekivala je prije nekoliko godina velika skupina vjernika u Begovoj džamiji u Sarajevu dolazak s Orijenta najavljenog predavača [...] Ali, očekivanje predavača izvrnulo se, međutim, veoma brzo u žalosni fijasko. Njegovo predavanje je misaono bilo tako plitko i primitivno da je imalo učinak i kompromitiranja islama."

---

[11] Shvaćanje islama danas, Behar 6/30 (V-VI 1997) 16-17.

Potom autor otvara osebujnu analizu koja bi dovela mogućoj sintezi u temeljnom pitanju koje postavlja suvremeni čovjek islamskog horizonta:

> „Gdje leži pravi duh Kur'ana kao glavnog izvora islamske nauke?"

> „Misaoni pravac koji srčiku kur'anskog iskaza vidi u suhom zakonu ili u pobožnosti koja se unosi u javni politički život, nameće islamskom svijetu jedan odgovor na gornje pitanje, koje kod misaonih muslimana izaziva nespokojnost. Takvo shvaćanje Kur'ana doprinosi otuđenju. To je osobito uočljivo u onim područjima gdje muslimani žive u miješanom društvu."

Autor je i sam svjestan težine i odgovornosti kojom pokušava uopće i pristupiti temi koja je obavijena brojnim tabuima i golemim historijskim naplavinama. Jedna od takvih je, svakako, uočavanje da se

> „kulturno osvješćivanje na uzorcima davno prohujalog vremena, vjerojatno uz to još i regionalnim (recimo arapsko-pustinjskim) potrebama, ne može omogućiti pravo rješenje postojeće krize identiteta."

Živeći veći dio života u Beču, u živom središtu zapadne misli, a i sam joj pridonoseći svojom izvornom i kritičkom bosansko-islamskom inačicom, spoznao je smisao cijelog svog truda u nakani da razvidi, objasni i odgovori na jedno od zacijelo (svojih?) ključnih pitanja: Je li islamu mjesto u Europi, može li se i osjeća li se kao univerzalna religija – u njoj, kao i sve druge religije koje univerzalne jesu – „kod kuće" i „autentične"? U razmatranju „Islamsko vjeroispovijedanje u Europi"[12] (uključujući još i više cijele njegove rasprave na zadanu temu, na drugim mjestima), Balić priprema prostor za plasiranje „pronađenih ideja" svog nauma i, što je važnije, svog afirmativnog odgovora. Odgovor, dakako, podrazumijeva „misaonu katarzu", odvajanje „onoga što nije" od „onoga što jest", idući tragom temeljne literature. Primjerice, može li se namaz obaviti na materinskom jeziku? Odgovor je afirmativan i Balić ga utemeljuje na primjeru da su jednom o tome pitali Ebu Hanifu i da je on odgovorio: „Da!"

> „Sastav namaza počiva na predaji. Ako je predaja, kao što tvrde Đozo i neki drugi islamski učenjaci, idžtihad u vremenu i prostoru, onda to povlači za sobom dalekosežne posljedice",

kaže Balić i dodaje, služeći se stavkom Huseina Đoze (v. „Islam u vremenu") da

> „uostalom, pravi ibadet nema forme, nema čak ni riječi. To su najdublji, najintimniji, najsuptilniji osjećaji i doživljaji onog što je, isto tako, najsuptilnije, najuzvišenije i najljepše, što se, svakako, ne može izraziti riječima. Radi se o kategoriji iznad svih i da im damo posebne forme, mogu samo smetati i doprinijeti da oni izgube na svom intenzitetu."

---

[12] *Smail Balić*, Islamsko vjeroispovijedanje u Europi, Behar 6/31 (VII-VIII 1997) 16-18.

Potom traži razlikovanje Kur'ana kao Božijeg govora od šerijata, podvlačeći da je šerijat "većim dijelom ljudska nadgradnja" čiji se

> "tekstovi prenose skupa sa stvarnošću u kojoj su nastali, pa su otvoreni za novo osmišljavanje."

V.

Smail Balić se tri puta javio javnim pismima želeći da ih objavimo. Spominjemo ih zbog toga što pokazuju njegovu dnevnu brigu za Bosnom i Hercegovinom izloženoj agresivnim naletima srpske i crnogorske vojske, ali i (ne tako rijetkim) zločestim podvalama i insinuacijama iz dijela dirigirane zagrebačke štampe, osobito u doba hrvatsko-bošnjačkog sukoba. Prvo pismo objavljeno je u 3. broju 1992., u kojem pokazuje koliko duboko proživljava svaku, pa i najmanju nepravdu koja se nanosi bošnjačkim žrtvama, pa kaže kako ga se

> "posebno neugodno dojmilo saznanje da je i Tanja Torbarina pala na lijepak obezdušavanja naroda od kako su srpski ekstremisti započeli svoj križarskoteroristički pohod na Bosnu. Neukusnim uvlačenjem islamske molitve u svoje viđenje unesrećenih Bosanaca, ona je, uz ostalo, ogolila svoju kulturu."[13]

Drugo pismo, međutim, vrlo je važno jer iz njega, kao u kakvu zaključku, možemo očitati Balićev i moralni i intelektualni profil. Pismo je umnoženo i poslano na više adresa, pa je, na taj način, već postalo javno i prije nego što je objavljeno.Pismo je inače poslano don Anti Bakoviću, vrlo poduzimljivu i gorljivu političkom pomoćniku Tuđmanove stranačke potpore. U tom je svojstvu, taj gospodin je organizirao simpozij "Povratak iskonu", na koji je, među inima, pozvao i dobrog i plemenitog, ali, svakako, ne i naivnog dr. Smaila Balića. Pismo, s nebitnim skraćenjem, glasi:

> "Veoma poštovani Done Bakoviću! Vaše napore oko zbližavanja hrvatskog naroda i bosanskohercegovačkih muslimana, danas predstavljenih po jednim, suštinkom sadržaju nacionalnosti neprimjerenim i zbog toga zbunjujućim imenom, od srca pozdravljam. To je vid djelovanja na humanizaciji društva, za šta su moralno zaduženi svi demokratski nastrojeni intelektualci, posebno pak svećenici i drugi tumači vjere. Polazeći od pretpostavke da će se rad predviđenog zagrebačkog simpozija kretati na ovoj liniji, tj. liniji povratka zajedništvu u čovještvu, a onda i u svim drugim izražajima sudbinske povezanosti (jezičnim, kulturnim i etičkim), izrazio sam u telefonskom razgovoru s Vama pristanak da se uključim u rad simpozija. Iz Vašeg pisma od 9. 11. t. g. koje sam dobio tek 30. vidim, međutim, da zamišljeni dijaloški skup treba služiti jednoj vrsti fundamentalizma, naime povratku pretpostavljenom nacionalnom iskonu. Za me fundamentalizam bilo koje vrste – vjerski, nacionalni ili ideološki – nije prihvatljiv, jer

---

[13] *Smail Balić*, (Pismo) Kako papa ljubi zemlju, Zwerdorf, 8. 12. 1992., Behar 1/3 (XI-XII 1992) 5.

lahko isključuje refleksiju, kritičku misao, pa, dapače, ponekad – kad se preokrene u militantni aktivizam – i ideale naprednog demokratskog društva. Daleko sam od toga da Vašem – gledano iz drugog vidokruga – hvale vrijednom znanstvenom skupu imputiram takve posljedice. Mislim, međutim – i to je ovoga puta osnovno – da se ne može voditi dijalog ako se sugovorniku unaprijed osporava pravo da govori iz svog autentičnog identiteta. Imam osjećaj da je simpozij „Povratak iskonu" koncipiran upravo tako da se autentični identitet jednog od sugovornika isključuje. Bez svog identiteta je, što Vi veoma dobro znate, svaki čovjek nepredvidiv i za vanjskog promatrača neuhvatljiv te ne pruža mogućnost da ga ovaj istinski procjeni. Svoje poglede na jednu od čvorišnih misli voditeljica Simpozija te na vjerski islamski fundamentalizam, ja sam izložio u svojim knjigama „Kultura Bošnjaka", „Das unbekannte Bosnien", „Der Ruf vom Minarett" i „Der Islam und der Zeit" (u tisku). Kome su ova djela poznata, taj će lahko shvatiti zašto, nažalost, pored sve dobre volje, ne mogu prihvatiti Vaš prijateljski poziv da sudjelujem u radu Simpozija […] U nadi da ću naići na Vaše razumijevanje zbog izostanka – u protivnom slučaju bih sam sebi izdao lošu moralnu iskaznicu! – pozdravljam Vas i gospodina Idrizovića[14] i želim svako dobro hrvatskom narodu kao i svojim Bosancima i svim ljudima dobre volje. Vaš Smail Balić."[15]

REZIME

Autor ovoga teksta Ibrahim Kajan bio je urednik časopisa „Behar", koji je izlazio u Zagrebu i u kome je dr. Smail Balić sarađivao i objavio više tekstova. Kajan evocira uspomene na tu saradnju i ukratko se osvrće na Balićeve objavljene priloge, nastojeći ih ukratko interpretirati i promišljati o njima. Na kraju je ukazano na dva pisma koja je Balić objavio u „Beharu". Prvo je njegovo reagiranje na tekst novinarke Tanje Torbarine koji je ona objavila u zagrebačkom tisku u vrijeme hrvatsko-bošnjačkih ratnih sukoba i u kome je, kako je napisao Balić, „pala na lijepak obezdušavanja naroda od kako su srpski ekstremisti započeli svoj križarskoteroristički pohod na Bosnu". Drugo pismo je javno pismo don Anti Bakoviću, gorljivom političkom pomoćniku Tuđmanove stranačke potpore, povodom njegovog poziva dr. Baliću da sudjeluje na simpoziju „Povratak iskonu", koji je bio zakazan u Zagrebu. To pismo je prezentirano u ovome izlaganju. Na samome kraju svoga osvrta na saradnju s Balićem, Kajan je naveo bibliografiju tekstova Smaila Balića objavljenih u zagrebačkom „Beharu" i „Behar journalu".

---

[14] *Nusret Idrizović*, književnik, predsjednik Organizacionog odbora simpozija Povratak iskonu, koji je rađen po ideji don Ante Bakovića, glavnog organizatora i pokrovitelja.
[15] Pismo *Smaila Balića* don Anti Bakoviću, objavljeno je u Beharu 1/3 (XI-XII 1992) 12.

ZUSAMENFASSUNG

Der Autor dieses Textes, Ibrahim Kajan, war Redakteur der Zeitschrift „Behar", die in Zagreb erschien und in der Dr. Smail Balić mehrere Texte veröffentlichte. Aus den Erinnerungen an diese Zusammenarbeit sei auf zwei von Dr. Balić in der Zeitschrift veröffentlichte Briefe hingewiesen. Der erste Brief war seine Reaktion auf einen Text der Journalistin Tanja Torbarina, welchen sie in der Zagreber Presse während der kroatisch-bosniakischen Kriegsauseinandersetzungen geschrieben hat und in welchem Frau Torbarina, wie Dr. Balić schreibt, "dem Seelenraub am bosnischen Volkes auf den Leim gegangen ist und auf den christlich-terroristischen Zug der serbischen Extremisten aufgesprungen ist." Der zweite Brief war ein öffentlicher Brief an den Don Anto Baković, einem mächtigen politischen Helfer Tuđmans und Unterstützer seiner Partei, in dem es um seine Einladung an Dr. Balić zur Teilnahme am Symposium „Rückkehr zum Ursprung" ging, welches in Zagreb vereinbart war und in diesem Vortrag präsentiert wurde.

PRILOZI: BIBLIOGRAFIJA TEKSTOVA SMAILA BALIĆA OBJAVLJENIH U ZAGREBAČKOM „BEHARU" I „BEHAR JOURNALU" (PISMO)

— *Kako papa ljubi zemlju,* napisan u Zwerdorfu, 8. 12. 1992. Behar, god. I, br. 3, studeni-prosinac 1992., str. 5

— *Nepročitano pismo dr. Smaila Balića don Anti Bakoviću.* Behar, god. I, br. 3, studeni-prosinac 1992, str. 12

— *Džihad i tolerancija. Koliko ima fundamentalizma.* Behar, god. I, br. 3, studeni-prosinac 1992., str. 16-17

— *Prvi dodiri. Prilog povijesti južnoslavenskih veza s islamom.* Behar, god. I, br. 4-6, siječanj - lipanj 1993., str. 13

— *Čovjek i Bog. Razumijevanje Božje objave i islamski integralizam.* Behar, god. II., br. 7, srpanj-kolovoz 1993., str. 16-17

— *Odakle je Hasanaginica.* Behar, god. II, br. 8-9, rujan-prosinac 1993., str. 25

— *Istok ili Zapad. Dvojbe u djelima Bašagića, Mulabdića i Handžića. Simpozij.* Behar, god. III, br. 10, ožujak-lipanj 1994., str. 6-8

— *Veliki reformator duha. Osman Nuri Hadžić i kritika društvene zaostalosti putem osmišljavanja islamske tradicije.* Povodom 125. godišnjice rođenja. Behar, god. III, br. 10, siječanj-veljača 1994., str. 26-27

— *Veliki reformator duha. Osman Nuri Hadžić i kritika društvene zaostalosti putem osmišljavanja islamske tradicije.* Povodom 125. godišnjice rođenja. II. dio. Behar, god. III, br. 11-12, ožujak-lipanj 1994., str. 30-31

— *Polemika oko Njegoša.* Estetika kao zlo. Behar, god. III, br. 14-15, rujan-prosinac 1994., str. 10-11

— *Shvaćanje islama danas.* Behar, god. VI., br. 30, V-VI/1997., str. 16-17

— *Islamsko vjeroispovijedanje u Europi.* Behar, god. VI., br. 31, VII-VIII/1997., str. 16-18

— *Preporod ili vraćanje unatrag.* Behar, god. VII., br. 35, III-IV/1998., str. 10-12. Prijevod s njemačkog: Salim A. Hadžić

— *Povijesni značaj islama za jugoistočnu Europu* (S posebnim osvrtom na Bosnu). Behar, god. VII., br. 36, VII-VIII/1998., str. 8-11 i 17

— *O međuvjerskom pomirenju u Bosnu.* Referat na Nürberškom foruma „lnretreligiozni odgoj 2000 - budućnost religijskih i kulturnih susreta", Nürberg, 1997. Prijevod s njemačkog: Zija Sulejmanpašić. Behar, god. VIII., br. 40-41, 1-1V/1999., str. 7-9

— *Pismo (Smaila Balića) Ibrahimu Kajanu.* Behar, god. VII., br. 38, str. 29

— *Islam u Ugarskoj srednjega vijeka.* Povijest. Prijevod s njemačkog: Zija Sulejmanpašić, Behar, god. VIII., br. 42, V-VI/1999., str.28-31

— *„Samo moj Gospodar zna kada će bili Sudnji dan ".* Misli uz tisućljeća s islamskog gledišta. S njemačkog izvornika: Z(ija) S(ulejmanpašić). Behar, god. VIII., br. 43-44, VII-X/1999., str. 18-19

— *Vjerska dimenzija sukoba u Bosni.* Referat pripremljen za Međunarodni simpozij Ratni zločini u Bosanskoj krajini 1992-1995,22-25. IX. 2000, Bihać). Behar, god. VIII., br. 48-49, V-VIII/1999., str. 17-20

— *Božanska istina i ljudska vjera u islamu.* Odjeljak knjige Zür Logik religioser Traditionen (O logici religioznih tradicija). Prijevod: Zija Sulejmanpašić. Behar, god. X., br. 55-56, VII-X/2001., str. 25-25

— *Islam u europskoj školi prikazan na austrijskim i bosanskim primjerima.* Prijevod s njemačkog: Zija Sulejmanpašić. Behar, god.

X., br. 57, XI-XII/2001., str. 13-15 pisma, intervjui, govori (Behar Journal – prilog časopisa Behar) *Izbjeglica*. Behar Journal, ljeto 1994., br. 5, str. 11

— *Mi smo jedna od starih, reformiranih religija Europe*. Intervju. Piše Thomas Seiterich Kreuzkamp u *Publik-Forumu*. Behar Journal, br. 17, V-VI/1997., str. 9

— *Kamen-temeljac među Bošnjacima*. Zapis dr. Smaila Balića povodom preseljenja na Ahiret prof. dr. Sulejmana Mašovića. Behar Journal, br. 20, 1-11/1996., str. 6

— *Kvas bošnjaštva sačuvan je ovdje*. Govor dr. Balića. Behar Jomal, br. 23, VI-VII/1998., str. 9, 19

— Salim A. Hodžić: *Pogled u Balićevu seharu*. Behar, god. VII., Br. 35, III-IV/1998., str. 13

— Edib Muftić: *Potrebna knjiga*. Prikaz djela Kasima Amina Die Befreiung der Frau (Oslobođenje žene), uvodna studija S. Balić; Behar, god. I, br. 2, rujan – listopad, 1992, str. 21 (Priredio: I.K.)

Die Darstellung des Islams im österreichischen Schulbuch. Smail Balić als Berater in einem Forschungsprojekt
∞
Prikazivanje islama u školskim udžbenicima. Smail Balić kao savjetnik u istraživačkom projektu

Susanne Heine

I. DAS PROJEKT UND DER ANTEIL VON SMAIL BALIĆ

Anfang der 1980er Jahre rief Prof. Abdoldjavad Falaturi, Leiter der Islamischen Wissenschaftlichen Akademie in Köln, ein Forschungsprojekt ins Leben mit dem Ziel, die Schulbücher auf die sachgerechte Darstellung des Islams hin zu prüfen und damit den Schulbuchautoren Kriterien zur Korrektur an die Hand zu geben. Ihm ging es darum, stereotype Vorurteile gegenüber dem Islam aufzuklären und damit dem „Feindbild Islam" entgegenzuwirken, das eine lange Geschichte hat. Dieses Projekt wurde zuerst in Deutschland durchgeführt. Das Ergebnis, das mehrere Bände füllt, und die positive Resonanz in den Bildungsinstitutionen veranlassten Falaturi, das Projekt dann auch Ende der 1980er Jahre auf die anderen europäischen Länder auszudehnen. Dazu holte er sich ausdrücklich nicht-muslimische Wissenschaftler aus verschiedenen Disziplinen wie Religionswissenschaft, Ethnologie, Religionspädagogik, Theologie, so dass dieses Projekt auch ein Projekt zur Verständigung zwischen den Religionen wurde. Falaturi bildete ein internationales Leitungsteam, das regelmäßig in Köln zusammenkam, um Inhalte und Methoden zu akkordieren. Ich wurde mit der Leitung des Projekts in Österreich betraut, und der viel zu früh verstorbene Falaturi wurde mir ein Freund und Lehrer in muslimischer Theologie. Die Arbeit innerhalb der Länderprojekte erfolgte in engem Austausch mit muslimischen Gesprächspartnern, in Österreich mit Vertretern der staatlich offiziell anerkannten Islamischen Glaubensgemeinschaft, was zu immer noch wirksamen guten Beziehungen führte. Zudem fanden regelmäßig nationale Konferenzen statt, die fachkundige und politisch relevante Persönlichkeiten aus dem Bereich der Wissenschaft und der Schulbildung um einen Tisch versammelten, um Expertisen auszutauschen. Und dazu zählte nun auch Smail Balić. Aber das war nicht meine einzige Begegnung mit ihm. 1990 wurde die „European Association of World Religions in Education" gegründet, in der ich vier Jahre lang den zweiten Vorsitz führte. Für unsere internationalen Symposien konnten wir auch Smail Balić als Vortragenden gewinnen, der mit seinen Ausführungen über Bosnien und den bosnischen Islam vor allem den Nordländern und den Briten eine für sie bis dahin unbekannte Welt eröffnete. Diese Foren, damals von einer besonderen Aufbruchsstimmung getragen, waren für mich Plattformen einer hohen Gesprächskultur. Zu einer Gesprächskultur gehört für mich, nicht nur Höflichkeiten auszutauschen, vor Differenzen die Augen nicht zu verschließen und sich nicht nur auf Gemeinsamkeiten zu beschränken, weil damit das genuine und besondere Profil der verschiedenen Religionen verloren geht. Erst dann, wenn wirkliche Unterschiede namhaft gemacht werden, ist es möglich, der jeweils anderen Religion Respekt zu zollen. Unsere Schulbuchuntersuchung hat jedoch gezeigt, dass häufig dort Unterschiede benannt werden, wo keine bestehen, und die tatsächlichen Unterschiede gar nicht in den Blick kommen. Ein solcher Befund signalisiert Missverständnisse und Vorurteile. Es war vor allem Smail Balić, bei dem ich für diesen Zugang Unterstützung fand, was so manche Streitgespräche – im guten Sinne – einschloss, da seine Wahrnehmung des Christentums auch nicht ganz frei von Missverständnissen war. Während der Jahre bis zu seinem Tod, traf ich mit ihm auch immer wieder im Rahmen von Podiumsdiskussionen zusammen, wo wir vor Fachleuten, vor Schülern und Schülerinnen oder vor einer breiteren Öffentlichkeit über das Selbstverständnis unserer beiden Religionen diskutierten. Dabei lernte ich ihn nicht nur als einen anregenden Gesprächspartner, sondern auch als einen gläubigen Menschen kennen.

II. GEGENSTAND UND VORGANGSWEISE DES PROJEKTS

Forschungsgegenstand unseres Projektes waren alle Schulbücher, die in den offiziellen ministeriellen Schulbuchlisten für den Unterricht in allen Fächern zur Verfügung gestellt werden. Schulbücher zählen zwar nicht zur „hohen" Literatur, aber für einen Großteil der Bevölkerung waren und bleiben sie die Hauptquellen von Information und Bildung, auch der religiösen Bildung. Später treten den Heranwachsenden die Religionen meist nur noch durch die Medien in Gestalt von Skandalen oder Meldungen von Terroranschlägen extremer Gruppen entgegen. Daher sind Schulbücher für die Bildungskultur eines Landes von nicht zu unterschätzender Bedeutung. „An seinen Lesebüchern erkennt man ein Volk", schreibt Robert Minder[1]: „Ihre soziologische Funktion ist eine doppelte: sie spiegeln und sie prägen", sie spiegeln den Wissensvorrat einer Gesellschaft und zugleich prägen sie diesen. Innerhalb der Schulbildung nimmt das Schulbuch einen besonderen Platz ein, da es im täglichen Unterricht ein eigenes Medium darstellt, dessen Texte schriftlich vor Augen liegen und daher weniger flüchtig sind als das gesprochene Wort im Unterricht. In einigen neuen Schulbüchern findet sich sogar der Vermerk an die Adresse der Schüler und Schülerinnen, das Buch soll „auch zum Grundbestand deiner 'Eigenbibliothek' gehören" (105791[2]). Das Leitwort „sachgerechte Darstellung des Islams" stellte vor die Frage, was denn „sachgerecht" sei. Wir entschlossen uns, den Kriterien eines interreligiösen Gesprächs zu folgen und uns am muslimischen Selbstverständnis zu orientieren, wie es von den beteiligten Muslimen selbst eingebracht wurde, darunter von Smail Balić. Zu einer Gesprächskultur gehört auch, dass das Christentum in derselben Weise wahrgenommen wird, und das war dort Thema der Analyse, wo in den Schulbüchern selbst Vergleiche mit dem Christentum angestellt werden. Unser bildungspolitisches Ziel ging dahin, Klischees aufzuzeigen, die einem muslimischen Selbstverständnis widersprechen, unabhängig davon, wie etwa eine religionswissenschaftliche Außensicht urteilen würde. Damit ist zugleich eine situative Einschränkung formuliert, denn das Projekt kann und will nicht für die gesamte islamische Welt sprechen. Methodisch gesehen, ist die Untersuchung hermeneutisch ausgerichtet. Zunächst wurden fünf Ebenen unterschieden, auf denen Religion in Erscheinung tritt: reflektierte „Theologie" als Auslegung des Korans, ethisches Handeln als Bewährung des Glaubens, Frömmigkeitsleben (Gebet, Riten, Speisevorschriften etc.), Kulturschaffen und lebensweltliche Sitten und Bräuche. Auf diese Weise lassen sich in den Schulbüchern unterschiedliche Aussageebenen unterscheiden, und ist es möglich, auch deren Verwechslung aufzuzeigen, wenn zB lebensweltliche Sitten in verschiedenen islamischen Ländern fälschlich auf den Koran bzw die reflektierte Theologie zurückgeführt werden. Damit hängen die „schiefen Vergleiche" mit dem Christentum eng zusammen, die dann stattfinden, wenn etwa Texte aus der christlichen Bibel, wo es um

---

[1] *Robert Minder,* Soziologie der deutschen und französischen Lesebücher, in *Hermann Helmers* (Hrsg), Die Diskussion um das deutsche Lesebuch, Darmstadt 1969.

[2] *Michael Lemberger,* Durch die Vergangenheit zur Gegenwart 3, Linz ⁴2005. Die hier und im Folgenden genannten Nummern entsprechen den offiziellen Schulbuchlisten des österreichischen Unterrichtsministeriums.

den Anspruch des Glaubens geht, mit einer den Anspruch verfehlenden muslimischen Praxis verglichen werden, anstatt Anspruch mit Anspruch und Praxis mit Praxis zu vergleichen. Schließlich richtete sich das Augenmerk auf die Perspektivität, die die Darstellung des Islams oft sehr unterschwellig beeinflusst, wie zB eine christliche, eine allgemein-religiöse, eine heimatkundlich-nationale, eine kulturorientierte Perspektive oder die Perspektive der Aufklärungskultur.

III. ERGEBNISSE

Der Band, den ich als Leiterin der Sektion Österreich publiziert habe, „Islam zwischen Selbstbild und Klischee", erschien 1995.[3] Wir hatten insgesamt mehr als 1000 Schulbücher aller relevanten Fächer gesichtet, einschließlich der Lehrerhandbücher, und diejenigen Bücher, die Aussagen über den Islam enthalten. Sie zeichnen ein sehr unterschiedliches Bild von dieser Religion – übrigens auch vom Christentum. Viele Bücher, die freilich heute nicht mehr in Gebrauch sind, schrieben das vorurteilsbesetzte Image des Islams fort. Nun hat sich seit dem Jahr 2000 in vielen Fächern der Lehrplan geändert; in der Folge wurden auch viele der damals untersuchten Bücher aus den Listen gestrichen und durch neue ersetzt. Daraufhin begannen wir im Rahmen meines Instituts im Oktober 2005 mit einer Nachuntersuchung. Die bisherige Sichtung der neuen Bücher ergab einen zwiespältigen Befund: Einerseits lassen sich immer weniger vorurteilsbesetzte Darstellungen des Islams finden; vorbildlich dafür ist ein Buch für den Ethikunterricht, das sich auch mit den Unterschieden zwischen den Religionen befasst und die Differenzen vorurteilsfrei aufzeigt (110308[4]). Andererseits wird der Islam seltener thematisiert. Die Frage, ob der Eindruck zutrifft, dass dieses Thema, das inzwischen an politischer Brisanz gewonnen hat, zunehmender Vermeidung unterliegt, kann erst nach Abschluss der Nachuntersuchung beantwortet werden. Freilich darf man nicht vergessen, dass auch solche Bücher, die nicht mehr Verwendung finden, viele Generationen von Schülern und Schülerinnen geprägt haben. Im Folgenden sollen nun einige exemplarische Ergebnisse aus noch in Gebrauch befindlichen sowie neuen Schulbüchern vorgestellt werden. Die christliche Perspektive z.B. wird häufig nicht direkt ausge-

---

[3] *Susanne Heine,* Islam zwischen Selbstbild und Klischee. Eine Religion im österreichischen Schulbuch, Köln · Weimar · Wien 1995.
[4] *Karl-Heinz Auer* (Hrsg), Perpektiven. Menschsein im Spannungsfeld ethischer Normen, Wien 2003.

sprochen, sondern tritt unterschwellig in tendenziösen Formulierungen auf, wenn es etwa heißt (4048, 124[5]):

> „Mohammed lernte auf Handelsreisen das Christentum und das Judentum kennen und wurde von diesen Religionen sehr ergriffen. […] Doch Mohammed hat wohl manches nicht richtig verstanden. […] Gott nannte er Allah, und diesem wurden alle Worte, die Mohammed in den Koran schrieb, zugerechnet."

Dies erweckt, entgegen muslimischem Selbstverständnis, den Eindruck, der Koran sei ein „Machwerk" Mohammeds. Durch diese Darstellung schwingt zudem eine Unterstellung mit: Hätte Mohammed das Christentum verstanden, wäre er Christ geworden, ohne eine neue Religion zu gründen. Ein anderes Buch hingegen spricht korrekt aus, warum Muslime nicht „Mohammedaner" genannt werden wollen (4113, 52[6]; vgl. 4156, 120[7]):

> „Im Islam steht der Koran (Lesung) und nicht die Person des Propheten im Mittelpunkt."

Die mangelnde Unterscheidung zwischen Intention und jeweils konkreter Lebensform stellt in manchen Büchern ein Problem dar. So heißt es etwa:

> „Für seine Gläubigen ist der Islam die beste Religion, weil er allein die Antwort auf alle Lebensfragen geben und alle Probleme der Welt lösen kann. Deshalb lässt sich die Religion auch nicht von einzelnen Bereichen des Lebens trennen. Privatleben, Staat, Kunst, Arbeit, Freizeit – alles soll von den Grundsätzen des Islam geprägt sein, von der 'unbedingten Hingabe an Gott'." (115190[8], 96)

Das kann nun ebenso für die Intention gläubiger Christen gesagt werden, der durch Jahrhunderte hindurch auch eine Wirklichkeit entsprach. Und umgekehrt entsprach die Lebensform von Muslimen nicht überall einer solchen Intention. In Europa stehen beide Religionen vor einer neuen Situation – die einen schon länger, die anderen kürzer –, die zur Adaption einer solchen Intention herausfordert. Oder: Wenn als Besonderheit des Islams betont wird, der Koran „existiert seit Ewigkeit bei Gott" (115190, 100), dann sollte nicht verschwiegen werden, dass dies auch für die jüdische Tora und für Christus als Medien der Offenbarung Gottes gilt. Schiefe Vergleiche finden sich zuweilen auch in den neuen Büchern, wenn etwa Zeitdifferenzen nicht beachtet werden. So wird zB vom „sehr frühen Christentum" gesagt, das „Heil im Jenseits" sei wichtiger als die Gestaltung einer irdischen Ordnung, um dem dann die Rechtsordnung des

---

[5] *Albert Höfer et alii,* Glaubensbuch 6, Wien 1988.
[6] *Adolf Karlinger et alii,* Wem glauben? – AHS 5, Klagenfurt 1986.
[7] *Projektgruppe HS,* Komm mit – nimm dein Leben in die Hand, Religionsbuch 8, Wien 1990.
[8] *Autorengruppe KEPT,* Thema: Religion 3 und Materialien, Klagenfurt 2004, enthält ein eigenes Kapitel über den Islam: 95-112.

Islams als Unterschied gegenüberzustellen (834814-10[9], 223). Im frühen Islam trat Mohammed aber auch als eschatologischer Prophet auf, und um die „irdische Ordnung" kümmerten sich die Christen intensiv spätestens seit Mitte des 1. Jahrhunderts. Der Unterschied liegt woanders, nämlich zwischen der Etablierung der Umma als eines eigenen „Staates" und der Organisation von christlichen Gemeinden innerhalb verschiedener Staatsformen aufgrund unterschiedlicher Zeitumstände. Vorbildlich hingegen geht ein Buch mit dem Vergleich um, das die Differenz von Anspruch und Praxis im Zusammenhang mit dem Thema der Kreuzzüge aufgreift (1198, 116[10]). Die Schüler werden nicht aufgefordert, Christen und Muslime zu vergleichen, sondern bei beiden auf das Verhältnis von innerer Motivation und tatsächlichem Verhalten zu achten:

„Vergleichen Sie das Verhalten der Kreuzritter mit der Motivation der Kreuzritter."

Im dazugehörigen Lehrerhandbuch lautet auch das entsprechende Lernziel (40):

„Die Texte sollen der Klasse Einblicke geben [...] in den Gegensatz zwischen einer leitenden Idee und der ganz anders aussehenden Praxis."

Geschichtskenntnisse lassen zuweilen zu Wünschen übrig, wenn es heißt:

„Nach der Vertreibung und Ermordung der in Medina ansässigen Juden vereinigten sich die Anhänger des Propheten zu einem religiösen Gemeinwesen." (105326[11], 234)

Die Juden in Medina standen jedoch zunächst innerhalb des muslimischen Gemeinwesens in einem gleichberechtigten Vertragsverhältnis mit den Muslimen. Erst als es zum Konflikt mit den Juden kam, wurde diese teils vertrieben, teils ermordet. Der Fundamentalismus ist ein Thema, das nicht immer in seiner ganzen Komplexität aufscheint. In den alten Büchern wurde er häufig mit Orthodoxie bzw. Rechtgläubigkeit verwechselt. In den neuen Büchern zeigt sich ein differenzierteres Bild. So erwähnt ein Ethikbuch den islamischen Fundamentalismus als eine Richtung unter anderen, die den Koran wörtlich nimmt gegenüber einer Auslegung, die auch historische Umstände berücksichtigt; es wird auf unterschiedliche Aussagen des Korans und auf verschiedene Schulen und Interpretationen verwiesen (110308, 126f.). Ein Buch zu Geographie und Wirtschaftskunde thematisiert auch die sozial-politischen Hintergründe wie etwa eine schlechte Wirtschaftslage oder die Reaktion auf einen Westen, der islamische Länder ökonomisch, militärisch und kulturell überfährt, so dass

---

[9] *Anita Kitzberger & Maria Eugen Schulak*, Für & Wider. Arbeits- und Lesebuch der Ethik 1, Wien 2002.
[10] *Norbert Griesmayer, Helmut Lang, Christine Wildner & Paul Wildner*, Impulse, Band 2, Neubearbeitung, Wien 1989-1992.
[11] FN 9.

es zur Rückbesinnung auf eigene religiöse Werte kommt (111070[12],164f.).
In manchen Büchern entsteht allerdings der Eindruck, dass sich der
Fundamentalismus auf den Islam beschränkt. Demgegenüber bringen
andere Bücher zur Charakterisierung fundamentalistischer Strömungen
– auch in Judentum und Christentum – weitere Aspekte ein wie die
Gegenreaktion auf „beschleunigende Individualisierung und Pluralisierung", verbunden mit Sinnverlust und Identitätssuche, die erzwungene
Anpassung an die Industriezivilisation bzw. die Abwehr einer „imperialistischen Zivilisationsmission" oder der Kampf um politische Freiheit
(106278[13], 35; 115192[14], 147; vgl auch: 111032, 95; 110170[15], 114f.;
105332[16], 63; 101096[17], 122). Leider werden je nach Fach unterschiedliche Schwerpunkte gesetzt und andere Dimensionen vernachlässigt, so
dass kein umfassendes Bild entsteht. Einige wichtige Momente bleiben
ausgeblendet wie: die Geschichte des Kolonialismus, die nicht nur mit
Ausbeutung, sondern auch mit Demütigung zu tun hat, so dass im Islam
versucht wird, durch eine Gesellschaft nach medinischem Vorbild wieder
Selbstbewusstsein zu gewinnen; die Reaktion auf die arrogante Seite der
Aufklärungskultur, die Religionen und religiös motivierte Menschen
grundsätzlich als vernunftlos und verblendet ansieht; die oppositionelle
Bindung an die „Moderne", was sich an der empirischen Orientierung
zeigt, die geschichtliche Fakten mit Glaubenswahrheit vermengt und miteinander identifiziert. Manche missverständliche und vorurteilsbesetzte
Details finden sich immer noch. So ist nach wie vor von der „Flucht"
nach Medina die Rede (z.B. 110308, 127; 110516[18], 85; 100063[19], 87).
Von der Ehe Mohammeds mit einer reichen Kaufmannswitwe heißt
es, er habe sich damit dem Zwang entzogen, den täglichen Unterhalt
verdienen zu müssen (111032[20], 92). Und immer noch wird als erste der
„Fünf Säulen" nicht das Bekenntnis zum einen Gott, vielmehr werden
die Kenntnis des Korans (110516, 85) oder die „kultische Reinheit" genannt, also Waschungen vor dem Gebet und Verbot von Schweinefleisch

---

[12] *Manfred Derflinger, Gottfried Menschik, Maria Hofmann-Schneller & Tutschek Wilhelm,* Vernetzungen – Wirtschaftsgeografie I HLW, Linz 2004.

[13] *Herbert Dachs & Heinz Fassmann,* Politische Bildung, Wien 2002.

[14] *Michael Lemberger,* Durch die Vergangenheit zur Gegenwart 6, Linz 2002.

[15] *Ulrike Ebenhoch, Alois Scheucher & Anton Wald,* Zeitbilder 4 neu, Wien 2002.

[16] *Erlefried Schröckenfuchs & Gerhard Huber,* Einst und Heute 8, Wien 2002.

[17] *Anna Wegl, Rudolf Rebhandl, Friedrich Öhl, Heinz Franzmair, Michael Eigner, Fred Burda & Karl Brunner,* Zeitzeichen – Geschichte und politische Bildung 5 HTL, Linz 2004.

[18] *Helmut Hammerschmid, Petra Öller & Wolfgang Pramper,* Geschichte live 2, Linz [4]2003.

[19] *Gerhard Huber,* Einst und heute 2, Wien 2001.

[20] *Erlefried Schröckenfuchs & Gerhard Huber,* Streifzüge durch die Geschichte 5, Wien 2003, [5]2007.

und Alkohol (111032, 92). Generell jedoch dominiert die Intention, die Schüler und Schülerinnen zur Verständigung zwischen den Religionen, unterschiedlichen Ethnien und Kulturen und zu einem friedlichen Miteinander hinzuführen. Smail Balić, dessen wir in diesen Tagen Gedenken, ist uns darin bis heute ein gelebtes Vorbild.

ZUSAMMENFASSUNG

Anfang der 1980er Jahre rief Prof. Abdoldjavad Falaturi, Leiter der Islamischen Wissenschaftlichen Akademie in Köln, ein Forschungsprojekt ins Leben mit dem Ziel, Schulbücher auf die sachgerechte Darstellung des Islams hin zu prüfen und damit den Schulbuchautoren Kriterien zur Korrektur an die Hand zu geben. Nach dem Start in Deutschland wurde das Projekt auf andere europäische Länder ausgedehnt. Ich wurde mit der Leitung des Projekts in Österreich betraut, und der viel zu früh verstorbene Falaturi wurde mir ein Freund und Lehrer in muslimischer Theologie. Bei den regelmäßigen nationalen Konferenzen zur Realisierung des Projekts war Smail Balić ein wichtiger Experte. Schon davor konnten wir ihn als Vortragenden für die „European Association of World Religions in Education" gewinnen, und er war es, der mit seinen Ausführungen über Bosnien und den bosnischen Islam vor allem den Nordländern und den Briten eine für sie bis dahin unbekannte Welt eröffnete. Das Schulbuchprojekt stellte sich die Aufgabe einer sachgerechten Darstellung des Islams, und das heißt einer Orientierung am muslimischen Selbstverständnis. Das bildungspolitische Ziel ging dahin, Klischees aufzuzeigen, die einem muslimischen Selbstverständnis widersprechen, unabhängig davon, wie etwa eine religionswissenschaftliche Außensicht urteilen würde. Das schien umso wichtiger, als Schulbücher zwar nicht zur „hohen" Literatur zählen, aber für einen Großteil der Bevölkerung die Hauptquellen von Information und Bildung waren und bleiben. Methodisch wurden fünf Ebenen unterschieden, auf denen Religion in Erscheinung tritt: reflektierte „Theologie" als Auslegung des Korans, ethisches Handeln als Bewährung des Glaubens, Frömmigkeitsleben (Gebet, Riten, Speisevorschriften etc.), Kulturschaffen sowie lebensweltliche Sitten und Bräuche. Die Unterscheidung dieser Aussageebenen verhindert schiefe Vergleiche auch zwischen den Religionen. Die Ergebnisse der österreichischen Untersuchung wurden nach Durchsicht von mehr als

1000 Schulbüchern 1995 publiziert.[21] Die Ende 2005 begonnene Nachuntersuchung zeigt, dass vorurteilsbesetzte Darstellungen des Islams geringer geworden sind, der Islam aber insgesamt seltener thematisiert wird. Freilich muss der abschließende Befund noch abgewartet werden.

Die Problematik des Islambildes ergibt sich zum Teil aus einer einseitig christlichen Perspektive, aus der mangelnden Unterscheidung zwischen Intention und konkreter Lebensform und daraus entstehenden schiefen Vergleichen. Immer noch lassen Geschichtskenntnisse zu wünschen übrig und wird der Fundamentalismus nicht in seiner ganzen Komplexität erfasst. Generell jedoch dominiert die Intention, die Schüler und Schülerinnen zur Verständigung zwischen den Religionen, unterschiedlichen Ethnien und Kulturen und zu einem friedlichen Miteinander hinzuführen. Smail Balić ist uns darin bis heute ein gelebtes Vorbild.

REZIME

Profesor Abdoldjavad Falalturi, rukovodilac Islamske naučne akademije u Kölnu početkom osamdesetih godina pokrenuo je naučni projekt sa ciljem da provede provjeru predstavljanja islama u školskim udžbenicima te da samim tim da upute autorima školskih udžbenika kako će obaviti korekciju tekstova. Projekt je pokrenut u Njemačkoj te se, kasnije, proširio i na druge evropske zemlje. Za vođenje projekta u Austriji bila sam ja zadužena, a prerano preminuli Falalturi postao je moj prijatelj i učitelj muslimanske teologije. Smail Balić je bio važan ekspert na redovnim nacionalnim konferencijama koje su održavane u okviru realiziranja spomenutog projekta. Još i prije toga smo ga uspjeli pridobiti kao izlagača na „European Association of World Religions in Education" i on je bio taj koji je svojim izlaganjima o Bosni i bosanskom islamu otvorio vrata, prije svega, Britancima i stanovnicima sjevernih zemalja do njima tada nepoznatog svijeta. Projekt školskih udžbenika imao je zadatak da stručno predstavi islam, što je značilo da je bila potrebna orijentacija na muslimanskom razumijevanju islama. Prosvjetnopolitički cilj sezao je ka prikazivanju klišeja koji su bili u suprotnosti sa muslimanskim razumijevanjem, neovisno o tome kako bi to možda ocijenili neki vjerskonaučni pogledi. To nam se učinilo još važnijim

---

[21] *Susanne Heine*, Islam zwischen Selbstbild und Klischee. Eine Religion im österreichischen Schulbuch, Köln · Weimar · Wien 1995.

stoga što se školski udžbenici ne ubrajaju u „visoku" literaturu, ali su ipak bili i ostali osnovni izvor informiranja i obrazovanja velikog dijela stanovništva. Metodološki smo razlikovali pet ravni kod kojih religija dolazi do izražaja: reflektirajuća teologija kao tumačenje Kur´na, etičko djelovanje kao uslov vjere, pobožno življenje (molitva, pravila ishrane itd.), kultura te ovosvjetski običaji. Razlikovanje ovih ravni sprječava pogrešnu uporedbu između religija. Rezultati austrijskih istraživanja publicirani su 1995. godine, nakon izvršene kontrole na više od hiljadu primjeraka školskih udžbenika.[22] Ponovna istraživanja, započeta 2005. godine, pokazala su da su smanjene predrasude u predstavljanju islama te da je islam u cjelini rjeđe tematiziran. Ali, svakako se mora pričekati na završni rezultat istraživanja. Problematika slike o islamu proizlazi djelimično iz jednostrane kršćanske perspektive, manjkavog razlikovanja između intencije i konkretne životne forme i iz toga proizašlih pogrešnih poređenja. Još uvijek je prisutan nedostatak poznavanja historije te se fundamentalizam ne obuhvata u njegovoj potpunoj kompleksnosti. Ipak, generalno dominira intencija koja učenice i učenike vodi ka razumijevanju religija, različitih etnija i kultura i mirnom suživotu. Smail Balić nam pri tome do danas predstavlja primjer.

---

[22] *Susanne Heine,* Islam zwischen Selbstbild und Klischee. Eine Religion im österreichischen Schulbuch, Köln · Weimar · Wien 1995.

IV

SMAIL BALIĆ IM INTERRELIGIÖSEN DIALOG
&
SMAIL BALIĆ U INTERRELIGIJSKOM DIJALOGU

Balićev interkonfesionalizam
&
Die Interkonfessionalität bei Balić

Salih Jalimam

Samo spominjanje dr. Smaila Balića izaziva veliki broj asocijacija, koje, svaka na svoj način, upućuju na neki njegov intelektualni angažman, djelatnost, prisutnost. Okolnosti su uticale da se ovom prigodom ukaže na neke iz velikog broja stručnih, naučnih, političkih, organizacijskih, jednostavnije rečeno mnogoznačnih angažmana. I figurativno i stvarno, profesor Smail Balić stvorio je impresivno djelo i već sada je moguće identificirati njegove stvarne rezultate, istražiti ih i vidjeti i ono što se samo u obrisima nazire, što je još Leo Špicer nazvao „duhovnim etimonom" jedne ličnosti i njegovog djela, nešto kao središte, stožer oko čega i ka čemu sve ostalo gravitira „ne narušavajući njegovu bitnost i suštinu". Svi koji danas pokušavaju napisati njegov duhovni životopis, svi koji to pokušavamo, zatečeni su brojnim afirmativnim činjenicama. Konstatacija Sidni Li da je „predmet životopisa istinita transmisija jedne ličnosti" primjenjiva je i na Balićevom primjeru i može nas daleko odvesti na raskršće politike, društva, historije i psihologije i potvrđuje da „dobra biografija nadmašuje prosječnost i prerasta u umjetničku formu". Čitajući Balićeve tekstove, prateći njegov angažman, znajući ga lično, možemo reći da je po svemu čovjek izuzetne, atraktivne biografije, koji je nosio odijelo svoga vremena, ali koji nikad nije bježao od toga da je to i njegovo vlastito vrijeme. Prije samog ukazivanja na brojne istraživačke zahvate u kojima prvo i nezaobilazno mjesto zauzima profesor Smail Balić, mora se ukazati na dvije, prema našem sudu, dominantne odrednice Balićevog rada i doprinosa. To su profil naučnika-historičara bosanskohercegovačke duhovne i kulturne prošlosti i istraživača-tumača mnogih dilema unutar vjera, koje su se precizno spojile u jednom periodu njegova života. Smail Balić upušta se u dijalog sa historičarima, teolozima, filozofima, sociolozima, pravnicima, sve sa željom da svoj dar za istraživanje podijeli sa duhovnim srodnicima, istovremeno da nauci povrati dostojanstvo koje je izgubila ili nije ni imala. Duhovni etimon koji spaja i jednu i drugu djelatnost su historija, kultura i vjera srednjovjekovne i osmanske Bosne i Hercegovine, kojoj se dr. Smail Balić u potpunosti posvetio i o čemu je napisao desetine studija, rasprava, članaka, opservacija, osvrta. Posebnu pažnju traži njegova posvećenost bosanskohercegovačkoj kulturnoj i duhovnoj baštini, njenim tajanstvenim, nepoznatim ljepotama i njenim nepreglednim hirovim profesoru Smailu Baliću treba zahvaliti što je uočio i snažno naglasio jednu komponentu, prema našem sudu, od velike važnosti, koja se može prepoznavati i u izvanvjerskom, a prema geografskim, historijskim, kulturnim i jezičkim mehanizmima. Riječ je o različitim mentalitetima koji oblikuju i određuju vjeru i vjerski život, ali iz kojih, opet, nastaju drukčija mišljenja, koja su postala izvorišta i temelj budućih mimoilaženja, shvatanja i ocijenjivanja, koja su u nekim prilikama narasla do samih dogmatskih razlika. Smail Balić uočava tu bitnu različitost mentaliteta – načina mišljenja, življenja i izražanja koju su različiti narodi, jezici i različiti historijski razvoj još više izoštrili i doveli do toga da se pojedine „vlastitosti" u pojedinim vjerama smatraju isključivim oblikom izražavanja i prenošenja vjerske istine. Mnogo toga vezanog za istraživanje historije „razmoilaženja" u vjerama, dr. Smail Balić zorno, historijski fundirano prepoznaje, prije svega kao dobar kulturni historičar koji je smatrao nužnim prvenstveno istražiti izvorne uzroke i motive u pitanjima interkonfesionalnosti. Tu se vidi njegov argumentiran i jak napor kojim je dijagnosticirao i znalački otkrivao boljke historijskih „različitosti", ali i vezanosti, najčešće na primjerima iz historije Evrope, ali i historije srednjovjekovne i osmanske Bosne i Hercegovine. Tu se mora izdvojiti njegov vrlo inspirativan i zahtjevan diskurs o Crkvi bosanskoj i ulozi derviša u dolasku i prihvatanju islama u Bosni i Hercegovini koji su otvarali sporove i rasprave ili su išli stranputicom. Što se tiče samih pedagoških načela i načina provođenja približavanja i proučavanja zajedničkog pologa vjera, dr. Smail Balić je brojnim studijama, raspravana i člancima iz historije, kulture, civilizacije, baštine, vjere, Crkve bosanske, umjetnosti, upozoravao da su u najvećoj mjeri neophodno potrebni respekt i međusobno poštovanje te se treba pridržavati i držati u granicama pristojnosti i lijepog odgoja. Sve ovo, prema Balićevom mišljenju, pretpostavlja odgovarajući dijalog, zajednički susret i komuniciranje, argumentiran pristup brojnim neriješenim pitanjima i problemima. Njegovo mišljenje potiče na poštenje u samim namjerama i na iskreno istraživanje zajedničkog i istinskog dobra i na tim osnovama, kako tvrdi dr. Smail Balić, otvaraju se mogućnosti istraživanja zajedničkog i istinskog dobra, pretpostavlja se nastanak plodnog misaonog napora bogatog značenjima i time se otvaraju mogućnosti određenog dijaloga među vjerama, zajednički susret i komuniciranje. Između ostalog, na primjeru naučnog djela profesora Smaila Balića može se tvrditi da se, i pored konstantnih podložnosti mnogim promjenama, prije svih tzv. progresivnim nastojanjima, mehanizmi interkonfesionalizma u XX. vijeku mijenjaju i istraživačko-naučnim naporima i traganjima darovitih i upornih istraživača, među koje uvrštavamo i profesora Smaila Balića. Oni su svaki na svoj način mijenjali ranija znanja o prošlosti ili nekom historijskom problemu, uspostavljali novi ugao posmatranja i istraživačkog zahvata i time metodološki mehanizam stavljali u onu ravan kroz koji se prepoznaje misao Gustava Eriha von Grunebauma da je

„povijesnost bit ljudske egzistencije, a čovjekov pogled upravljen budućnosti pretvara u njegovoj svijesti neartikulirano vrijeme u povijesno vrijeme. Samo se povijesno vrijeme može smatrati za vrijeme bogato značenjima."

Balićev intekonfesionalizam je historijski fundirana slika svijeta bogata značenjima u kontekstu Grunebaumova mišljenja po svim receptima modernog historijskog istraživanja, koja u sebi nosi svu težinu tekovina državnog, društvenog, narodonosnog i vjerskog bića Evrope XX. vijeka, ali i punoću „nove osjećanosti" historijske datosti kojom je Smail Balić s pravom vladao i nametnuo je kao bitan segment svih njegovih istraživanja. Bez dileme, Balićevo pisano djelo, usmeno saopćenje i svaki drugi kontakt sa islamom, katoličanstvom, pravoslavljem i židovstvom siguran je i vrijedan parametar postojanosti dijaloga među njima i, time, jake pretpostavke interkonfesionalizma. Kad se govori o Baliću kao tumaču interkonfesionalizma neophodno je ukazati na osoben zahtjev da se njegovo mišljenje i tumačenje prihvati kao zorno stanovište znanstveno-istraživačke discipline. Time se otvara cijeli niz pitanja i problema od toga da se, u okolnostima burnih promjena u svijetu vjere, interkonfesionalizam sve više udaljava od svojih temeljnih određenja. Kao takvo, Balićevo mišljenje je na tragu interkonfesionalnog dijaloga, preciznije riječ je više o prethodnoj dispoziciji, raspoloženju da se ostvari sami dijalog. Dva kategorijalna stava: racionalni i duhovni, nadopunjuju se i prizivaju kao korelativi. Bilo da je riječ o neusuglašenim tačkama, koji su razlog i predmet različitosti među vjerama, bilo da se razmišlja i ispituje stanje naučnih dostignuća i samog preciziranja historijskog razvoja, uvijek se govori o distiktivnom karakteru takvog djelovanja koji je bliži Kjekegorovom „svetom lancu" trajanja; istovremeno, to je i niz prenošenja i poštovanja ranije učinjenog i napisanog. Kod balića kao autora to je vidljivo na svim nivoima djelovanja. Dr. Smail Balić pokušao je i, prema svim relevantnim tumačima njegovog pisanog djela, uspio premostiti historijski i kulturno-civilizacijski „raskol" među vjerama i u jednom prefinjenom skladu prepoznati sve nivoe interkonfesionalizma. Također, zrelim promišljanjima uspostavio je odnos vjere (vjera) prema brojnim naučnim disciplinama (historija, pedagogija, književnost, filozofija, teologija), i to, kako je često pisao, alternativnom historijom, čiji je bio i ostao začetnik na ovim prostorima. Istraživanje, studij i produbljivanje nauke i načina izražavanja pojedinih vjera jest prvi i bezuvjetni put kojim treba krenuti. Evidentne promjene u društvenom razvoju primjetljive su i u odnosu među vjerama, gdje se, u XIX. vijeku, kao i u narednim vremenima, već praticira u pisanoj formi dijalog (disputio), razgovor ili rasprava, kao teorijski diskurs, ali i način praktičnog djelovanja. U ovom slučaju, u duhu grčke foneme, dijalog se označava kao razgovor udvoje. Riječ je, ipak, o literarnom značenju ovog toposa. Bilo da je riječ o teoretskom (filozofskom), on je zadržao osnovni i izvorni smisao da se, pored ostalog, tu radi o izmjeni riječi i misli među neistomišljenicima. U društvu se vodi dijalog u prostoru vjere, među vjerama, a posebno je naglasivo i dragocjeno da je tu moguće naći i dio duhovnog bogatstva i historijske građe, jer je „vjera najprije milost, dar, efuzija Duha Svetoga i susret s Bogom" (Toma Akvinski). Svaki dijalog o vjeri, bez obzira radi li se o vjernicima ili nekim drugim, mora voditi računa o milosti i priznati posvemašnju čovječju ovisnost o Bogu. Vjerniku je dužnost prihvatiti svu Objavu i to onako kako je tumači crkveno učiteljstvo. Prema Tomi Akvinskom,

> „svako naučavanje ili pisanje u suprotnosti s Objavom, službenim ili vrhovnim naučavanjem Crkve znači herezu."

Potrebno je naglasiti da se, kad je riječ „uslovno" o Balićevom interkonfesionalizmu, moraju prihvatiti i određene distinkcije, posebno zbog toga što se u njegovom razmišljanju naglašavaju problemi za koje se u koncepcijskom smislu mogu u historijskim izvorima prepoznati smislena rješenja. Radi se o stanovitom historijskom uklonu da se historijskim iskustvom definiraju tematski okviri koji su odredili neke dimenzije djelovanja među vjerama ako se, naime, načelna parcijalnost, perspektivnost, subjektivnost, relativnost i konstruktivnost prihvate kao činjenice i smatraju solidnim polaznim tačkama pri kritičkom određivanju djela na kome se gradi interkonfesionalnost, onda se stanovita rješenja mogu naći i u konstruktivističkom, interpretativnom metodu. U zaključnom dijelu treba prenijeti već davno konstatirano: Balić je dao značajan doprinos na, grubo gledano, dva polja: općem proučavanju islama (Der Islam im Spannungsfeld von Tradition und heutiger Zeit; Würzburg, Altenberge, 1993.), Der Islam – europakonform?; Würzburg, Altenberge, 1994.) te kulturološkom istraživanju Bosne i njene islamske komponente. Ovdje valja reći da je Balić više tumač i zagovornik interkonfesionalizma nego islamolog i, po opsegu i kvalitetu njegovog djela, te oblasti zauzimaju pretežniji dio opusa. Ovim tekstom se bez posebnih pretenzija željelo podsjetiti na izuzetnog djelatnika, ali i proširiti osnova na kojoj se gradi naučni profil profesora Smaila Balića kroz teme iz nauke o prošlosti Bosne i Hercegovine, bilo da je riječ o klasičnom historijskom tekstu, studiji, raspravi, prikazu ili članku. Sve se to uzima kao dragocjeno svjedočanstvo i iskustvo o životu i djelu ovoga predanog istraživača i mislioca sa ovih prostora. Riječ je svrsishodnoj namjeri, posebno pretpostavljenom zadatku da se napravi svojevrsni kompendij tema kroz djelo izuzetnog istraživača, kao što je to bio profesor Smail Balić, posebno zbog toga što je dragocjen njegov doprinos u rasvjetljavanju brojnih dilema u odnosu i vezama među vjerama.

REZIME

Ovaj referat podsjeća, prije svega, na posebnog aktivistu kakav je bio dr. Smail Balić, ali treba obraditi i osnove na kojima se razvijao njegov naučni profil u pogledu istraživanja i promišljanja o Bosni i Hercegovini, bez obzira radi li se tu o klasičnim historijskim tekstovima, studijama, diskusijama ili kolumnama. To je vrijedno svjedočanstvo o životu i radu značajnog i istrajnog istaživača i mislioca dr. Samila Balića, koji je predano djelovao za dobrobit svoje domovine Bosne i Hercegovine i dao bitan doprinos međureligijskog razumijevanju.

ZUSAMMENFASSUNG

Der Beitrag erinnert zunächst an einen außergewöhnlichen Aktivisten. Es gilt aber auch die Grundlage zu behandeln, auf der Prof.

Smail Balić sein wissenschaftliches Profil hinsichtlich Bosnien und Herzegowina entwickelt hat, ob es sich dabei um klassische historische Texte oder um Studien, Diskussionen oder um Kolumnen handelt. Man erhält so ein wertvolles Zeugnis über das Leben und Werk eines sich seiner Heimat Bosnien und Herzegowina hingebungsvoll widmenden Forschers und Denkers. Dabei geht es aber auch darum, den kostbaren Beitrag eines so bedeutenden Forschers wie Dr. Smail Balić zur Aufklärung der zahlreichen Dilemmata im Verhältnis zwischen den Religionen sichtbar zu machen.

LITERATURA

— *Kultura Bošnjaka – muslimanska komponenta*, I. izdanje, Beč, [1]1973., i II. izdanje, Zagreb 1994.
— *Ruf vom Minaret*, Hamburg, 1984.
— *Das unbekannte Bosnien*, Weimer, Beč, 1992.
— *Der Islam im Spannungsfeld von Tradition und heutiger Zeit*, Würzburg, Altenberge, 1993.
— *Der Islam – europakonform*, Würzburg, Altenberge, 1994.
— *Bosna u egzilu*, Zagreb, 1992.
— *Džihad i tolerancija*, Behar, Zagreb, 1992.
— *Čovjek i Bog – Razmijevanje Božje objave i islamski integralizam*, Behar, Zagreb, 1993.
— *Islamsko vjeroispovijedanje u Europi – Razmeđe islama*, Behar, Zagreb, 1997.
— *O međuvjerskom pomirenju u Bosni*, Behar, Zagreb, 1999.

Smail Balić als Teilnehmer christlich-islamischer Begegnungen und Kongresse
∞
Smail Balić kao učesnik u hrišćansko-islamskim susretima i na kongresima

Jan Slomp

I. EINLEITUNG

Nachdem ich die Todesnachricht von Smail Balić erhalten hatte, habe ich in der niederländisch-belgischen Dialogzeitschrift "*Begrip Moslims Christenen*" geschrieben, dass ich keinen anderen europäischen Muslim kenne, der soviel für den Dialog zwischen Christen und Muslimen bedeutet hat, wie Dr. Smail Balić.[1] Deshalb freut es mich, dass ich diese Feststellung mit meinem kurzen Beitrag bei dieser Tagung vertiefen darf, wofür ich mich bei den Organisatoren besonders bedanken möchte. Ich werde chronologisch und nicht thematisch vorgehen. Dr. Smail Balić und ich, haben zusammen an acht christlich-islamischen Begegnungen teilgenommen. Die letzte Begegnung fand in Graz während der Zweiten Europäischen Ökumenischen Vollversammlung, 23. – 29. Juni 1998 über das Thema „Versöhnung: Gabe Gottes und Quelle des neuen Lebens" statt. In Graz hat Dr. Balić darauf gewiesen, dass wir in Europa mehr brauchen als Koexistenz und Toleranz. Balić, der mir regelmässig Briefe mit Artikeln geschickt und Bücher geschenkt hat, hat auch in der bei meinem Abschied im Dezember 1993 geschenkten Festschrift einen Beitrag über „Is there any religious motivation for the Bosnian conflict?" (Gibt es überhaupt eine religiöse Motivation für den Konflikt in Bosnien?) verfasst. Ich konnte mich bei meinem Freund Smail mit meinem Aufsatz „Sir Muhammad Iqbal and Christian Theologians" in der von Ludwig Hagemann und Adel Theodor Khoury 1998 herausgegebenen *Festschrift für Smail Balić: Blick in die Zukunft* bedanken. Am 15. 12. 1998 bedankte sich Smail Balić dafür und schloss seinen Weihnachtswunsch mit den Worten „in alter Treue". Es muss jedoch festgehalten werden, dass Smail, obwohl wir uns allmählich geduzt

---

[1] Jg 28, no 5, Dez. 2002, 202.

und einen herzlichen und offenen Umgang miteinander gefunden hatten, immer eine für ihn charakteristische Distanz wahrte.

II. INTERNATIONAL CONGRESS ON SEERAT-RAWALPINDI, LAHORE, PESHAWAR, KARACHI 3.-15. MÄRZ 1976

Gehört der International Congress on Seerat, März 1976, in Pakistan zu den Kongressen von denen ich reden soll in meinem Beitrag während des Gedächtnissymposiums für Dr. Smail Balić in Sarajevo? Teilnehmer an diesem Kongress in Pakistan kamen aus dreiundvierzig Ländern. Vom europäischen Kontinent kamen zwei Christen, einer aus Frankreich, Prof. Roger Arnaldez, und einer aus den Niederlanden Drs Harry Mintjes und zwei Muslime Herr Abdul Majeed aus Finnland und Dr. Smail Balić aus Österreich. Auf der Teilnehmerliste findet sich das Bild des jungen Prof. Dr. Smail Balić, Australian (sic!), National Library, Vienna (Seite 7). Ich war damals reformierter Missionar und Mitarbeiter am Christian Study Centre. Das war ein ökumenisches Forschungszentrum von allen Kirchen in Pakistan, mit dem Auftrag, den etwa drei Millionen protestantischen und katholischen Christen zu helfen, in einem islamischen Staat ihren eigenen Platz zu sichern. Der damalige Minister Maulana Kausar Niazi, zuständig für das Ministry of Religious Affairs, hatte mich als einzigen Christen eingeladen in der Pakistani Delegation teilzunehmen. Weil mein Vortrag schon am ersten Morgen in Rawalpindi stattfand nahm Dr. Balić sofort Kontakt mit mir auf. Wir redeten Deutsch miteinander. Es gab noch einen Teilnehmer dessen Muttersprache deutsch war, Prof. Dr. Gerhard Böwering aus den Vereinigten Staaten. Böwering ist Jesuit und hat mich damals in Rawalpindi gebeten, seine jesuitische Identität nicht zu enthüllen. Aber er hat sich deutlich als Christ bekannt, als er die Religionsfreiheit der christlichen Mission gegen Minister Kausar Niazi am letzten Tag verteidigte. Er sagte: „Missionare sind hier nicht mehr willkommen. Aber die Kirchen in Europa geben den Muslimen Platz für ihre Mission." Denn auf Vorschlag des Ministers war eine Resolution angenommen worden, in der empfohlen wurde, jede christliche Missionsarbeit in muslimischen Ländern zu verbieten. Durch diese Resolution erreichte dieses Kongress ein weltweites Presseecho![2] Dr. Smail Balić

---

[2] Ich habe den Zusammenhang beschrieben in "Zur theologischen Verantwortung eines reformierten Islammissionars in Pakistan 1964-1977", in *Heinz-Otto Luthe & Marie-Thérèse Urvoy* (Hg), Relations islamo-chrétiennes – Bilan et perspectives, Studia Arabica Band IV, Paris 2006, 155ff.

hat wohl nicht für die Resolution gestimmt. Er war den Missionen gegenüber jedoch durchaus auch kritisch. Ein Zitat vom *Ruf vom Minarett* macht das deutlich:

> „[Die Fundamentalisten] sind es die den Islam heute mehr schaden als alle Missionstätigkeit und die der imperialistischen Liebdienerei verdächtige Orientalistik zusammen."

Als ich ihn mal an diesen für Missionare nicht ganz freundlichen Vergleich erinnerte, erwiderte Balić: „Sie wissen doch was ich meine!" Er konnte auch schreiben, dass muslimische Gelehrte in der islamischen Welt von hochgebildeten christlichen Missionaren lernen könnten, wie man die eigene Religion modernisieren kann.[3]

Während der Sitzung in Lahore hat Dr. Smail Balić kritisch reagiert auf das Referat von Dr. Javid Iqbal. Iqbal hatte ein ziemlich negatives Bild Europas gemalt. Europa wäre seines Erachtens kein guter Platz für Muslime. Dr. Balić, obwohl er selber wie wir alle ja wissen negative und sogar peinliche Erfahrungen mit anderen Europäern hatte, hat trotzdem Europa und die Muslime in Europa verteidigt. Sofort nach seiner Intervention in der Kaffeepause fragte Dr. Balić ob ich mit ihm einverstanden sei. Das war selbstverständlich der Fall. Europäer, ob Muslim oder Christ, erfahren Europa anders als ein Außenstehender wie Javid Iqbal, dessen Gedanken über Europa vor allem von seinem Vater geprägt waren. Das Denken Sir Muhammad Iqbals (1877-1938) über Europa wurde gekennzeichnet von einer starken Ambivalenz. Er war einerseits begeistert von Bergson, Goethe, Nietzsche und Whitehead, andererseits machten ihm die gottlosen Ideologien Angst, wie Nationalismus und Kommunismus. Dieser Vorfall ist deshalb erwähnenswert, weil man dadurch die Wahrheitsliebe von Smail Balić kennen lernt. Es war auch mutig, dass Dr. Balić sich dermaßen kritisch gegenüber Dr. Javid Iqbal geäußert hat, weil gerade Dr. Javid Iqbal als Sohn des berühmten Denkers und Dichters Sir Muhammad Iqbal damals als unangreifbar galt. Kein Pakistaner hätte es gewagt Ähnliches zu sagen. Die Witwe von Javid Iqbal Justice Nasira Iqbal hat in 1993 und 1997 an zwei Dialogkonferenzen in Wien teilgenommen. Mir ist nicht bekannt, ob Dr. Balić damals mit ihr noch über diesen Vorfall geredet hat. Jedenfalls war diese kritische Begegnung zwischen Javid Iqbal und Smail Balić in Lahore für mich mit ein Anlass in der Festschrift für Smail Balić über: „Sir Muhammad Iqbal and Christian Theologians" zu schreiben.

---

[3] *A. Bsteh,* Friede für die Menschheit 212.

III. SALZBURG, 6.-11. FEBRUAR 1978: KIRCHEN UND MUSLIMISCHE PRÄSENZ IN EUROPA

Vom 6. - 11. Februar 1978 fand in Salzburg die erste Konsultation der Konferenz Europäischer Kirchen über „Kirche und Muslimische Präsenz in Europa" statt. Der europäische Verbindungsaussschuss von Kirchen und Missionen des „Islam im Afrikaprojekt" hat bei der Organisation Hilfe geleistet. Kirchen in Europa hatten damals als Kurs festgelegt, dass nicht über den Islam diskutiert werden soll in der Abwesenheit von Muslimen. Deshalb waren von den fünf Referenten drei Muslime. Hadschi Azam Alyakbarov aus Moskau, Ali Merad aus Frankreich und Smail Balić aus Österreich. Leider verfüge ich nicht mehr über die Texte, die vielleicht noch im Archiv in Genf liegen oder im Nachlass von Dr. Balić. Ich zitiere aus dem von mir damals geschriebenen offiziellen Bericht:

> „Vor weniger als zwei Jahren (November 1976) hatte der Rat der Bischofskonferenzen (römisch-katholisch) eine Konsultation über den Islam in Europa in Mödling bei Wien, Österreich, abgehalten. Dieser Konferenz war wiederum eine frühere Tagung in Luxembourg im Jahre 1974 vorausgegangen."

Weshalb ich diese Konferenzen erwähne? Weil Dr. Balić, laut einem Bericht „Rapports de l'église avec les musulmans d' Europe" (Beziehungen zwischen Kirche und Muslimen in Europa) von Ali Merad in *Islamochristiana*[4] an beiden Tagungen als Berater teilgenommen hat. Diese beide Tagungen waren aber beschränkt auf die Römisch-katholische Kirche, mit zwei Beobachtern des ÖKR in Genf. Die Tagung in Salzburg wurde von der KEK, damals mit 110 Mitgliedskirchen in ganz Europa, organisiert. Bald nach der grossen Begegnung in Salzburg wurde von der KEK der Beratungsausschuss „Islam in Europa" gegründet, mit Bischof David Brown aus England als Vorsitzenden. Mir wurde als erster Sekretär dieses Komitees aufgetragen, den Rat der katholischen Bischofskonferenzen (CCEE) davon zu überzeugen, dass es notwendig wäre ein gemeinsames Komitee für Islamfragen zu gründen. Das ist mir, obwohl ich begleitet wurde von Michel Lelong P.B. leider nicht gelungen. Der Vorsitzende der CCEE war damals Roger Kardinal Etchegaray, Erzbischof in Marseille. Die CCEE-Teilnahme blieb daher bis 1987 beschränkt auf einen Berater und ein Mitglied. Am Ende der Konsultation in St Pölten wurde erklärt:

> „Trotz der ungelösten theologischen Probleme in Bezug auf den Status, den der Islam nach christlichem Verständnis in der Welt hat, bestand Einverständnis darüber, dass dies weder die Christen davon abhalten sollte, Zeugnis für Gottes Offenbarung in Jesus

---

[4] 3/1977, 197-205.

Christus abzulegen, noch die Kirchen in diesen Zeiten hinderen sollte, den dringenden praktischen Fragen nach zu kommen." Mit dem letzten Satz wurde gemeint dass der (muslimische) Nächste nie das Opfer von unseren theologischen Streitigkeiten werden darf.

IV. BIRMINGHAM UND LONDON 1983: CENTRE FOR THE STUDY OF ISLAM AND CHRISTIAN-MUSLIM RELATIONS

1983 wurde Dr. Smail Balić eingeladen, im Beratungsausschuss des Zentrum für das Studium des Islam und der Christlich-Islamishen Beziehungen (Centre for the Study of Islam and Christian Muslim Relations, Selly Oak Colleges, University of Birmingham) Mitglied zu werden. Dieses Zentrum veröffentlicht die Zeitschrift *Islam and Christian Muslim Relations*.[5] In Selly Oak Colleges fand die missionarische Ausbildung der protestantischen Kirchen in Grossbritannien statt, Balić hat an einer Sitzung in Birmingham teilgenommen. Er hatte sofort entdeckt, dass sein Beitrag aus Zentraleuropa zu gering sein würde um jedesmal eine lange und teure Reise zu rechtfertigen. Auf der Rückreise besuchten wir gemeinsam die größte Moschee in London, in Regent Park. Die Reise erlaubte Zeit für ein langes Gespräch über Kirche, Mission, Islam usw. Wir waren beide empört darüber, dass in der Moschee drei Regale mit der englischen Übersetzung des Barnabasevangeliums gefüllt waren, dessen italienisches Original aus dem 17. Jahrhundert sich in Wien befindet, damals noch in der Obhut von Dr. Balić in der Natiionalbibliothek. Er hat mir 1993 geholfen den Text zu finden. Verbreitung dieses Textes, darüber waren wir einig, kann kaum als dialogfördernd betrachtet werden.[6]

V. ST. POLTEN 5.-10.MÄRZ 1984: ZEUGNIS VON GOTT IM SÄKULAREN EUROPA

Die zweite paneuropäische Konferenz wurde in März 1984 in St Pölten abgehalten. Dr. Smail Balić wurde wieder eingeladen. Aus christlicher Sicht war der Beitrag von Dr. Smail Balić der wichtigste den er je an kirchlichen Veranstaltungen geliefert hat. Sein Text wurde von mir auf

---
[5] Jg 18/2007.
[6] *Jan Slomp,* The „Gospel of Barnabas" in recent research, Islamochristiana 23 (1997) 81-109 und *Jan Slomp,* Vérités évangélique et coranique: L Évangile de Barnabé, in *Marie Thérèse Urvoy* (Hg), En hommage au père Jacques Jomier , o.p. Paris 2002, 359-383.

Deutsch und teilweise auf Englisch mit den anderen Texten veröffentlicht. Leider wird dieser Text nicht erwähnt in der Auswahlbibliographie in der Festschrift für Smail Balić: Blick in die Zukunft (1998). Zu den etwa achtzig Teilnehmern gehörten vier Muslime: Professor Hasan Askari, ein schiitischer Mystiker aus Indien, jetzt in England, der Zaidi Imam Mehdi Razvi aus Pakistan, jetzt in Hamburg, Sheikh M. Darsh aus Ägypten, damals in England. Eine Muslima aus London musste leider kurz vor Beginn der Tagung absagen.

Das Thema der Konferenz war: Christliches und islamisches Zeugnis von Gott im säkularen Europa. Die Konferenz war also bewusst den „ungelösten theologischen Problemen" aus 1978 gewidmet. Als Organisatoren betonten wir mit diesem Thema, dass wir es als Christen und Muslime in Europa, wenn wir von Gott reden, mir der gleichen, manchmal gottlosen Wirklichkeit zu tun haben. Dem Islam wurde im Besonderen fünf Thesen gewidmet. Zum ersten Mal hat eine kirchliche Konferenz etwas Positives über den Propheten Muhammad ausgesagt. Ihm konnte unter bestimmten Bedingungen von Christen der Titel Prophet gegeben werden, so wurde erklärt. Etwas Ähnliches hatte das Zweite Vatikanische Konzil im Konzilstext Nostra Aetate noch nicht erklärt. Aber unsere Konferenz hatte keine kirchliche 'Auctoritas' wie ein Konzil oder eine Synode. Was wir erklärten war nur die Meinung von kirchlichen Islamexperten. Trotzdem wurde diese Aussage in ganz Europa in vielen Zeitungen zitiert. Auch Dr. Balić stand der eigenen Tradition ganz offen und kritisch gegenüber. Seines Erachtens war es notwendig, dass Muslime die Scharia nur als Hilfsmittel betrachten um ein guter Muslim sein. Er wollte nicht die eine Unterwerfung unter das Diktat der Geschichte. Er forderte eine kritische Forschung des Korans. „Die religiösen Prioritäten sind in der Offenbarung nicht aber im menschlichen Verhalten begründet." Den Islam von „Din wa Dawla" lehnte er ab. Für Muslime in Europa genügen: „Glaubenslehre, Pflichtenlehre und Sittenlehre." Sofort nach der Vorlesung erklärte Sheikh M. Darsh, dass er die Vorstellung des Islams von Dr. Smail Balić ganz und gar ablehnte. Sheikh Darsh war in Sachen der Scharia ein Maximalist. Er möchte so viel islamisches Gesetz wie möglich in Europa einführen. Er war Vorsitzender des „Shari'a Council" in England. Ich habe eng mit ihm zusammen gearbeitet in einem Studienprojekt „Wie wichtig ist die Scharia für Muslimen in Europa?"[7] Als Konferenzleitung war

---

[7] *J. Nielsen* (reporter), Islamic law and its significance for the situation of Muslim minorities in Europe. Report of a study project. Churches' Committee on Migrant Workers in Europe, Brussels November 21, 1986. Es gibt auch eine deutsche und französische Übersetzung.

uns dieser Konflikt zwischen Darsh und Balić sehr unwillkommen. Wir fürchteten, dass die gute Wirkung dieser Konferenz verschwinden würde durch eine Pressemeldung: „Muslime streiten über Schari'a während Konferenz der europäischen Kirchen in Österreich." Wir haben damals zusammen versucht aus der Krise heraus zu kommen. Darsh und Balić waren damit einverstanden, dass wir nicht über diesen Konflikt berichten würden. Auch die Teilnehmer wurden gebeten nur Positives über diese Konferenz zu berichten. Aber im Nachhinein, nach 22 Jahren, glaube ich, dass diese Handlungsweise nicht ganz korrekt war. In der Sammlung der von mir als Sekretär veröffentlichten Texte steht nur der Beitrag von Dr. Smail Balić. Diese Veröffentlichung erweckt demzufolge den Anschein, dass die Kirchen nur mit fortschrittlichen Muslimen wie Dr. Smail Balić als Gesprächspartner reden möchten und ihre Meinung für wichtiger hielten als von traditionellen Muslimen wie S. M. Darsh. Im Nachhinein betrachtet wäre m. E. besser gewesen, auch die Meinung von Herrn Darsh zu veröffentlichen.

VI. DRIEBERGEN (NIEDERLANDE) 21-25 NOVEMBER 1990: DAS KULTURELLE ERBE EUROPAS: „UNITY IN DIVERSITY – THE CULTURAL HERITAGE OF EUROPE."

Über dieses Thema wurde vom Rat der Kirchen in den Niederlanden zusammen mit dem Studienabteil der Konferenz Europäischer Kirchen in Genf eine Konferenz in der Akademie „Kerk en Wereld" in Driebergen abgehalten. Teilnehmer kamen aus vielen Kirchen in West- und Osteuropa. Es herrschte noch die Euphorie der Wende. Ein Humanist, ein Jude und ein Muslim wurden eingeladen ihren Beitrag zum Thema zu liefern. Dr. Smail Balić aus Jugoslavien (so steht es im Programm) und Dr. Mohammed Arkoun aus Paris haben den Islam vertreten. Nur Dr. Balić hat gesprochen. Er gab einen Überblick des vielfach vergessenen Beitrags von muslimischen Gelehrten im Mittelalter zur Weiterentwickelung der europäischen Kultur. Er stimmte dem Adagium von Muhammad Abduh (gest 1905) zu „Kein gesundes Qur'anverständnis ohne ein wissenschaftliches Welt- und Menschenbild". Balić kritisierte islamische Denkmuster, die das Gerechtigkeitsgefühl des aufgeklärten Menschen verletzten. Er stellte fest:

> „Der exzessive Charakter einiger politisch pervertierter Ausformungen des Islam lässt sich schwerlich mit der authentischen Lehre des Islam und seinem Geist in Einklang bringen."

Er plädierte für eine Fortdauer der islamischen Identität im Westen, denn „Europäische Muslime haben sich selber immer als Europäer verstanden." Verbesserung von Bildung und Erziehung sei dafür notwendig. Wo in Europa findet schon eine selbstkritische Forschung des Islam statt wurde er gefragt. „Heutzutage lehrt die theologische Fakultät in Sarajevo einen ziemlich aufgeklärten Islam," war seine Antwort.

VII. WIEN 1993 FRIEDE FÜR DIE MENSCHHEIT UND 1997 EINE WELT FÜR ALLE

In der Hofburg in Wien fanden 1993 und 1997 zwei Internationale Christlich-islamische Konferenzen statt mit Vertretern aus Europa, Amerika, Asien und Afrika. Initiator der ersten Konferenz war Dr. Alois Mock, Bundesminister für auswärtige Angelegenheiten und der zweiten Konferenz sein Nachfolger Dr. Wolfgang Schüssel. Organisator der beiden Veranstaltungen war Dr. Andreas Bsteh, Direktor des religionstheologischen Instituts in Mödling. 1993 war das Thema *Friede für die Menschheit* und 1997 *Eine Welt für alle*. In 1993 gab es fünfundvierzig Teilnehmer, davon vierundzwanzig Christen, in 1997 zweiundvierzig Teilnehmer, davon zweiundzwanzig Christen. Fünfundzwanzig Personen haben an beiden Konferenzen teilgenommen. Dr. Smail Balić und ich gehörten zu diesen fünfundzwanzig Doppelteilnehmern.[8] Die Bilder der Tagung zeigen uns nebeneinander am Tisch gegenüber dem Vorsitzendem Dr. Andreas Bsteh. Die Berichte wurden als Bücher veröffentlicht auf Deutsch, English, Arabisch und Urdu. Nicht nur die Referate sondern auch die Diskussionen wurden wörtlich in den Protokollen veröffentlicht. Die Konferenzsprachen waren Deutsch und Englisch, mit simultaner Übersetzung. Obwohl Smail Balić nicht referiert hat, findet man im Register beim Stichwort Balić seine Wortmeldungen und Reaktionen von anderen Teilnehmern auf seinen Bemerkungen. Aus den jetzt folgenden Zitaten wird klar welchen großen Beitrag Dr. Smail Balić für die Debatte geliefert hat. Die erste Zitate kommen aus dem Buch: *Friede für die Menschheit*.[9] In Reaktion auf Dr. Mahmoud Zakzouk, Dekan der Theologischen Fakultät der Al-Azhar Universität aus Ägypten stellt Dr. Balić fest:

---

[8] Auch Professor Dr. Richard Potz und Pater Petrus Bsteh, Teilnehmer an diesem Balić-Symposiums in Sarajevo, gehörten zu den Teilnehmern der beiden Kongresse in Wien.

[9] Zitiert wird er auf den Seiten 96 f, 138 f, 202-204, 211 f und 298 und genannt auf 174, 176, und 248.

> „Trotz der von Dr. Zakzouk mit Recht so sympathisch geschilderten theologischen Ausgangslage ist es eine Tatsache, dass der Islam in der übrigen Welt heute als eine militante Religion gilt. Das ist teils auf gewisse mißverständliche Lehrinhalte zurückzuführen, teils aber auch auf bestimmte Verhaltensweise muslimischer Völker. [...] Der zweite Umstand, der dem Islam vielfach ein als ungünstig empfundenes Image verleiht ist die Idee der Auserwählung, die sich im Islam und eigentlich im ganzen biblischen Gedankengut findet. Es heißt ja an einer Stelle, dass die Muslime die beste Gesinnungsgemeinschaft bilden. Als dritter wichtiger Faktor, der sich einem besseren Erscheinungsbild des Islams in de Welt entgegegenstellt, ist der zweifelhafte Umgang mit den Menschenrechten im islamischen Rechtsdenken anzuführen."[10]

Zum Verständnis der Offenbarung gibt es ähnliche Probleme wie in der christlichen Theologie. Die Idealzeit des Islam liegt nicht in der Vergangenheit sondern in der Zukunft. Deshalb erinnert Balić daran, dass es im Islam

> „auch Schulen gegeben hat, die die Meinung vertreten haben, dass der Koran in Zeit und Raum erschaffen worden ist."

Hier liegt eine Aufgabe für chrislichen und muslimischen Theologen zusammen.[11] Zum Krieg in Bosnien haben er und auch M. Cerić sich mehrfach geäußert. Ich zitiere:

> „Man könnte den Eindruck haben, dass es heute zweierlei Christenheiten gibt: eine westliche, die im Grund ein Filtrat der Aufklärung ist, und eine retardierte Christenheit, die im Osten lebt. [...] So scheint dort vieles, was die Christen tun, von einem wilden, religiös verbrämten Hass getragen zu sein."[12]

Und weiter auf dieser Seite fragt Balić:

> „Sind nicht mehr Kulturgüter zerstört und Menschenleben vernichtet worden, als es die Türken in fünfhundert Jahren je vermocht hätten, wenn diese überhaupt so barbarisch vorgegangen sind."

Dr. Mustafa Cerić und Dr. Smail Balić haben am Ende der Konferenz versucht die Schlusserklärung über Friede für die Menschheit zu konkretisieren durch Erwähnung des Bosnienkrieges „vor den Toren Wiens."[13]

Dieser Vorschlag wurde abgelehnt, weil man sonst noch eine ganze Reihe Konflikte hätte nennen müssen. Zu den Tagungen in Wien kamen ja Gelehrte aus verschiedenen Erdteilen. Die Beobachtung von Smail Balić, dass auf Grund der christologischen Dogmen das Christentum in gewisser Weise anthropozentrisch geworden sei, scheint mir wichtig für die Diskussion über Menschenrechte und Gewissensfreiheit.[14] Dr. Balić hat während beiden Konferenzen über das Thema Religionsfreiheit gesprochen. Ein Zitat macht klar wie er dies getan hat:

---

[10] AaO 96 und 97.
[11] AaO 97.
[12] AaO 138.
[13] AaO 298.
[14] AaO 202.

"Wo die Religion darüber hinaus mit der Politik verkoppelt ist, sind auch die Chancen für die Gewissensfreiheit minimal. So kann man sich fragen, warum in der islamischen Theologie, die Meinung vertreten wird, dass der Abfall vom Islam ein todeswürdiges Verbrechen ist. Das ist eine Bestimmung, die nur in der Scharia, nicht aber im göttlichen Recht vertankert ist."[15]

"Alles Gedankengänge der Nachwelt, die mit dem ursprünglichen Gesetz des Islams wenig oder nichts zu tun haben."[16]

Von 13.-16. Mai 1997 fand die Zweite Internationale Christlich-Islamische Konferenz in Wien statt über das Thema: *Eine Welt für alle* statt. Smail Balić hat wieder vielmals und auf intensive Weise an der Diskussion teilgenommen. Er erklärte:

"Die Vermischung von Religion und Politik im Islam hat der religiösen Kultur unermeßlichen Schaden zugefügt. Als Religion ist der Islam, wohl von seiner Entstehungsgeschichte her, sehr tolerant, pluralistisch eingestellt und offen für den Dialog. Neben dem bekannten Prinzip, daß es im Glauben keinen Zwang gibt (vgl. Koran 2, 256), finden sich im Koran auch Aussagen wie, [...] Wer glauben will, der soll glauben; wer nicht glauben will, der soll bei seiner Art, die Wahrheit zu verdecken, bleiben. [...] (Koran 18, 29). Dort liegen nicht die Schwierigkeiten im Islam."

Die Sunna wurde seines Erachtens von Moralisten in der Gesellschaft für politischen Intressen benützt. Viele Sachen wie die Teilung der Welt in eine „Sphäre des Islams" (dâr al-Islâm) und in eine „Sphäre des Krieges" (dâr al-harb), oder das Todesurteil gegen Apostaten sind seines Erachtens nicht im göttlichen Recht gegründet und können deshalb abgebaut werden.[17] Meines Erachtens war der Beitrag von Dr. Balić deshalb so wichtig, weil er anders und besser als Teilnehmer aus muslimischen Länder über die Rolle von Muslimen in einer säkularen Welt reflektiert hatte. Einige Zitate machen dies klar:

"Wer sich im Alleinbesitz der Wahrheit wähnt, neigt zur Exklusivität und ist in der Folge, wie die Geschichte zeigt, häufig in Versuchung, zur Gewalt zu greifen."

Über die Aufklärung sagte Dr. Balić:

"Das Phänomen säkularer Weltsicht kann nicht rückgängig gemacht werden. Es gilt daher, auch in der islamischen Tradition Elemente zu entdecken, die geignet sind, eine konstruktive Auseinandersetzung mit dieser bedeutsamen Tatsache der menschlichen Geistesgeschichte zu ermöglichen." Er nannte in diesem Zusammenhang den Beitrag des Philosophen Ibn Rushd (gest.1198), "der Freiraum für das außertheologische Denken geschaffen hat."[18]

Seine wichtige Schlussfolgerung ist:

"Als bedeutsame Konsequenz dieser Entwickelung ist zuletzt die Doktrin der Menschenrechte entstanden. Gerade für die vielen Millionen Muslime, die in Europa und Amerika leben, ist die Anerkennung der Menschenrechte von vitaler Intresse. Vielleicht

---

[15] *A. Bsteh*, Friede für die Menschheit 211.
[16] *A. Bsteh*, Eine Welt für alle 111.
[17] AaO 110 f.
[18] AaO 155.

hätte man auch die bosnische Tragödie verhindern können, wenn die Anerkennung schon früher erfolgt wäre."[19]

Auch während dieser zweiten Konferenz hat Dr. Balić zur Klärung des Djihadbegriffes gesprochen:

> „Das Wort hängt mit dem Begriff *igtihad* zusammen und bedeutet nicht Krieg, sondern Aufbruch zur Kreativität – die höchste Aufgabe eine edle Aufgabe auszuführen."

Er nennt als Belegstellen Koran 29, 6 und wie oben schon 2, 256. Auf der gleichen Seite zum Bosnien-Problem kommend, benützt er den Djihadbegriff wie in den Zeitungen:

> „Es war ein Konflikt, der zunächst nichts mit Religion zutun hatte. [...] Erst später, als man den Bosniern von serbischer Seite Fundamentalismus vorwarf und die Absicht einer Islamisierung der ganzen Region, begann man auch van *gihad* zu sprechen und starte einen Gegen-*gihad* von serbischer Seite, in dessen Verlauf ein Teil der muslimischen Bevölkerung ausgetilgt und etwa die Hälfte des Landes geraubt wurde."

Dann wiederhohlt Dr. Balić seine Meinung, dass man mit der abendländischen Christenheit sehr gut zusammenarbeiten kann, aber leider nicht mit einer anderen Christenheit, die regressiv ist. Und abschließend und selbstkritisch schreibt er:

> „Anderseits ist die regressive Mentalität auch zum Teil im islamischen Raum anzutreffen. Unter diesem Blickwinkel lassen sich manche Konflikte erklären."[20]

Gegenüber Vorwürfen, dass das Gewissen bein Muslimen kaum eine Rolle spielt erinnert Dr. Balić an einer Quellenstudie von A. Th. Khoury, die ein anderes Bild darstellt.

> „So heißt es im Koran: Über Gehör, Augenlicht und Herz, über all das wird Rechenschaft gefordert." (Koran 17, 36)

Es ist in dieser Hinsicht auch eine glaubwürdige Überlieferung von Muhammad bekannt, die den Menschen auffordert: „Frage dein Herz um Rat."[21] Und im Rechtsdenken der Muslime gibt es ein Axiom *al-aslu fi s-sar' al-ibaha* [grundsätzlich gilt im Gesetz das Erlaubtsein]. Demzufolge hat das Rechtsdenken im Islam seinen Ausgangspunkt in der Freiheit des Individuums. Zum Schluss eine neue Definition des Islams:

> „Statt den Islam als eine 'Ergebenheit in Gottes Willen' zu definieren, wäre es meiner Ansicht nach zutreffender, ihn als eine ‚Lebens- und Leidensbewältigung im Zeichen der Hingabe an Gott' zu verstehen'."[22]

---

[19] AaO 155.
[20] AaO 212 und 213. Dr. Balić würde sich gefreut haben über neue Initiativen, wie das Institut von Marko Orsolić O.F.M. in Sarajevo: International Multireligious and Intercultural Center. Marko Orsolić hat an Sitzungen des Symposiums teilgenommen. Vgl auch *Franjo Topić,* Der christlich-muslimische Dialog in Bosnien-Herzegowina, in *Franz Lackner & Wolfgang Mantl* (Hg) Identität und offener Horizont, Festschrift für Egon Kapellari, Wien 2006, 489-509.
[21] Dr. Balić zitierte *A. Th. Khoury,* So sprach der Prophet. Worte aus der islamischen Überlieferung, Gütersloh 1988.
[22] *A. Bsteh,* Eine Welt für alle 312 f.

VIII. SCHLUSSBEMERKUNGEN

Ich habe mich in diesem Überblick auf die Texte der Tagungen und Konferenzen beschränkt. Es wäre selbstverständlich möglich, die zitierten Aussagen mit weiteren Querverbindungen zu den Arbeiten von Balić anzureichern. Ich hoffe, dass der Leser dieses Beitrags selbst diese Entdeckerfreude erleben wird. In diesen Büchern hat Balić auch über den Zusammenhang zwischen Islam und Christentum geschrieben. Es wäre sicher interessant, wenn einmal ein Christ oder ein Muslim eine Studie schreiben würde über die Frage, wie Dr. Balić das Christentum verstanden hat. Wenn ich gefragt werde, ob ich immer mit der Meinung von Smail Balić einverstanden bin, dann muss antworten, dass dies nicht der Fall ist. Aber es gehörte nicht zu meinem Auftrag, darüber zu schreiben. Und überdies müssen wir ja lernen, mit unterrschiedlichen Meinungen und Überzeugungen friedlich lernen zusammen zu leben. Dass das möglich sein sollte hat unser verstorbener Freund Dr. Smail Balić immer wieder gezeigt. Sein geistiges Erbe gilt es daher lebendig zu erhalten. Ich habe versucht in meinem Beitrag Dr. Balić als einen Brückenbauer zwischen dem Islam und Europa, zwischen Christen und Muslimen, Kirchen und Moscheeen, Gläubigen und Ungläubigen zu beschreiben. Symbolisch für sein Leben ist das Bild der berühmten Brücke in Mostar, der Stadt aus der er gebürtig war, auf seinem Buch das *Unbekannte Bosnien* (1992). Gleich symbolisch ist das Bild der während des Krieges gesprengten Brücke für die Verwundbarkeit der Muslime in Europa. Dieses Symposium zu Ehren von Dr. Smail Balić ist eine Herausforderug immer wieder Brücken zu bauen.

IX. KURZBIBLIOGRAPHIE

Smail Balić, Is there motivation for the Bosnian Conflict, in *G. M. Speelman, J. van Lin & D. C. Mulder* (Eds) Muslims and Christians in Europe Breaking New Ground, Essays in Honour of Jan Slomp, Kampen 1993, ²1995, 79-89.

Andreas Bsteh (Hrsg), Friede für die Menscheit Grundlagen, Probleme und Zukunftsperspektiven aus islamischer und christlicher Sicht (Beiträge zur Religionstheologie 8), Mödling 1994.

Andreas Bsteh (Hrsg), Eine Welt für alle, Grundlagen eines gesellschaftspolitischen und kulturellen Pluralismus in christlicher und islamischer Perspektive (Beiträge zur Religionstheologie 9), Mödling 1999.

Konferenz Europäischer Kirchen und Europäischer Verbindungsausschuss „Islam im Afrikaprojekt", Kirche und Muslimische Präsenz in Europa: Angelegenheiten zur Reflektion. Bericht einer Konsultation, 6. - 11. Februar 1978 Salzburg, Genf 1978.

Marianne Douma (Ed), „Unity in Diversity". The Cultural Heritage of Europe, Driebergen, Kerk en Wereld 1991; *Smail Balić,* Islamic contribution pp 66-76 with discussion.

Jan Slomp (Ed), Witness to God in a secular Europe Texts of the Lectures and Bible and Qur'an studies of a consultation held in St Pölten, Austria, 5th-10th March 1984, Leuseen 1985. In diesem Band Deutscher Text mit englischer Zusammenfassung des Referates von Dr. Smail Balić.

Jan Slomp, Sir Muhammad Iqbal and Christian theologians, in *Ludwig Hagemann & Adel Theodor Khoury* (Hrsg) Blick in die Zukunft. Festschrift für Smail Balić, Altenberge 1998, 122-154.

Jan Slomp, Dr Smail Balić: Enlightened European Muslim pur sang (1920-2002), Paragraph in „Christianity and Lutheranism from the Perspective of Modern Islam" in *Hans Medick & Peer Schmidt* (Hrsg), Luther zwischen den Kulturen, Göttingen 2004, 291-292.

ZUSAMMENFASSUNG

Dr. Smail Balić war ein Brückenbauer zwischen Islam und Europa, Kirche und Christen. Das Symbol von Balić` Aktivitäten ist das Bild der Alten Brücke in seiner Heimatstadt Mostar, welche auf dem Umschlag seines 1992 veröffentlichten Buches „unbekanntes Bosnien" abgebildet ist. Die Zerstörung der Alten Brücke während des Krieges war gleichzeitig auch ein Symbol der Verwundung von Muslimen in Europa, was sich auch auf das seelische Befinden Balić' in dieser Periode auswirkte. Autor dieses Referats hat seit seiner ersten Begegnung mit Balić in Pakistan während des Kongresses „The International Congress on Seerat" am 3. März 1976 Entwicklung von dessen Meinung wie sie sich in seinen Texten und Vorträgen manifestiert hat, so wie in seinen Bemühungen um das Stattfinden von Dialogen verfolgt. Danach sind sie einander noch auf weiteren 7 Internationalen Kongressen begegnet. Das letzte Mal zwischen 23. und 29. Juni 1997 in Graz bei der „Second European Ecumenical Assembly of the Conference of European Churches (CEC) Roman-Catholic Council of Episcopal Conferences in Europe (CCEE)" auf der Konferenz „Reconciliation Gift of God and source of new life". Dr. Balić erwies sich bei diesen Konferenzen als intelligenter, gut informierter, offener, selbstkritischer, mutiger und konstruktiver Vertreter der muslimischen Minderheit in Europa. Dies findet seine Bestätigung in der Tatsache, dass Balić' Verdienste durch häufige Zitate und durch die Einladung zu solchen Treffen und Kongressen weitergeführt werden.

REZIME

Dr. Smail Balić je bio graditelj mostova između islama i Evrope, crkve i hrišćana. Simbol njegovog života i rada je slika poznatog Starog mosta u Mostaru, grada u kome je rođen, objavljena 1992. godine, na koricama njegove knjige „Unbekanntes Bosnien". Rušenje Starog mosta za vrijeme rata istovremeno je bio i simbol ranjavanja muslimana u Evropi koje je uticalo i na duhovno stanje dr. Balića u tom periodu. Autor ovog referata pratio je stvaralačko manifestiranje mišljenja dr. Balića u njegovim tekstovima i izlaganjima i njegov neumorni trud i rad u vođenju dijaloga od njihovog prvog susreta u Pakistanu za vrijeme održavanja „The International Congres on Seerat", 3. marta 1976. godine. Nakon toga su se sreli na još sedam drugih internacionalnih skupova. Posljednji put su se sreli između 23. i 29. juna 1997. godine u Grazu, u Austriji, na „Second European Ecumenical Assembly of the Conference of European Churches (CEC) and the Roman-Catholic Council of Episcopal Conferences in Europe (CCEE)", na konferenciji „Reconciliation Gift of God and source of new life". Dr. Balić se na ovim konferencijama iskazao kao inteligentan, dobro informiran, otvorene i slobodne misli, samokritičan, hrabar i konstruktivan zastupnik muslimanskih manjina u Evropi. Njegov rad i sudjelovanje potvrđivani su i samim pozivima na ove susrete i konferencije.

Smail Balić u dijalogu sa „drugima"
Smail Balić im Dialog mit „anderen"

Rešid Hafizović

Iščitavajući napise rahmetli Smaila Balića, čitalac ubrzo stiče dojam da su njegove ideje povremeno vrlo zanimljive, ali da nisu uvijek pisane najboljim akademskim jezikom. U segmentu njegova razmišljanja o dijalogu među različitim religijama, kulturama i civilizacijama jasno je vidljivo da je profesor Balić trošio mnogo intelektualne energije da upozna druge i drukčije, što i jest temeljna odlika svakog trijeznog muslimanskog duha koji svoju univerzalnost posvjedočuje i time što je otvoren spram drugih i što je spreman komunicirati sa drugima i drukčijima bez unaprijed nametnutih ograda i ograničenja. Međutim, njegova muslimanska otvorenost prema drugom i drukčijem, unutar njegova sveukupnog intelektualnog dijaloga, često je sezala dotle da je profesor Balić gotovo redovno zaboravljao ono što ulazi u same temeljne standarde sa kojima se polazi u svakom dijaloškom sretanju sa drugima. Čitaocu njegovih spisa o dijalogu s drugima odmah upada u oči pitanje periodizacije svetopovijesnog iskustva koje, barem načelno, smatraju važnim sve tri tzv. abrahamovske/ibrahimovske religije: judaizam, kršćanstvo i islam. Prigovarajući kršćanskim misionarima kako i dan-danas koriste zastarjele i iskrivljene obrasce o islamu kao pobočnom mladarku koji se izvio iz judeo-kršćanskog svetopovijesnog čokota, profesor Balić ne nudi izvorno muslimansko stajalište o kur'anskoj periodizaciji svete povijesti, prema kojoj islam nije mladarak ili neka povijesno naknadno modulirana inačica judeo-kršćanstva, nego je sinonim za izvorni nebeski monoteizam koji je nepretrgnuto objavljivao jedan isti Bog kroz cijelu svetu povijest od Adema, a.s., do poslanika islama Muhammeda, a.s. Nadalje, iz obrasca kur'anske periodizacije svete povijesti nije isključen nijedan glasonoša Božiji, niti ijedna sveta knjiga koju je, kao vlastitu i vječnu mudrost, objavio jedan isti Bog. Nasuprot kur'anskoj periodizaciji svete povijesti, biblijska, judeo-kršćanska periodizacija svete povijesti isključila je mnoge religijske zajednice iz povijesti spasenja, posebice muslimane, tako da su muslimani, makar danas čine petinu ukupnog svjetskog populusa, shodno biblijskoj ideji povijesti objave i spasenja, nepostojeći i nevidljivi u svetoj povijesti. To kao da profesoru Baliću nije bio naročito ozbiljan problem i iznimno važno pitanje, pa ga stoga i nije tretirao u svome akademskom opusu. Umjesto razviđanja ideje o periodizaciji svete povijesti sukladno biblijskoj i kur'anskoj hronologiji svetopovijesnih događaja, on se radije pokušao pozabaviti idejom bogoduhosti, nadahnutosti ili inerancije svetoga teksta. Čini se da je i na toj ideji ostao dobrano nejasan i odveć interpretativno nedorečen. Tako, on Poslanika islama, a.s., smatra „obnoviteljem i čuvarom starog nasljeđa osnovanog na objavi."[1] Nije precizirao o kojoj vrsti naslijeđa je riječ, a posebice nije jasno potcrtao o kojoj objavi je riječ. Pojam objave se potpuno različito definira, primjerice u judaizmu i islamu, dok u kršćanstvu objava predstavlja ono što ona nikako ne može biti ni u islamu niti u judaizmu. Dok je u kršćanstvu Isus navlastito objava kao utjelovljena Riječ Božija, u islamu je objava Kur'an kao punina i zasvodnica svekolikog božanskog objavljenja. S druge strane, pitanje nadahnutosti svetoga teksta također je veoma važno teološko pitanje u sve tri abrahamovske religijske tradicije i u svakoj od njih ono je riješeno na potpuno različit i nepomirljiv način. U islamu je, primjerice, Kur'an objava jedinoga Boga i ona je izraz žive i vječne božanske mudrosti. U judeo-kršćanstvu hagiograf ili svetopisamski pisac je oružje u rukama Božijim koje pod „realnom" ili „verbalnom inspiracijom", naknadno i daleko nakon vremena biblisjkih proroka, ispisuje biblijski tekst Staroga i Novoga zavjeta. Poslanik islama nije autor Kur'ana, niti je obnovitelj ičega što je bilo objavljivano prije njega, nego je on donosilac izvorne božanske objave i pečat svekolikog božanskog objavljenja. Prema kur'anskom tekstu: „On ne govori po hiru svome – to je samo Objava koja mu se obznanjuje."[2] Zanemarujući sva druga prijeporna pitanja u suodnosu kršćana i muslimana, profesor Balić smatra ključnim preprekama u kršćansko-muslimanskom dijalogu sljedeća dva pitanja: pitanje Boga i pitanje „poretka međunarodnog mira"[3] (). Prvo pitanje je vrlo jasno i ima dugu povijest promišljanja u teologiji islama i kršćanstva. Drugo pitanje je nejasno i neprecizno. Premda islam u potpunosti poriče utjelovljenje Boga u čovjeku, on ne poriče mogućnost posebnog sretanja čovjeka i Boga i izvan Objave. Profesor Balić, naime, smatra da se susret čovjeka i Boga, unutar islamskog religijskog svjetopogleda, ozbiljuje samo u Objavi i na razini Objave.[4] Mislim da to nije tačno. Naprotiv, ljudsko srce se smatra prijestoljem Milostivoga, a svaka muslimanska osoba je baštinik iskre duha Božijeg koji prebiva

---

[1] *Smail Balić,* Zaboravljeni islam, Wien 2000, 181.
[2] El-Najm, 3-4.
[3] *Balić,* Zaboravljeni islam 183.
[4] Ibidem 186.

u njoj, pa je stoga svaki čovjek po svojoj temeljnoj i iskonskoj naravi teomorfan. Osim toga, Bog i čovjek su u islamu, i bez utjelovljenja, toliko bliski da Kur'an na jednom mjestu veli kako je Bog „bliži čovjeku od vratne žile kucavice"[5]. Prema tome, islamska vizija Boga je jasna i apsolutno monoteistična. Islamski prigovor kršćanskom pojmu Boga tiče se Trojstva i utjelovljenja Božijeg u Isusu kao bogo-čovjeku, kako uči kršćanstvo. Naročito su zanimljive dodatne prepreke dijalogu koje profesor Balić taksativno nabraja ovim redom: „Teško nasljedstvo prošlosti". Istina, on ne govori čije prošlosti i za koga je posebno to nasljedstvo teško. Smatram da bi se o tome moglo mnogo toga kazati, tim prije što ta prošlost i danas bitno uvjetuje kršćansko-muslimanske odnose, što je jasno posvjedočio i čuveni govor aktuelnog pape koji je apostrofirao muslimane kao baštinike Muhammeda, koji je „donio samo loše i nehumano"; „Nedostatak razumijevanja mnogih muslimanskih predstavnika za probleme industrijskog društva." Profesor Balić, nažalost, ne navodi o kojim problemima je riječ, niti naglašava činjenicu da mnoga muslimanska društva ni danas nisu ušla u fazu industrijalizacije, pa stoga i ne mogu imati predstavu o problemima koje uzrokuje agresivna industrijalizacija na Zapadu: „Različita obrazovna razina sagovornika". Pošto profesor Balić pod svaku cijenu islam želi staviti u zapadni kulturni krug, uprkos, kako kaže, „dubokim tragovima azijatizacije", zaboravljajući da je Azija domaja i judeo-kršćanskoj tradiciji, vrlo je moguće da ovakvom svojom formulacijom prigovara muslimanskim predstavnicima kao, po njegovu sudu, dovoljno neobrazovanima i nedoraslima za dijalog s drugima. Čini mi se da ga klasično razdoblje muslimanskog mišljenja u potpunosti demantira. Baš u tom razdoblju su muslimani istraživali druge i drukčije religijske kulture i tradicije i o njima napisali, u najboljem dijaloškom tonu, najsjajniju literaturu. Baš tom literaturom, oni su prvi u povijesti muslimanskog mišljenja udarili temelje danas odveć privlačnoj znanosti o uporednim religijama. Dovoljno je u tom smislu navesti imena El-Birunija, Šahrastanija, Ebu Mensura El-Bagdadija, Ebu Hamida el-Ghazalija, Ibn Hazma, Ebu Hasana el-Aš'arija i drugih. Dotle su, na drugoj strani, predstavnici drugih religija, posebno kršćanske, sustavno njegovali predrasude o islamu i njegovim duhovnim autoritetima, razvijajući na Zapadu kontinuirani strah od islama, čak i danas.[6] Vjerovatno na ovo nasljedstvo prošlosti misli profesor S. Balić. Što se muslimana tiče, oni na svoje nasljedstvo, zacijelo, mogu biti ponosni,

---

[5] Kef, 16.
[6] Usp. *Tomaž Mastnak,* Crusading Peace. Christendom, the Muslim World and Western Political Order, Berkeley · Los Angeles · London 2002.

poglavito na ono koje govori o odnosu islama i muslimana prema drugima. „Nejednak teološki razvitak." Profesor Balić ne kaže čiji, što u priličnoj mjeri frustrira i zbunjuje čitaoca njegovih napisa o dijalogu s drugima. Povijest mišljenja kod kršćana i muslimana svjedoči baš suprotno. „Posebne muslimanske poteškoće, koje proizlaze iz sadašnjeg političkog razvoja u zemljama iz kojih je potekao islam." Krunska poteškoća, kako profesor Balić ističe nekoliko redaka niže, jest „pojavna slika današnjeg islamskog fundamentalizma koji nikako ne ide na ruku stvaranju povoljne klime za dijalog izmedju kršćanstva i islama."[7] Makar je bio član Jordanske akademije nauka, profesor Balić je, čini se, mnogo toga propustio iz povijesti muslimanskog mišljenja. A potcrtavanje islamskoga fundamentalizma kao prepreke za kršćansko-islamski dijalog, vrhunac je paradoksa i snažan pokazatelj da je profesor Balić predugo izbivao u kršćanskoj religijskoj i kulturnoj „oikumeni" te da je mnoge stvari o islamu i njegovu nasljeđu motrio na Zapadu dobrano uvriježenom kršćanskom optikom i vrednovao pojmovljem eminentno kršćanske kulture i kršćanskog svjetogleđa.[8] Spominjati islamski fundamentalizam, pa makar on bio i prepreka dijalogu s drugima, a prije toga nijednom riječju ne ukazati na kršćanski fundamentalizam iz dvadesetih godina proteklog stoljeća, koji nije samo prouzrokovao onaj muslimanski nego i fundamentalizme mnogih drugih religijskih tradicija, ta gesta je izraz bezrezervnog pristajanja unaprijed na nejednake standarde u međureligijskom dijalogu, što je pojava sa kojom se muslimani u dijalogu sa kršćanima redovno sučeljuju od vremena Drugog vatikanuma do danas. Mada je odavno jasno da sudionici u međureligijskom dijalogu ne bi trebali upirati prstom na bilo čije dogme, pravila vjere i svetosti, jer takvo šta nikad nije dalo rezultat, ni ranije niti danas, za početak će ipak biti dostatno da budući sudionici u međureligijskom dijalogu budu toliko iskreni i dobronamjerni da barem pokažu neophodnu mjeru uljudbe i kulture civilizacijskog komuniciranja, pristojnosti i uvažavanja, a što se tiče sadržaja dijaloških rasprava, to može biti i nešto što stoji daleko izvan okvira religijske doktrine i svetosti. Raspravljanje o socijalnoj pravdi, demokraciji, jednakim ljudskim pravima za sve, dostojanstvu i slobodi svake ljudske osobe, ma kojoj religijskoj tradiciji i kulturi ona pripadala, bio bi, za početak, najbolji predujam za dijaloška sretanja u ovome stoljeću. Ponovno pisanje i usvajanje budućeg ustava EU, koji je već jednom odbijen, definiranje pozicije muslimana u njemu, kao

---

[7] *Balić,* Zaboravljeni islam 187
[8] Usp. *Joseph Ratzinger & Marcello Pera,* Without roots, the West, frelativism, christianity, islam, New York 2006, 31.

pripadnika druge religije po brojnosti u Evropi, njihovih prava i njihovih vrijednosti te skori ulazak Turske u EU kao mnogoljudne muslimanske zemlje sa izrazito sekularnom filozofijom življenja i sa vrijednostima sa kojima se naročito ponosi moderna civilizacija na Zapadu, sve su to dobre teme i izazovne prilike u kojima je moguće testirati nove perspektive dijaloga među religijama i kulturama, osobito među kršćanima i muslimanima koji su danas najodgovorniji za izgradnju nove Evrope i za njeno očuvanje kao modela za miroljubivu koegzistenciju i stjecište univerzalnih vrijednosti koje odande treba planetarizirati i preliti na svaku tačku na globusu.

REZIME

Autor Rešid Hafizović ističe da iščitavanje tekstova rahmetli Smaila Balića ostavlja dojam da su njegove ideje povremeno vrlo zanimljive te se pohvalno izražava o njegovoj spremnosti na komuniciranje sa drugima i drugačijima bez unaprijed nametnutih ograda i ograničenja. Pri tome napominje da je odveć uočljivo da je profesor Balić predugo izbivao u kršćanskoj religijskoj i kulturnoj „oikumeni" te da je mnoge toga o islamu i njegovu nasliješu motrio uvriježenom kršćanskom optikom i vrednovao pojmovljem eminentno kršćanske kulture i kršćanskog svjetogleđa. Hafizović polemizira sa „preprekama dijalogu" koje profesor Balić taksativno nabrajao i navodi argumentaciju koja je protivna Balićevom primišljanju. Spominjati islamski fundamentalizam, a prije toga nijednom riječju ne ukazati na kršćanski fundamentalizam iz dvadesetih godina proteklog stoljeća, koji nije samo prouzrokovao onaj muslimanski nego i fundamentalizme mnogih drugih religijskih tradicija, ta gesta je izraz bezrezervnog pristajanja unaprijed na nejednake standarde u međureligijskom dijalogu, što je pojava sa kojom se muslimani u dijalogu sa kršćanima redovno suočavaju već dugo vremena.

ZUSAMMENFASSUNG

Die Ansätze von Smail Balić sind interessant und anregend, seine Bereitschaft mit anderen ohne Vorurteile und Barrieren zu kommunizieren war eindrucksvoll. Jedoch hat Balić vielleicht zu lange in der christlichen Religions- und Kulturökumene gelebt, was mit sich gebracht hat, dass man manchmal den Eindruck gewinnt, er habe den Islam und sein Erbe zunehmend durch eine „christliche Optik" gesehen. Den „Hürden des Dialogs" wie sie von Balić beschrieben wurden ist entgegen zu halten, dass er sich mit der Materie des Islam nicht tief genug auseinander gesetzt hat. Er hat über den muslimischen Fundamentalismus geredet, ohne den christlichen Fundamentalismus der zwanziger Jahre zu erwähnen. Dieser christliche Fundamentalismus hat nicht nur den muslimischen sondern auch den Fundamentalismus anderer Religionen hervorgerufen. Damit wird aber eine unkritische Zustimmung zu der ungleichen Positionierung von Christentum und Islam deutlich, die für den interreligiösen Dialog mit den Muslimen seit langem charakteristisch ist.

Balićevo razumijevanje teologije
Balić' Verständnis der Theologie

Nedžad Grabus

Mnogi autori i tumači religijskih tekstova, posebno se to može tvrditi za autore iz klasičnog islamskog perioda, smatraju da je teologija središnja islamska disciplina. Unutar teologije nalaze se sadržaji koji su trajnoga i vječnoga karaktera. Otuda svaki autor koji se ozbiljno bavi proučavanjem islama obrađuje i sadržaj vezan za teologiju. Pitanja iz islamske teologije bila su predmet mnogih istraživača na Zapadu. U okviru orijentalističkih krugova, sve do polovine dvadesetog stoljeća, uglavnom su temeljito obrađivani teološki islamski sadržaji. Smail Balić je djelovao u okviru društva u kojem je mogao slobodno promišljati islamska učenja. Odmah je nužno istaći da se on nije primarno bavio akaidskim pitanjima. Na temelju njegovog djela, a kao primjer u ovome radu uzeli smo „Leksikon temeljnih religijskih pojmova" i „Zaboravljeni islam", lahko se može uvidjeti da ga je više zanimala praktična primjena islamskih propisa u okviru modernog zapadnog društva negoli puko teoretiziranje o teološkim pitanjima. U njegovim djelima primjetna je tenedencija racionaliziranja islamskoga vjerovanja. To se najbolje uočava uvidom u literaturu kojom se koristio u svojim radovima. Balić je živio u periodu u kome su muslimani iznova tragali za odgovorima na pitanja koja su nametnuta u susretu Okcidenta i Orijenta u dvadesetom stoljeću. U to doba je u njegovoj domovini, u kojoj je rođen (u bivšoj Jugoslaviji), vladajuća ideologija bio komunizam. S obzirom da je već dugo živio u Austriji, Balić je mogao slobodnije promišljati i, naravno, slobodnije izražavati svoje stavove od intelektualaca koji su živjeli i djelovali o okviru komunističke Jugoslavije. Stoga je Balićevo mišljenje izrazito zanimljivo kao egzemplar muslimana koji je svoje promišljanje islama realizirao u okviru austrijskog, zapadnoevropskog demokratskog društveno-pravnog sistema.

Prva stoljeća islama primarno su obilježena teološkim i šerijatskim pitanjima. U dvadesetom stoljeću muslimanski autori nastojali su redefinirati islamsko učenje i postaviti nova pitanja koja su iznova aktuelizirana u modernom diskursu. Kad je, prije nekoliko godina, u Mostaru održan simpozij o rahmetli šejhu Juji, na kojem je sudjelovao i dr. Smail Balić, u kontekstu rasprave o Jujinom akaidskom učenju, ustvrdio je da „u Jujinom učenju možemo nazrijeti mu'tezilske ideje". U to doba sam se i sam bavio Jujinim akaidskim djelima i znao sam da je takva ocjena Jujinog djela površna. Ipak, muslimanski autori dugo su ignorirali činjenicu da su i mu'tezilske ideje ušle u, kako ga autori nazivaju, pravovjerni sunijski akaid. Nisam imao priliku temeljitije razgovarati sa Smailom Balićem o tom pitanju, ali sam odlučio istražiti Balićevo razumijevanje teologije. U ovome radu iznosim samo neke ideje. Islamski teološki diskurs na Zapadu obilježili su orijentalistički radovi. To je potpuno razumljivo jer su muslimanski autori relativno kasno počeli pisati na evropskim jezicima. Ipak, zanimljivo je da se čak i u definiranju temeljne akaidske terminologije Balić primarno koristi zapadnim izvorima, zanemarujući osnovne akaidske izvore i temeljna akaidska djela. To je prva karakteristika Balićevog bavljenja islamskom teologijom. Balićevi radovi u kojima se bavi teološkim pitanjima namijenjeni su čitateljstvu na Zapadu, kako bi se upoznalo sa temeljnim islamskim teološkim pojmovljem i tematskim sadržajem. Primjetno je da se koristio samo literaturom koja je odražavala njegov duhovno-intelektualni pogled na svijet. Balić, naravno, nema vlastiti teološki obrazac, on iz vječnih teoloških pitanja nastoji sažeti temeljne odrednice koje su važne i za modernoga čovjeka. Druga karakteristika Balićevog razumijevanja teologije u tome je da je on nastojao prikazati pluralitet teoloških izraza kao historijsko razumijevanje islama, pogotovo u tzv. formativnom periodu, u kome se konstituiralo teološko učenje. Naravno, u modernom kontekstu on takvu vrstu razumijevanja teologije predstavlja kao zastarjelu fazu razvoja teološkog tradicionalističkog mišljenja. Smail Balić smatra da je ortodoksno shvatanje povijesti pesimistično zbog uticaja orijentalnih učenja, poimence sirijskoga monaškog kršćanstva i indijske filozofije.[1] Sukladno Balićevom shvatanju, prvo doba islama se idealizira, manjkavo je sve što je došlo kasnije ili sve što će tek doći. Balić je također kritički raspoložen prema sunijskom vjerovanju u povratak Isaa, a.s., kao protivnika zavoditelja puka. Balić smatra da za takvo vjerovanje nema nikakvog uporišta u Kur'anu i u vjerodostojnoj tradiciji. Također, smatra da je ideja Mehdije, spasitelja svijeta, neprihvatljiva u islamskom učenju. On smatra da je ta ideja nastala pod uticajem židovskog očekivanja Mesije i kršćanskog očekivanja Paruzije. U tom kontekstu, navodi i ši'ijsko učenje o povratku nestaloga dvanaestog imama (Muhameda el-Ma'suma). Balić u tom vjerovanju i očekivanju

---

[1] „Leksikon temeljnih religijskih pojmova, židovstvo, kršćanstvo, islam", preveli s njemačkog *Nedeljko Paravić* (židovstvo), *Ljiljana Matković-Vlašić* (kršćanstvo), *Željko Pavić* (islam), Zagreb 2005, 144; *S. Balić* je priredio odrednice o islamu.

vidi određeni smisao društvenog zakona evolucije. U tome je sadržan i dobar dio nade vjernika. U svim tim stavovima vidljiv je uticaj Louisa Gardeta na Balićevo mišljenje.[2] To se može vidjeti po fusnotama i literaturi kojom se koristio. Kad je Balić gostovao u Chicagu (2000. godine), nakon izlaska iz štampe njegove knjige „Zaboravljeni islam", nije mu bilo dopušteno da je promovira u Islamskom kulturnom centru (Islamic Cultural Center) s kojim je sarađivao u sedamdesetim i osamdesetim godinama dvadesetoga stoljeća. Pretpostavljam da je razlog „zabrane" njegov diskurs o teologiji i nekim drugim pitanjima, pogotovo o pitanjima Mehdije i vjerovanju u povratak Isaa, a.s. Tu se postavlja ozbiljno pitanje: Je li Balićevo mišljenje više uticalo na čitateljstvo na Zapadu ili na muslimane koji ispovijedaju i svjedoče tradicionalni obrazac vjerovanja? O tome bi, svakako, valjalo uraditi istraživanje i provjeriti validnost Balićevih teorija među ljudima koji svjedoče islamsko vjerovanje. Ali, to izlazi iz okvira ovoga rada. Navedeni primjeri oslikavaju i karakteriziraju rahmetli Balića kao znanstvenika koji se naukom nije bavio da bi povlađivao masama. Njegov diskurs je analitički, nastojao je artikulirati konceptualne obrasce religije koji su važni za svakog pojedinca. Balić je nastojao odgonetnuti ona pitanja koja su stoljećima sputavala mnoge mislioce u teološkom diskursu. Svakako je zanimljivo Balićevo interpretiranje učenja o Uzvišenom Bogu, melekima, džinima, eshatologiji itd. Ono često odstupa od uobičajenih obrazaca u klasičnoj akaidskoj literaturi. Balićevo tumačenje učenja o Uzvišenom Bogu predstavlja solidan pregled islamskog vjerovanja i učenja o Bogu. Ali, kao i u drugim slučajevima, upadljivo je korištenje literaturom. Balić je čak i u govoru o temeljnoj akaidskoj temi, o Uzvišenom Bogu, ostao dosljedan u korištenju zapadnih izvora. To je, sigurno, nedovoljno u predstavljanju temeljnog akaidskog pitanja. Stoga je to i jedan od osnovnih nedostataka Balićevog razumijevanja teologije. Treća karakteristika, koja mi se čini važnom u Balićevom razumijevanju teologije, jest njegovo razumijevanje hadisa. Zanimljivo je da se u „Leksikonu temeljnih religijskih pojmova" poziva na djelo Osmana Nuri Hadžića „Muhammed, a.s., i Kur'an", u kome je navedeno da Ebu Hanifa, osnivač hanefijske pravne škole, smatra samo sedamnaest hadisa u potpunosti vjerodostojnim. Doduše, navedeno je da su Buharijeva i Muslimova zbirka kodificirane u 9. stoljeću. Balić navodi da se tradicionalističke skupine unutar islama (ehlu-l-hadis) u svojim teološkim razmišljanjima služe kazuističkim metodom argumentiranja. On zaključuje da ehlu-l-hadis (sljedbenici i promotori tradicije Muhammaeda, a.s.) svjesno ili nesvjesno predstavljaju

---

[2] Ibidem 144.

zagovornike arapskog načina života. Balić smatra da se u duhovnom uzvisivanju Muhamedove, a.s., osobe može zamijetiti prilagodba kršćanskom stavu prema Kristovoj osobi. Sukladno tom konceptu radikalnih tradicionalista, islam se reducira na mehaničko slijeđenje davno ustaljenih životnih šablona. Krajnje konzervativni elementi su na čudnovat način upravo oni koji tuđe misli i oznake uvode u islamsku teologiju. U njihovom vokabularu, smatra Balić, susreću se tipični kršćanski termini, kao što je to „sveti Muhammed". Balićev odnos prema hadisu i porukama iz hadisa važno je sagledati zato što je to uticalo i na Balićevo razumijevanje teologije. Međutim, Balić se oštro suprotstavljao tezama evropskih mislilaca da je Muhammed, a.s., kopirao kršćanstvo i judaizam.[3] To se posebno vidi u afirmaciji vrijednosti Muhammedove, a.s., misije u tekstu „Biti musliman u Evropi".[4]

REZIME

Smail Balić je autohtoni evropski muslimanski mislilac koji je u svom tumačenju teologije tragao za središnjim pitanjima muslimanskog formativnog, klasičnog i modernog perioda. Njegovo bavljenje teologijom bilo je, s jedne strane, uvjetovano literaturom koja mu je bila dostupna na evropskim jezicima i, s druge strane, kulturnom i obrazovnom klimom sredine u kojoj je živio. U Balićevom teološkom diskursu preovladavaju orijentalistički pogledi i metodološki obrasci razvijani u orijentalističkoj literaturi o islamu na evropkim jezicima u devetnaestom i dvadesetom stoljeću. Smail Balić nije primarno proučavao islamsku teologiju. Stoga se njegov teološki diskurs i ne može smatrati smjerodavnim i mjerodavnim na način klasičnih akaidsih sadržaja. Uprkos tome, Balić je pozitivno provocirao raspravu o najsuptilnijim teološkim pitanjima na koja je teško pronaći konačne i adekvatne odgovore. Ali, Balić je bio gorljivi zagovornik islamskih vrijednosti i stalno je naglašavao važnost misije Muhammeda, a.s., i objave Kur'ana. Posebno je, u tom smislu, tragao za evropskim iskustvom bosanskih muslimana kao nosilaca evropske kulture i islamske religioznosti. Smail Balić nastojao je sačuvati dostojanstvo islamske prošlosti, čast islamskog intelektulaca i ponuditi neke moguće obrasce za življenje i prakticiranje islama u modernom

---

[3] *Smail Balić,* Zaboravljeni islam, Wien 2000, 83.
[4] Usp. ibidem 83-87.

evropskom kontekstu. Stoga je Balićevo promišljanje islama u Evropi nezaobilazno za sve istraživače iz te oblasti.

ZUSAMMENFASSUNG

Smail Balić ist ein autochtoner muslimischer Denker, welcher in seiner Interpretation der muslimischen Theologie auf der Suche nach Hauptfragen der formativen, klassischen und modernen Periode war. Der Grund seiner Beschäftigung mit der Theologie war einerseits bedingt durch die fremdsprachige Literatur, die ihm zu Verfügung stand und andererseits durch das kulturelle und erzieherische Umgebung, in der er gelebt hat. In Balić' „theologischem Diskurs" überwiegen die „orientalischen" Ansichten und methodologischen Vorlagen der Entwicklung der orientalistischen Literatur über den Islam in den europäischen Sprachen im 19. und 20. Jahrhundert. Smail Balić hat nicht primär die islamische Theologie erforscht, aus diesem Grund kann man seinen theologischen Diskurs auch nicht als zielorientiert und maßgeblich betrachten, so wie es mit dem klassischen Akaid-Inhalt der Fall ist. Trotz allem hat Balić dadurch Ausseinandersetzungen über die subtilsten theologischen Fragen provoziert, auf die endgültige und adäquate Antworten sehr schwer zu finden sind. Balić war ein großer Befürworter der islamischen Werte und hat immer wieder die Bedeutung der Mission des Propheten Mohammeds und der Offenbarung des Korans betont. Insbesondere war er dabei auf der Suche nach den europäischen Erfahrungen der bosnischen Muslime als Träger der europäischen Kultur und der islamischen Religiosität. Smail Balić hat sich bemüht, die Würde der islamischen Vergangenheit und eines islamischen Intellektuellen zu bewahren, sowie einige mögliche Muster für das Leben und Praktizieren des Islam im modernen europäischen Kontext zu entwerfen. Aus diesem Grunde ist die Denkweise Balić' über den Islam in Europa für alle Forscher aus diesem Gebiet nicht zu umgehen.

Smail Balić im interreligiösen Dialog
∞
Smail Balić u interreligijskom dijalogu

Petrus Bsteh

Friedrich Heer hat gegen Ende seines Lebens in seiner impulsiven Art einen warnenden Artikel in der Furche veröffentlicht, der auf die Gefahr hin einer Neuformierung des Islams innerhalb Europas hinwies. Smail Balić verfolgte diesbezügliche Meldungen mit hoher Empfindsamkeit und äußerte immer wieder seine Dankbarkeit, wenn er für seinen Glauben Verständnis und dessen Gemeinschaft Unterstützung fand. Er war überzeugt, dass die bosniakische Kultur einen wichtigen Bestandteil des alten und eines neuen Europas darstellt und führte diese Sendung auf die spezifische Form der geschichtlichen Rezeption und Tradition des Islams selbst in diesem Volke zurück. An diesem Auftrag teilzunehmen war ihm das wichtigste Anliegen seines Lebens. Eine gewisse Engführung erfuhr dieser persönliche Einsatz freilich in der Begegnung mit den verschiedenen Strömungen der eigenen Glaubensgemeinschaft in Europa, aber auch durch die Bekanntschaft mit dem Christentum als tragender geistiger Kraft Europas. Es war ihm natürlich die breite a-religiöse bzw atheistische Welle, die Europa überschwemmte, besonders auch in Jugoslawien, durchaus bekannt. Selten hat er sie persönlich mit der postchristlichen Aufklärung des dialektischen Idealismus bzw. Materialismus in kritische Verbindung gebracht. Öfter aber dachte er sie in Zusammenhang mit einem lang anstehenden Reformstau der großen Glaubensgemeinschaften selbst, in besonderer Weise auch des Islams, der einen Freiraum für seine Modernisierung dringend benötige. Letztere hat er mit verschiedenen Initiativen herbeizuführen gesucht. Viele davon waren Anleihen aus der islamischen Aufklärung der Mu'taziliten, ein Großteil aber erwuchs seinem eigenen schöpferischen Denken, das er in zahlreichen persönlichen, teils mündlichen, teils schriftlichen Auseinandersetzungen darlegte. Obschon in seinem Wesen eher bescheiden und zurückhaltend, konnte er in der Diskussion meist nicht umhin, sein leidenschaftliches Herz spürbar zu machen.

Es konnte nicht ausbleiben, dass die vielfältige kulturelle und sozialkaritative Vereinstätigkeit Smail Balićs unter den eigenen Landsleuten in Wien auch Spannungen mit sich brachte. Diese waren hintergründig wohl auch religiöser Natur, da die unternommene organisierte Wirksamkeit ja langfristig auf die Gründung einer islamischen Religionsgemeinschaft ausgerichtet war. Es waren nicht nur die Hilfeleistungen, die zu Unrecht für selbstsüchtige Zwecke ausgenützt wurden, sondern auch seine religiösen Pläne und Bestrebungen selbst, die zunächst zu einer Verdrängung, später zur Ausschaltung Balićs führten. Dennoch hat er sich aus „sicherer Entfernung" der schließlich errichteten Islamischen Glaubensgemeinschaft in Österreich gegenüber immer loyal verhalten. Vielleicht war seine Selbstbezeichnung als „Neo-Mu'tazilit" nicht ganz glücklich, doch hat er sie immer wieder hinlänglich erklärt. Im Übrigen war er stolz auf seine Mitgliedschaft in der „Islamischen Weltliga" die er auch am Uno-Sitz Wien vertreten hat. Diesbezüglich hatte er nie an seiner „ökumenischen Haltung" den verschiedenen Traditionen des Islams gegenüber einen Zweifel aufkommen lassen.

Sein Leben lang war Smail Balić ein eifriger Teilnehmer und gesuchter Referent an den christlich-islamischen Dialogveranstaltungen, die sich vor allem im Anschluss an das Zweite Vatikanische Konzil europaweit ausbreiteten. Er scheute auch im hohen Alter keine Mühe der Vorbereitung und Anreise. Obschon er sowohl in Arabisch wie auch Türkisch konversieren konnte, waren ihm die europäischen Sprachen außer Deutsch nicht wirklich geläufig. Immer wieder war seine Stimme auch in Radiosendungen zu hören mit seinem unverwechselbaren slawischen Einschlag, stets in hervorragender Diktion. Ich selber hatte die Gelegenheit, mit ihm des öfteren an Veranstaltungen dieser Art teilzunehmen bzw solche zu unternehmen. In sehr persönlichen Gesprächen während der Pausen oder am Rande bei solchen Gelegenheiten war sein Interesse an unkonventionellen christlichen Fragekomplexen zu spüren: Wie die Kindheitsgeschichten Jesu deuten, wie auch seinen Tod und seine Auferstehung zu verstehen? Darüber konnte mit ihm erstaunlich frei gesprochen werden.

Wenn hier die anderen Religionsgemeinschaften angesprochen sind, so ist es bemerkenswert, dass Smail Balić sich auch um Verträglichkeit und Zusammenarbeit aller übrigen im Dienste des Friedens aktiv einsetzte. Er war von Anfang an Mitglied der „Weltkonferenz der Religionen für den Frieden" (WCRP) und versäumte bei keiner Gelegenheit, persönlich an deren Versammlungen teilzunehmen. Wenn er gelegentlich ein Treffen absagen musste (in späterer Zeit häufig, weil die Fahrten zu umständlich wurden), unterließ er es nie, sich schriftlich zu entschuldigen und uns seine besten Wünsche mitzuteilen. An dieser Stelle darf man anmerken, dass Smail Balić obschon er sich nie ausdrücklich mit dem Begriff und der Geschichte des Dialoges in der Moderne auseinandergesetzt hatte, sich doch intuitiv richtig damit befasste. Das Herzstück dialogalen Denkens und Handelns besteht ja darin, Abgrenzungen als Angrenzungen neu zu deuten. Identitäten werden somit weniger durch Differenzen als vielmehr durch Alteritäten definiert. An die Stelle von Apologien treten Analogien und Gespräche können im Rahmen echter Toleranz Auseinandersetzungen bei grundsätzlicher gegenseitiger Zustimmung austragen. Das starre Subjekt-Objekt-Schema wird durch ein lebendiges intersubjektives Beziehungsnetz abgelöst, sodass die Brücken der Relationalität nie abbrechen, ja neu geschlagen werden können.

෴

Friedrich Heer je, na kraju svog životnog vijeka, u svojoj impulsivnoj naravi, u austrijskom sedmičnom časopisu "Die Furche" objavio članak koji je upozoravao na opasnost novoformiranja islama u Evropi. Smail Balić je sa posebnom osjetljivošću pratio takva priopćenja i uvijek nanovo iskazivao zahvalnost kad bi nailazio na razumijevanje i podršku njegovoj vjeri i vjerskoj zajednici. Bio je ubijeđen da bošnjačka kultura čini važan dio stare i nove Evrope. Sudjelovanje u tome predstavljalo mu je jedan od najvažnijih zadataka. U svom angažmanu osjećao je određenu tjeskobu susrećujući se sa različitim strujanjima u vlastitoj vjerskoj zajednici u Evropi, ali i kroz upoznavanje hrišćanstva kao noseće duhovne snage Evrope. Naravno da je bio upoznat sa nereligioznim, odnosno ateističkim valom koji je preplavljivao Evropu, a posebno Jugoslaviju. On lično je to rijetko dovodio u kritičku povezanost sa posthrišćanskim prosvjetiteljstvom dijalektičkog idealizma, odnosno materijalizma. Često je razmišljao o dugom reformskom zastoju velikih vjerskih zajednica, posebno kad je u pitanju islam, kome je, u tom kontekstu, hitno bio potreban prostor za modernizaciju, što je pokušao realizirati raznim inicijativama. Mnogo toga bilo je pozajmljeno iz islamskog prosvjetiteljstva "mutezilija", ali veći dio toga čini njegova lična stvaralačka misao, koju je iznosio u brojnim izlaganjima, koju su dijelom bili usmenog, djelom pismenog tipa. Iako u svojoj prirodi uglavnom skroman i povučen, u raspravama je pokazivao strastveno srce. Nije se moglo izbjeći da svojim brojnim kulturnim i socijalno-karitativnim djelovanjem ne unese napetost među svoje sunarodnike. Ta napetost bila je vjerske prirode, jer je poduzeta organizirana djelatnost dugoročno bila usredotočena na formiranje Islamske vjerske zajednice. Nije se radilo samo o pružanju pomoći onima koji su bili nepravedno iskorištavani iz sebičnosti, već i o vjerskim planovima i nastojanjima, pa je to, prvo, dovelo do potiskivanja, a zatim i do potpunog isključenja Balića. Uprkos svemu, Smail Balić se i dalje, sa "sigurnog odstojanja", uvijek ponašao lojalno prema formiranoj Islamskoj zajednici u Austriji. Možda njegov samozvani naziv "neomutezilija" i nije bio baš najprikladniji, ali je on taj naziv uvijek podrobno objašnjavao. Uostalom, bio je veoma ponosan na svoje sudjelovanje u Islamskoj svjetskoj ligi, koju je predstavljao u UNO-sjedištu u Beču. U vezi s tim, nikad u svom "ekumenskom stavu" nije isticao sumnju naspram različitih tradicija islama.Smail Balić je čitav svoj životni vijek revnosno sudjelovao i bio tražen kao izlagač na islamsko-hrišćanskim kongresima za dijalog, koji su, prije svega, bili nadovezani na "Drugi vatikanski koncil" a kasnije se proširili i na cijelu Evropu. Ni u poznim godinama nije štedio trud za pripreme i putovanja. Iako je bio u stanju voditi konverzaciju na arapskom i turskom jeziku, ipak nije vladao drugim stranim jezicima osim njemačkog. Vrlo često se njegov glas mogao čuti u radijskim emisijama, uz njegovu nezamjenjivu slavensku notu i uvijek uz izuzetnu dikciju. Često sam imao priliku lično sudjelovati na manifestacijama ovog tipa zajedno sa Balićem, odnosno na onima koje sam i sam organizirao. Iz naših privatnih razgovora koje smo vodili u toku pauza na kongresima primjetio sam njegovo interesovanje za traženjem odgovora na nekonvencionalna kompleksna kršćanska pitanja, kao što su npr. "kako tumačiti Isusovo djetinjstvo, kako shvatiti njegovu smrt i njegovo uskrsnuće?", o kojima se sa Balićem moglo jako otvoreno razgovarati.

Kada je bila riječ o drugim vjerskim zajednicama treba pomenuti da je Balić bio za suradnju i sporazum sa svima onima koji su se zalagali za mir. Od samoga početka bio je član "Svjetske konferencije za mir" i nije propuštao nijednu priliku da lično prisustvuje na svim sastancima. U iznimnim slučajevima kada je bio spriječen (što je u posljednje vrijeme često bio slučaj, jer su mu putovanja postala naporna) uvijek nam se unaprijed izvinjavao i upućivao najljepše želje.

Ovdje treba napomenuti da je Smail Balić iako se nikada nije isključivo bavio pojmom i historijom dijaloga u modernizmu, u praksi primjenjivao pravu intuiciju.

Srž dijaloškog razmišljanja i djelovanja i jeste u tome da se ograničenja nanovo tumače kao ograničenja, tako se identitet sve manje definira kroz diferenciju a sve više kroz alternativu.

Na mjesto apologije stupa analogija i nesporazumi su rješivi u okviru iskrene tolerancije i rasprave uz obostrani pristanak. Ukrućena "subjekt-objekt-shema" se mijenja aktivnom intersubjektivnom mrežom odnosa, tako da se relacije ustvari ne ruše već izgrađuju nove.

Verzeichnis der Autoren

— Univ.-Ass. Mag. Dr. Jameleddine Ben-Abdeljelil, Institut für Orientalistik, Philologisch-Kulturwissenschaftliche Fakultät der Universität Wien, Spitalgasse 2, Hof 4, 1090 Wien, Österreich.

— Dr. Lise Abid, Lektorin am Institut für Orientalistik, Philologisch-Kulturwissenschaftliche Fakultät der Universität Wien, Spitalgasse 2, Hof 4, 1090 Wien, Österreich.

— Dr. Salim Abdullah, Direktor des Islamarchivs Soest, Am Kuhfuß 8, 59494 Soest, Deutschland.

— Petrus Bsteh, Kontaktstelle für Weltreligionen Wien, Türkenstraße 3/302, 1090 Wien, Österreich.

— Univ.-Prof. Dr. Ismet Bušatlić, Dekan der Islamwissenschaftlichen Fakultät, Universität Sarajevo, Ćemerlina 54, 71 000 Sarajevo, Bosnien und Herzegowina.

— Mag. Alaga Dervišević, Freier Journalist und Publizist, Außenmitarbeiter des Forschungsinstituts für Verbrechen gegen die Menschheit, Gajev trg 4/1, 71 000 Sarajevo, Bosnien und Herzegowina.

— Mag. Nedžad Grabus, Islamwissenschaftliche Fakultät, Universität Sarajevo, Ćemerlina 54, 71 000 Sarajevo, Bosnien und Herzegowina.

— Dr. Salim Hadžić, Religionslehrer am Bundesgymnasium und Bundesrealgymnasium, Diefenbachgasse 19, 1150 Wien, Österreich.

— Univ.-Prof. Dr. Rešid Hafizović, Islamwissenschaftliche Fakultät, Universität Sarajevo, Ćemerlina 54, 71 000 Sarajevo, Bosnien und Herzegowina.

— Univ.-Prof. Dr. Susanne Heine, Evangelisch-Theologische Fakultät, Universität Wien, Vorständin des Instituts für Praktische Theologie und Religionspsychologie, Schenkenstraße 8-10, 1010 Wien, Österreich.

— Univ.-Prof. Dr. Salih Jalimam, Dekan der Juridischen Fakultät, Universität Zenica, Fakultetska 1, 72 000 Zenica, Bosnien und Herzegowina.

— Doc. Dr. Ibrahim Kajan, Schriftsteller und Poet, ehem. Chefredakteur von „Behar", Vortragender an der Fakultät der Humanwissenschaften „Džemal Bijedić" Universität Mostar, Fach Bosnische Sprache und Literatur, Tekija 57, 88 000 Mostar, Bosnien und Herzegowina.

- Univ.-Prof. Dr. Fikret Karčić, Islamwissenschaftliche Fakultät / Rechtswissenschaftliche Fakultät, Universität Sarajevo, Ćemerlina 54, 71 000 Sarajevo, Bosnien und Herzegowina.
- Univ.-Prof. Dr. Enes Karić, ehem. Dekan der Islamwissenschaftliche Fakultät, Universität Sarajevo, Ćemerlina 54, 71 000 Sarajevo, Bosnien und Herzegowina.
- Univ.-Prof. Dr. Esad Kurtović, Philosophische Fakultät, Universität Sarajevo, Franje Račkog 1, 71 000 Sarajevo, Bosnien und Herzegowina.
- Univ.-Prof. Dr. Enes Pelidija, Philosophische Fakultät, Universität Sarajevo, Franje Račkog 1, 71 000 Sarajevo, Bosnien und Herzegowina.
- Univ.-Prof. Dr. Richard Potz, Vizedekan der Rechtswissenschaftlichen Fakultät, Vorstand des Instituts für Rechtsphilosophie, Religions- und Kulturrecht, Schenkenstraße 8-10, 1010 Wien, Österreich.
- Univ.-Prof. Dr. Zijad Šehić, Philosophische Fakultät, Universität Sarajevo, Franje Račkog 1, 71 000 Sarajevo, Bosnien und Herzegowina.
- Drs. Jan Slomp, ehem. Vorsitzender des Islamkomitees der Konferenz Europäischer Kirchen, Holland/Schweiz, Prins Hendriklaan 15, 3832 CN Leusden, Niederlande.
- Dr. Bernhard Stillfried, Geschäftsführer der Österreich-Kooperation in Wien, Hörlgasse 12/14, 1090 Wien, Österreich.

Bilješke o autorima

— Dr. Jameleddine Abdeljelil Ben, Institut za orjentalistiku, Filozofski fakultet, Univerzitet Beč, Spitalgasse 2, Hof 4, 1090 Beč, Austrija.

— Dr. Lise Abid, Institut za orjentalistiku, Filozofski fakultet, Univerzitet Beč, Spitalgasse 2, Hof 4, Beč 1090, Austrija.

— Dr. Salim Adullah, direktor „Islamarchive Soest", Soest, Am Kuhfuß 8, 59494 Soest, Njemačka.

— Petrus Bsteh, Kontakt ured za svjetske religije Beč, Türkenstraße 3/302, 1090 Beč, Austrija.

— Prof. dr. Ismet Bušatlić, Fakultet islamskih nauka, Univerzitet u Sarajevu, Ćemerlina 54, 71 000 Sarajevo, Bosna i Hercegovina.

— Mr. Alaga Dervišević, slobodni novinar i publicist, spoljni saradnik Instituta za istraživanje zločina protiv čovječnosti, Gajev trg 4/1, Sarajevo, Bosna i Hercegovina.

— Mr. Nedžad Grabus Fakultet islamskih nauka, Univerzitet u Sarajevu, Ćemerlina 54, 71 000 Sarajevo, Bosna i Hercegovina.

— Dr. Salim Hadžić, profesor vjeronauke, Realna Gimnazija Diefenbachgasse 19, 1150 Beč, Austrija.

— Prof. dr. Rešid Hafizović, Fakultet islamskih nauka, Univerzitet u Sarajevu, Ćemerlina 54, 71 000 Sarajevo, Bosna i Hercegovina.

— Prof. dr. Susanne Heine, Protestantski teološki fakultet, Univerzitet Beč, presjedavajuća Instituta za praktičnu teologiju i psihologiju religije, Schenkenstraße 8-10, 1010 Beč, Austrija.

— Prof. dr. Salih Jalimam, dekan Pravnog fakulteta, Univerzitet u Zenici Fakultetska 1, 72 000 Zenica, Bosna i Hercegovina.

— Doc. dr. Ibrahim Kajan, pisac i pjesnik, bivši urednik zagrebačkog časopisa „Behar", docent na predmetu Bosanski jezik i književnost, Fakultet humanističkih nauka, Univerzitet „Džemal Bijedić" u Mostaru, Tekija 57, 88 000 Mostar, Bosna i Hercegovina

— Prof. dr. Fikret Karčić, Fakultet islamskih nauka / Pravni fakultet, Univerzitet u Sarajevu, Ćemerlina 54, 71 000 Sarajevo, Bosna i Hercegovina.

— Prof. dr. Enes Karić, bivši dekan Fakulteta islamskih nauka, Univerzitet u Sarajevu, Ćemerlina 54, 71 000 Sarajevo, Bosna i Hercegovina.

— Prof. dr. Esad Kurtović, Filozovski fakultet, Univerzitet u Sarajevu, Franje Račkog 1, 71 000 Sarajevo, Bosna i Herzegovina.
— Prof. dr. Enes Pelidija, Filozovski fakultet, Univerzitet u Sarajevu, Franje Račkog 1, 71 000 Sarajevo, Bosna i Herzegovina.
— Prof. dr. Zijad Šehić, Filozovski fakultet, Univerzitet u Sarajevu, Franje Račkog 1, 71 000 Sarajevo, Bosna i Herzegovina.
— Drs. Jan Slomp, bivši predsjedavajući Islamskog komiteta konferencije Evropskih crkvi, Holandija / Švicarska, Prins Hendriklaan 15, 3832 CN Leusden, Holandija.
— Prof. dr. Richard Potz, prodekan Pravnog fakulteta Univerziteta u Beču, predsjedavajući Instituta za pravnu fiozofiju, religijsko pravo i pravne kuture, Schenkenstraße 8-10, 1010 Beč, Austrija.
— Dr. Bernhard Stillfried, predsjednik ureda Austrijske kooperacije u Beču, Hörlgasse 12/14, 1090 Beč, Austria.